"神话学文库"编委会

主　编

叶舒宪

编　委

（以姓氏笔画为序）

马昌仪	王孝廉	王明珂	王宪昭
户晓辉	邓　微	田兆元	冯晓立
吕　微	刘东风	齐　红	纪　盛
苏永前	李永平	李继凯	杨庆存
杨利慧	陈岗龙	陈建宪	顾　锋
徐新建	高有鹏	高莉芬	唐启翠
萧　兵	彭兆荣	朝戈金	谭　佳

"神话学文库"学术支持

上海交通大学文学人类学研究中心

上海交通大学神话学研究院

中国社会科学院比较文学研究中心

陕西师范大学人文社会科学高等研究院

上海市社会科学创新研究基地——中华创世神话研究

"十二五""十三五"国家重点图书出版规划项目
第五届、第八届中华优秀出版物奖获奖作品

神话学文库
叶舒宪 主编

神话动物园
神话、传说与文学中的动物

THE MYTHICAL ZOO
ANIMALS IN MYTH, LEGEND, AND LITERATURE

［美］博里亚·萨克斯 ◎ 著
多雅楠 等 ◎ 译
刘建树 ◎ 校译

陕西师范大学出版总社

图书代号　SK23N1137

The Mythical Zoo: Animals in Myth, Legend, and Literature
Copyright © 2013 by Boria Sax
Published by arrangement with the Overlook Press,
Peter Mayer Publishers Inc.
through Andrew Nurnberg Associates International Limited

陕版出图字：25-2017-0118

图书在版编目（CIP）数据

神话动物园：神话、传说与文学中的动物 /（美）博里亚·萨克斯著；多雅楠等译 . — 西安：陕西师范大学出版总社有限公司，2023.8
（神话学文库 / 叶舒宪主编）
ISBN 978-7-5695-3681-2

Ⅰ.①神… Ⅱ.①博… ②多… Ⅲ.①神话—研究—世界 Ⅳ.①B932.1

中国国家版本馆CIP数据核字（2023）第125845号

神话动物园：神话、传说与文学中的动物
SHENHUA DONGWUYUAN: SHENHUA、CHUANSHUO YU WENXUE ZHONG DE DONGWU
[美]博里亚·萨克斯　著
多雅楠　等译　刘建树　校译

责任编辑	雷亚妮
责任校对	梁　菲
出版发行	陕西师范大学出版总社
	（西安市长安南路199号　邮编　710062）
网　　址	http://www.snupg.com
印　　刷	中煤地西安地图制印有限公司
开　　本	720 mm×1020 mm　1/16
印　　张	21.25
插　　页	4
字　　数	293千
版　　次	2023年8月第1版
印　　次	2023年8月第1次印刷
书　　号	ISBN 978-7-5695-3681-2
定　　价	128.00元

读者购书、书店添货或发现印刷装订问题，请与本公司营销部联系、调换。
电话：（029）85307864　85303629　传真：（029）85303879

"神话学文库"总序

叶舒宪

神话是文学和文化的源头，也是人类群体的梦。

神话学是研究神话的新兴边缘学科，近一个世纪以来，获得了长足发展，并与哲学、文学、美学、民俗学、文化人类学、宗教学、心理学、精神分析、文化创意产业等领域形成了密切的互动关系。当代思想家中精研神话学知识的学者，如詹姆斯·乔治·弗雷泽、爱德华·泰勒、西格蒙德·弗洛伊德、卡尔·古斯塔夫·荣格、恩斯特·卡西尔、克劳德·列维－斯特劳斯、罗兰·巴特、约瑟夫·坎贝尔等，都对20世纪以来的世界人文学术产生了巨大影响，其研究著述给现代读者带来了深刻的启迪。

进入21世纪，自然资源逐渐枯竭，环境危机日益加剧，人类生活和思想正面临前所未有的大转型。在全球知识精英寻求转变发展方式的探索中，对文化资本的认识和开发正在形成一种国际新潮流。作为文化资本的神话思维和神话题材，成为当今的学术研究和文化产业共同关注的热点。经过《指环王》《哈利·波特》《达·芬奇密码》《纳尼亚传奇》《阿凡达》等一系列新神话作品的"洗礼"，越来越多的当代作家、编剧和导演意识到神话原型的巨大文化号召力和影响力。我们从学术上给这一方兴未艾的创作潮流起名叫"新神话主义"，将其思想背景概括为全球"文化寻根运动"。目前，"新神话主义"和"文化寻根运动"已经成为当代生活中不可缺少的内容，影响到文学艺术、影视、动漫、网络游戏、主题公园、品牌策划、物语营销等各个方面。现代人终于重新发现：在前现代乃至原始时代所产生的神话，原来就是人类生存不可或缺的文化之根和精神本源，是人之所以为人的独特遗产。

可以预期的是，神话在未来社会中还将发挥日益明显的积极作用。大体上讲，在学术价值之外，神话有两大方面的社会作用：

一是让精神紧张、心灵困顿的现代人重新体验灵性的召唤和幻想飞扬的奇妙乐趣；二是为符号经济时代的到来提供深层的文化资本矿藏。

前一方面的作用，可由约瑟夫·坎贝尔一部书的名字精辟概括——"我们赖以生存的神话"（Myths to live by）；后一方面的作用，可以套用布迪厄的一个书名，称为"文化炼金术"。

在21世纪迎接神话复兴大潮，首先需要了解世界范围神话学的发展及优秀成果，参悟神话资源在新的知识经济浪潮中所起到的重要符号催化剂作用。在这方面，现行的教育体制和教学内容并没有提供及时的系统知识。本着建设和发展中国神话学的初衷，以及引进神话学著述，拓展中国神话研究视野和领域，传承学术精品，积累丰富的文化成果之目标，上海交通大学文学人类学研究中心、中国社会科学院比较文学研究中心、中国民间文艺家协会神话学专业委员会（简称"中国神话学会"）、中国比较文学学会，与陕西师范大学出版总社达成合作意向，共同编辑出版"神话学文库"。

本文库内容包括：译介国际著名神话学研究成果（包括修订再版者）；推出中国神话学研究的新成果。尤其注重具有跨学科视角的前沿性神话学探索，希望给过去一个世纪中大体局限在民间文学范畴的中国神话研究带来变革和拓展，鼓励将神话作为思想资源和文化的原型编码，促进研究格局的转变，即从寻找和界定"中国神话"，到重新认识和解读"神话中国"的学术范式转变。同时让文献记载之外的材料，如考古文物的图像叙事和民间活态神话传承等，发挥重要作用。

本文库的编辑出版得到编委会同人的鼎力协助，也得到上述机构的大力支持，谨在此鸣谢。

是为序。

中译本序

我对"人与动物关系"的研究起始于偶然间读到的一些19世纪自然史著作。书中有各种奇妙的故事角色,如身怀建筑技艺的狸和会讲阿拉伯语的火鸡。研究难度超乎想象,但收获颇丰。回味过去多年的研究,或许感悟最深的是人与动物之间的关系复杂多样,动物确定人类自身身份的重要性举足轻重!无论是猎人、严格的素食主义者、农夫、爱狗人士、动物园赞助人,还是别的什么身份,动物对确定人类自身身份都至关重要。

对我来说,《神话动物园》中译本的付梓,可谓意义非凡。本书的写作过程是一次美妙的冒险之旅,因为绝大部分时间是在当下看起来略有些老套、但其实魅力无限、书的海洋里度过的。无论过去还是现在,每当中国农历新年来临之际,我都会将自己完全沉浸在动物和神话的世界里。妻子和我一起虔诚地赶往曼哈顿的唐人街,观看舞龙舞狮表演和十二生肖像巡游,参与庆祝活动。我们置身于动物世界,感觉自己也化身为动物了。仿佛唯有如此,接下来一整年的时间里人世间的生活才会更加踏实。现在我的书要出版中译本了,这恰如一种回馈、一份传承,是以一种更亲密的方式参与那场庆祝。

博里亚·萨克斯
2017年6月

致人类——

如此无可挽救的软弱，愚蠢，愧疚，脆弱……
可又如本书中的其他动物般奇妙非常。

此刻如永恒般我觉察心灵所见，
各色笔挺服饰下那些苍白的未得满足者，
闪现或消失在蓝空的深邃处；
那古老容颜似饱经风霜的岩石，
银头盔摇摆晃动，
眼睛仍固执地希望发现更多，
正如骷髅动荡后的未满足，
野蛮大地上不绝的神秘。

——威廉·巴特勒·叶芝《东方三贤》

前　　言

　　无论动物种类还是其象征意义都极为丰富，本书从理论上能变得与其主题一样无穷无尽。同样，本书信息来源各式各样，显得纷繁芜杂以至于无法将全部信息一一陈列。在重述一些故事时，我率性杜撰了些对话情节，使故事更加生动。不过，我从不改变主要情节，即使这些细节变化也是沿袭着充满传奇色彩的《伊索寓言》的传统。《伊索寓言》以不同方式传世，而最终没有一个确定的版本。

　　写作过程中，搜集材料不是问题，但材料取舍的确是一个很大的问题。我的原则是强调深度而非广度。我希望传达给读者的是神话、传说以及相关人类文化方面涉及动物遭际现象蕴藏的思考，而不是简单地给出一些不相干的信息。

　　我在此处还要感谢促成本书顺利出版过程中给予我帮助的诸多人。感谢我的妻子琳达·萨克斯，她十分细致地阅读了手稿并加以校正，提出了许多绝佳建议，不仅保障了行文流畅，还带来了作为一名来自哈德逊峡谷的历史老师的独特视角。我的经纪人戴安娜·利特温在各项筹备中助益良多，我还要感谢她尽职尽责的工作。感谢彼得·迈耶和 Overlook 出版社团队对本书的关注、热忱与帮助。

博里亚·萨克斯

2013 年 6 月

目　　录

导　言　传统中的动物 / 003

第一章　类人的动物 / 007
猩猩与猴子 / 009
熊 / 016
狸与豪猪 / 021
猪 / 024

第二章　狡猾的动物 / 031
郊狼、狐狸与豹 / 033
野兔与家兔 / 040
蜘蛛 / 045

第三章　睿智的动物 / 051
蜜蜂与黄蜂 / 053
乌鸦、渡鸦与白嘴鸦 / 061
猫头鹰 / 068
鲤鱼与三文鱼 / 072

第四章　美丽的动物 / 075
鸵鸟、鹦鹉、孔雀与蜂鸟 / 077

第五章　动物音乐家 / 081
蝉、蚂蚱与蟋蟀 / 083

杜鹃、云雀、夜莺与啄木鸟 / 088

第六章　张牙舞爪的动物 / 095
　　狮子、黑豹、美洲豹与老虎 / 097
　　狼 / 104

第七章　美人鱼的伙伴 / 109
　　蛤、章鱼、海星、乌贼与螃蟹 / 111
　　海豹与海豚 / 114

第八章　家禽家畜 / 119
　　公牛与母牛 / 121
　　公鸡与母鸡 / 128
　　山羊与绵羊 / 132

第九章　人类最好的朋友 / 137
　　猫 / 139
　　狗 / 145

第十章　负重的动物 / 155
　　驴、骆驼、羊驼与骡子 / 157
　　马 / 164

第十一章　高贵的对手 / 171
　　雄鹿与雌鹿 / 173
　　美洲野牛 / 179

第十二章　皮实的家伙 /183
　　獾、貂、土拨鼠与松鼠 / 185
　　跳蚤、苍蝇与虱子 / 189
　　刺猬 / 192
　　信鸽 / 194
　　老鼠与耗子 / 196

第十三章　地下的动物 / 203

　　蚂蚁 / 205

　　甲虫 / 210

　　蝎子 / 212

　　蛇与蜥蜴 / 215

　　蠕虫 / 222

第十四章　海边的动物 / 225

　　海鸥与信天翁 / 227

　　燕子 / 229

　　鸭子、鹅与天鹅 / 231

　　海龟与陆龟 / 236

第十五章　难以捕捉的灵魂 / 241

　　蝴蝶与飞蛾 / 243

　　英国知更鸟与鹪鹩 / 247

　　麻雀 / 251

第十六章　古怪奇妙的动物 / 255

　　蝙蝠 / 257

　　青蛙与蟾蜍 / 259

　　土狼 / 264

　　螳螂 / 266

第十七章　庞然大物与海怪 / 269

　　鳄鱼 / 271

　　大象 / 274

　　河马 / 278

　　鲸鱼 / 281

第十八章　神圣的动物 / 285

　　和平鸽 / 287

鹰 / 291

犀牛 / 294

结　语　人之为何？ / 297

参考书目 / 299

译后记 / 321

月蛾与蝗虫跃然纸间，
翅膀仍在忽闪，名称光泽如新。
你们的躯体被束，以缓解
因艳美你们之自由而生的嫉妒——我们必须将其损害，
因为我们是篡夺者，我们恼羞成怒——
抓住翅膀，伤痕应手而生。
我们拥有无数名称，甚至，可以欢呼鼓掌；
但我们又必然死去，就像你们所熟识的那般。

——哈特·克莱恩《总称》

导言　传统中的动物

几个世纪以来，人们都将蝙蝠视作带翅膀的老鼠。18世纪，卡洛勒斯·林涅对亚里士多德的动物分类法进行改进，对这一以上帝永恒秩序为名的"常识"提出了挑战。在对解剖后的蝙蝠进行仔细观察后，林涅宣布蝙蝠其实是像猴子和人那样的灵长目动物。几十年后，经过不断思考的林涅又将蝙蝠归入翼手目，从此，蝙蝠拥有了真正属于自己的位置。然而，其后不过百年，达尔文的进化论又为分类学家提供了新的范式，即生物遗传。

可是，严格地遵循进化论来界定动物，在许多方面都显得过于狭窄刻板、简单化了。科学家一般按动物之间是否习惯性地彼此交配而将动物划分到不同的种属中。尽管狗、狼、胡狼和草原狼可以交配，但这在野外几乎不会发生，因此它们各自被认为分属不同的种属。这样的生物学定义在驯养环境下意义不大，因为无论在农场还是在动物园，动物们没必要自己挑选繁衍后代的伴侣。人类还时常诱导马与驴交配，产下保留它们各自优势的骡子。

面对基因工程中产生的根本不能称其为"物种"的动物，传统界定基本毫无意义。科学家通过绵羊与山羊的杂交获得"山绵羊"；人类基因被植入猪体，用以制造在器官移植中不被排异的器官；表皮透明的实验鼠也被造了出来，这样试验中的鼠器官便易于观察。这类生物中有些就像民间传说里的怪兽，未来我们或许将看到人与猿或狗杂交后产生的变种。

基因剪接技术不仅使同类物种能够杂交，甚至连动植物也能杂交：为了提高番茄的耐寒性，科学家已把从比目鱼中提取的基因片段植入其中；为了提高抵御病害的能力，鸡身上的基因也被移入番茄；将水母的基因植入烟叶，植物竟能在黑暗中生长。遗传学说把从蕨类到人类在内的所有活物都视为能在新组合中无限循环的遗传信息储藏库，而不是不同物种的单个个体或代表。

按习性区分动物或许能成为一种替代分类法。过去，水手将鲸看作鱼类（而

众动物正走进一艘蒸汽方舟（由J.J.格朗维尔绘，选自《另一个世界》，1847）

非哺乳类）确实有其道理。正如我们不论种族、身高、长相、年龄、秉性等因素，将大部分生活在法国的人称为"法国人"一样，我们也可以把生活在森林里的动物划分为"树林生物"。比起基因遗传，交互作用与共同经验下的共栖环境更能创造出紧密的亲缘关系。与人类的生物近亲猿相比，我们通常会觉得与自家猫狗更亲密。人与宠物间的相互学习长达千年，这就是为什么大部分的狗比猿更能理解人类肢体语言：狗可以无师自通地明白人手所指，而猿则不能理解这一手势。

不论我们是保护野外生物还是进行人工驯养，试想，那留存下来的究竟是什么？是一堆物理特性，一段基因密码，还是习性的一部分？如果我们把每一种动物定义为传统，我们的定义将包括以上所有甚至更多，它也包含神话、传说以及文学中的故事。所有这些可能引起爱与恐惧的故事是数百年来人与动物建立的亲密关系的一部分。

把每一种动物视作传统亦是鼓励尊重。为什么我们需要关心物种灭绝？追求理性的呼吁已不能打动生活于世俗中的人们，而如保护生态系统这样的务实性呼吁又易受挑战。传统不仅牢固地把动物与其自身所处的自然环境相连，也将它们与人之为人的千年实践和文化价值相连，这揭示出生态环境内在依存中物质与精神的两面性。即便人类遗传特征永世延续，如果没有其他生物，"人性"将不复存在。

我手头的《韦氏词典》将"传统"解释为"一种被继承的思想和行为模式"。"传统"源自"贸易"一词，其最初的意义是"路径"。研究一种传统就像博物学家在时间的回溯中追踪一样生物。在以下章节里，我必须不时地请求读者放飞想象，尽可能暂时忘却自我心中关于书中动物的已有知识，想象它们在那些陌生文明和环境中的经历，最后，将它们看作一种原初体验，这种体验能够反映、创造、挑战，或在一定程度上超越文化极限。如此，动物便成了生活于我们内心的活物。

像蝙蝠一样通过回声定位（即声呐）导航，这一定如入精神世界，其中之事既准确无误又变换流动。像狗一样拥有五百倍于人类的嗅觉感知又会是怎么一番场景？或许那时，气味更像是一种强烈的直觉，准确但不切实。同鲨鱼一样通过感知电磁波捕捉猎物，也许那样的经历正如置身音符纷呈的音乐世界。所有这些偶然情境都能在人类文化中找到其对应物。

完人本不存在，而动物也有其"人性"的一面。我们在动物身上发现自我认同的一面与自我否定的一面。通过它们，人类得以建构集体的、宗族的以及个人的身份。正如保罗·夏泼德曾指出的，其他生物不仅使我们成为"人"，还把我们分为女人、男人、日本人、美国人、墨西哥人，基督徒、佛教徒，艺术家、机械工、勇士、圣人、罪犯，等等。在人类文化遗产中，各类象征符号与故事里无所不在的动物意象证明了这一划分过程。我们通过巫术、比喻、想象与动物相融，人会长出尖牙，拥有羽翼，变成神祇、圣徒、骗子、魔鬼、小丑、同伴、爱人，等等。

第一章

类人的动物

各种文化对"人"与"动物"的区分标准不尽相同。许多语言（如中国古汉语）里就没有与西方的"动物"观念相对等的概念。"人"之内涵在马来西亚森林地区的沙盖族（Chewong）那里有着不断变化的外延，它有时包括树或昆虫，有时排除某些男人和女人。而且，即便这样的划分呈于眼前也并非如我们惯常所想的那样。新几内亚的卡拉人（Karam）将体格大且不能飞行的食火鸡视为人，很多原住民及少数欧洲皇室贵族认为他们源于神话动物。现代西方文明以为"文明"与"自然"的差异是核心的重要概念；又认为"人"与"动物"间的差异则是次要的。这在其他文明中或许都没有。不过，即使在西方，如此划分也在不断变化，而且也不是没有争议。西方人曾一度不彻底地把某些种族（如非洲黑人）排除出人类之列，而至少在很多情况下，在特定的历史时期，其他几种动物则被赋予"人"的身份。在古代，其中最典型的动物是熊；到了欧洲中世纪的农业文化，又变成了猪。在18至19世纪一段相对短暂的时期内，很多人认为海狸与人类最亲近；伴随着达尔文进化论的传播，人类的近亲又成了猿。

本章本可讨论的另一种动物是狗。不过，鉴于其对人类社会的依赖，它将出现在第九章"人类最好的朋友"中。

猩猩与猴子

我们与讨厌的猩猩有多像。

——西塞罗《论神性》

很久以来,人们主要从生活习性、外观特征和生理构造三方面区分自我与猿猴。人类通常居于城市楼宇或乡间村舍,而猿猴则栖息于林中。在民间传说中,森林是各类仙女、小妖以及其他自然精灵的家园,那些自然精灵通常都长有如猴儿般的长臂或浓密的体毛等。

公元前6世纪早期,迦太基航海者安诺对非洲西海岸进行了大规模远征考察。他的航海记录记载,他们看到了一座名叫"诸神的双轮敞篷马车"的巨大山峰。在那儿,安诺和他的船员们遇见了全身是毛的野人,那些野人向安诺扔石块,并敏捷地爬坡。从那时起,人们就开始推测这些"野人"到底是身披兽皮的人类还是黑猩猩、狒狒、大猩猩。自此,有关野人的谣言也流传开来。远方归来的水手讲述的故事中充斥着各类奇形怪状的生物,其中的人有长狗头的,有长羊蹄的,有胸前长人脸的。浑身是毛、手拿棍棒的野人故事是人们茶余饭后的谈资,中世纪异教活动有时更将其搬上舞台。

中国颇负盛名的神话人物之一是闪电劈石而生的孙悟空。他闯入天宫,因饮了天宫琼浆而大醉,将自己的名字从生死簿上划掉,还打退天兵天将。最后,天宫中的各路神仙不得不求助如来佛祖。佛祖找到孙悟空,他们的对话如下:

佛祖问悟空:"你的愿望是什么?"

悟空:"统治天庭。"

佛祖:"凭什么?"

悟空:"我能在天上来去自如。"

佛祖笑着抓起猴子:"我打赌你甚至跳不出我的手掌。如果你能,你就统治天庭;但如果你不能,那你必须放弃你的要求。"

悟空纵身一跃来到一根擎天柱前。为得证明,他在柱下撒了泡尿并留下自

19世纪一部自然史书中的各类猴子形象

己的大名。之后，他又是一跃，折返回去，向佛祖讨赏。

佛祖问悟空："你刚做了什么？"

悟空："我刚去了宇宙的尽头。"

佛祖抬起一根手指，笑道："你还没离开我的掌心呢。"孙悟空识得那擎天柱，证实了佛祖所言。

孙悟空被佛祖压在山下，五百年后，仁慈的观音菩萨将他救出。为了赎罪，孙悟空保护唐僧西天取经。他忠于职守，在经历无数斩妖除魔后，最终立地成佛。16世纪初，吴承恩将这些历险故事编纂成《西游记》一书。书中的孙悟空经常出现在庄严的佛教圣贤旁，尽管已成佛，他仍保留着一份淘气。

印度教里的猴神哈努曼同样惹人喜爱，这在很大程度上是因为他既如孩子般淘气又有高尚的牺牲精神。儿时的哈努曼曾抬头望日，将太阳当成一颗美味水果。他跳高摘日，却侵犯了天神因陀罗的领地。愤怒的天神向这个小小入侵者抛下一道霹雳，击中了哈努曼的下颚。哈努曼的父亲风神伐由为此大怒，降下足以摧毁整个世界的暴风雨。为平息伐由的怒火，至高无上的梵天（Brahma）赋予哈努曼金刚不坏之身，因陀罗也许诺哈努曼可以自由选择生死。不过，从此以后，猴子们的下巴都肿了起来。这则来自史诗《罗摩衍那》的故事展现了猴子在世人眼中普遍拥有的幽默特质。哈努曼只是只猴子，因此它的神力并不慑人。在印度《五卷书》和早期佛教经典《本生经》中，猿猴非常聪明，它们常常是狮子国王的军师。西方人将猴子与猿的嬉戏打闹视为愚蠢行为，而远东的人们则将之视为自然和谐、天人合一的象征。

要在西方宗教里找到一个类猴形象，我们必须回到长有狒狒脑袋的古埃及神祇托司（Thoth）那儿。托司是地狱抄书吏、执掌亡灵者，也是科学、艺术的发明者。或许，在阅读书写仍为新颖神秘的古代，这类行为本身更具"猴性"而非"人性"。不过如今，我们却自豪地用语言（尤其是书面语）区分人与其他动物。

相比之下，美索不达米亚人与希腊人眼里的猿猴就低人一等了。在一则犹太传说中，一部分建造巴别塔的人被上帝变成了猿猴。而在另一则传说里，猿猴是亚当孙儿、赛特长子以挪土的后代。亚当在一些传说里还长着如猴尾的尾巴。关于猿猴是否可被视作人类的争论或许可追溯至人类文明初期。在拜火教中，造物神阿胡拉·马兹达的创造物中，猿或猴子位处第十级，是级别最低的人类。

在很多神话中，猿或猴子是人类替代品。菲律宾神话里的巴塔拉（世界的

文艺复兴时期图示：报道中 1530 年在德国萨克斯州捕获的一只类人猿生物

创造者）身感孤独，决定用泥土造人。当第一个人快要造好时，一块泥巴从他手中滑落着地，并与小泥人相接。于是，那块泥巴变成了一条尾巴，而小人变成了猴子。在第二次尝试中巴塔拉才造出了人类。

在玛雅神话中，创世者曾用木材造人，但那些被造出的小人的行为非常恶劣，以至所有动物和神祇都视其为敌人并与之作战。冲突中，少数退居森林的幸存者变成了愚蠢的猴子，之后，创世者才用玉米造出了人类。

至少在民间传说中，野人居于人、猿（猴）之间，与二者都有关联。《吉尔伽美什》（公元前 2 世纪早期美索不达米亚地区的英雄史诗）里的恩奇都（Enkidu）就是早期的野人之一。恩奇都经诸神之手以泥土塑成。史诗中，恩奇都和其他野兽被困水洞，因其拥有超人力量，解救了自己和大家。所有见过他的人都心生敬畏。众臣民向国王吉尔伽美什请愿，国王把一个妓女送给恩奇都，恩奇都与之结合。恩奇都学会饮酒，变成了普通人，但此后，动物们不再接纳他。人类的七情六欲阻碍了恩奇都的脚步。

体毛，特别是男性身上的体毛通常被视为野性的象征。《圣经》中以扫（以撒的长子、雅各的兄长）就有一身体毛。他有点像野人，喜欢旷野与狩猎，为一碗汤放弃了自己的继承权。当以撒年老失明后，他准备祝福以扫。在母亲的帮助下，雅各披着羔羊皮扮成以扫来到父亲身边。以撒坚持抚摸儿子，却被羊皮所骗，使得雅各窃取了以扫的赐福（《创世纪》27章）。这则故事曾被解释为文明对野蛮的胜利。

同样，在伊斯兰世界里，猿猴与人相似这一点也令人不解。人们常把它们与和尚或滑稽可笑的人相提并论。中世纪无名氏所著的《一千零一夜》里有这样一则故事：一个残忍的神怪发现他的情妇另有相好，于是，杀死了情妇，并把她的相好变成了猩猩。一天，猩猩流浪至王宫。国王被他的书法和棋艺折服，便得意地吩咐他穿上华丽的服饰，尽享美味佳肴。国王召见公主，好让她也能看到如此神奇的动物。公主进房的一刻，即用面纱遮住自己。因为作为穆斯林，她是不能让陌生男子看到自己的真容的。公主向国王解释，她曾瞒着父亲师从一位伟大而智慧的女魔法师，说那只猩猩其实是个男人。国王让女儿解除魔咒，好让男子做自己的维齐（旧时伊斯兰国家高官，译者注）。就在公主施法之时，满眼怒火的神怪现身了。两方对决，神怪由狮子变成蝎子又变成老鹰，而公主则先后变成蛇、秃鹰、公鸡。他们上天入地，直到残忍的神怪被火烧死。公主虽身负重伤，但在临死之前解除了男子身上的魔咒。

中世纪欧洲，无尾猴（并非真正的"猿"，而是猕猴）是贵族和流浪艺人们钟爱的宠物。无尾猴最初可能是经摩尔人、西班牙人或荷兰人之手由非洲传入欧洲的，没人知道它们到达的确切时间。现代人可在地中海沿岸看到野生无尾猴，而且其中的一小部分仍栖息在直布罗陀海峡的石谷中。树林间时隐时现的无尾猴成就了不少有关仙子野人的传说故事。据传，当直布罗陀海峡上的地中海猕猴全部消失时，英国就会失去对直布罗陀的控制权。

"猴子"一词最早很可能用以指代猕猴，不过，语源学对此并没有明确说法，它也可能最初是"小和尚"的爱称。文艺复兴时期的画家如阿尔布雷特·丢勒经常会在严肃的宗教画中画几只猴子，以增添些许轻松幽默。在18世纪（特别是法国）的洛可可艺术中，宠物猴会出现在奢华的厅堂、园林里，以增添一丝轻盈与喜庆。

近代航海贸易与对外探险活动将欧洲人带至充满异域风情的世界各地。冒险家开始接触各种猴类与异国居民，区分二者绝非易事。科学家和水手在道听途说中走马观花式地了解褐猿、大猩猩或非洲土著民，常将三者混为一谈。西非土著人将猿猴视作人类，一些人还认为黑猩猩是故意不说话，以逃避劳动。"猩猩"源自"野人"这一马来词语。1641年，荷兰解剖学家尼古拉斯·蒂尔普（Nicolaas Tulp）在解剖一具猩猩尸体后认为，猩猩就是古希腊神话中的萨堤尔。而蒂尔普的同事雅各布·德·邦德（Jacob de Bondt）则认为，这些生物是"性欲旺盛的印尼女人与猿猴交媾所生的后代"。

在16、17世纪探险家带回欧洲的故事中，猩猩栖居小棚，觅食林间，以短棒做武器。而在同时期的另一些故事里，猩猩还强暴妇女，与城镇里的人作战。奥利弗·哥尔德斯密斯在其极负盛名的《活态自然历史》（18世纪晚期出版）一书中讲到，非洲猩猩有时会把人偷去做自己的宠物。维多利亚时代的动物园游客抱怨说，猩猩会引诱女人。有时人们还会让猩猩穿上衣服。

文学作品中同样掺杂着有关原始野人和其他灵长类动物的（民间）传说。在乔纳森·斯威夫特的《格列佛游记》（1726）里，困于海岛的主人公被一群高度文明的马接纳。在马群聚居的边缘树林中，有名为"雅虎"（yahoos）的长毛野人。那些野人长相丑陋，身长长爪，能如猴子般在林间穿梭，嚎叫不止，还经常吃自己的排泄物。叙述者对它们厌恶至极，但又不得不承认自己与它们同属一类。这一故事清晰地展现了欧洲人在发现他们与猿猴亲缘关系时的反应。格列佛对野人的厌恶夹杂着种族偏见，这种情感在之后的几个世纪产生了很坏的影响。他心怀恐惧但又不无反对地写道：马群决定彻底灭杀长毛野人。

在后来的种族主义宣传中，猩猩扮演了重要角色。我们可从《猩猩的起源》这一由中世纪晚期德国鞋匠兼民间诗人汉斯·萨克斯讲述的故事中看到此类宣传的源头。故事里，耶稣在彼得的陪伴下云游四方，沿途逗留在一位铁匠家中。这时，来了一个年老的跛子。彼得请求耶稣救治那不幸之人，以使他变得年轻有力。耶稣应允彼得的请求，让铁匠把熔炉烧热。在炉火燃着之际，耶稣将那跛子放到炉内，只见那男子周身闪烁着光芒。一番祷告后，耶稣将炉里的男子取出，投入水中。大家惊奇地发现，原来的跛子已变成年轻力壮的小伙。待耶稣离开后，那铁匠的岳母也想重回青春。眼见奇迹全程的铁匠将岳母放进火炉，却发现事情并不如他所想。他把尖叫的岳母从火中拉出投进水里，老妇的尖叫引来铁匠俱已怀孕的妻子与儿媳。她们被桶中大声咆哮、满脸皱纹、面部扭曲变形的老妇惊吓，结果生出了猩猩。

猩猩一直以来便有缺乏自尊、品行不端的恶名。早在达尔文以前，蒙田在《为雷蒙德·塞朋德辩护》中，在谴责骄傲的人类的同时，也表达了：在所有动物中，"那些与我们最像"的猩猩是"最丑陋卑鄙的"。《巴黎圣母院》主人公加西莫多的形象塑造肯定部分参考了欧洲19世纪中期有关类人猿的报道，雨果创作的时期，正是此类报道陆续传回欧洲之时。加西莫多身体畸形，几乎不会说话，不过，他有超人之力且动作敏捷。他能像猿猴那样到处攀爬，他的悲剧似乎是人的悲剧，但又不完全如此。小说中的加西莫多有七情六欲，却无法拥有普通人的生活。

在人类即将完成人与猿的分类之际，查尔斯·达尔文于1859年出版了《物种起源》一书，将进化理论公示于众。当时，并非所有人都能理解《物种起源》，一些人甚至认为达尔文是疯子。在著名的1860年论辩中，大主教威尔伯福斯质问托马斯·赫胥黎，其父其母哪一方的祖先是猿猴。赫胥黎回答说，自己并不是一个嘲弄科学的伪君子，"我坦诚自己对猿猴的偏爱"。赫胥黎机智的辞令或许赢得了辩论，但祖父母是猿猴的风凉话仍不断地出现在关于进化论的刻薄争论中。

在20世纪初的种族主义漫画中，非洲人、犹太人、爱尔兰人或日本人通常会像猩猩那样瘫坐着。阿道夫·希特勒在《我的奋斗》中写道，德国婚姻制度必须致力于"生产出具有上帝形象的人，而非那些令人憎恶的半人半猿"。

20世纪80年代早期，通过电脑或手势训练大猩猩与人沟通交流的实验引发了众多关注。通过观察，珍·古德（Jane Goodall）及其他很多人注意到，猩猩能使用工具，如用石头砸坚果或用木棒从树中掏白蚁。人们对此发现感到惊奇，不过，这一反应稍显奇怪，因为猩猩能使用工具的事实在19世纪末以前的自然历史书里就有记录。1994年，保拉·卡瓦列里与佩特·辛格合著的文集《伟大猩猩计划：超越人性的平等》出版，撰文支持猿猴与人类平等，然而此书的编著者却没有意识到，他们仅仅是在重提旧事。

今天，有关人猿，如雪人（yeti）的各种传言仍不绝于耳。在美国和世界各地超市贩售的小报里就有"我是大脚兽的爱情奴隶"这类故事。从《金刚》到《猩球帝国》，从泰山到兰博，我们的电影中充斥着各类猿猴野人。在整个20世纪90年代，美国中产男性对在树林中举办的"周末野人"聚会趋之若鹜。聚会上，他们会围坐篝火边听演讲，边探讨问题。

经常有报道称，加拿大和美国的森林地带有大脚怪（长相类猿，身高十二至十三米）出没。大脚怪的传说最初起源于加利福尼亚北部的印第安部落，大致可追溯至1850年左右的口口相传。20世纪早期，人们将大脚怪与萨斯科齐人（Sasquatch，另一种大脚怪，源于加拿大西部不列颠哥伦比亚省印第安人的传说）相混。之后，大脚怪又与其他印第安传说里的精灵、妖怪、魔鬼以及幽灵相融，如阿尔冈昆人传说中能飞的头和石巨人。21世纪初，每年还会有数以百计的、有关人们目击大脚怪的报道。

熊

> 带着造作的关怀，我们如此警惕熊，
> 每个成长的愚人，都将之归于熊。
>
> ——亚历山大·蒲柏《愚人志》

在所有动物中，或许熊长得最像人。猩猩只能很困难地低头垂背站立，而熊却能如人类那样直立行走甚至奔跑。熊可以像人类那样直视，不过，它们的表情却很难被人理解。大多数情况下，熊睁大的双眼充满了谜团，让人觉得它们是人类的神秘替身。熊的体积和力量远胜人类，所以它们很容易成为巨人的化身。

或许熊最令人赞叹的地方在于它们能冬眠，冬伏春出这一特点代表了生命的周而复始。也许因为熊会在冬眠期间生产，所以人们曾将它与生育女神联系在一起。通往洞穴的坡路代表着熊与植物、土地的紧密关系，人们深信熊对草药也有着独特的理解。在瑞士阿尔卑斯山脉达申劳克（Drachenloch）的一个高山岩洞，人们发现洞熊的头骨面朝洞口，像是经过精心设计。一部分考古学家认为，那里是尼安德塔人的早期熊崇拜圣地，另一部分人则反对这一观点。不论真假，它都证实了熊形象对人类想象力产生的巨大影响。

在靠近北极的地方，熊是最强悍的猎食者和人们最重要的食物来源，熊崇拜非常普遍。得以保留至今的日本早期原住民阿伊努人的熊崇拜就是一个重要例证。在阿伊努人的传统习俗中，幼熊会被当作宠物饲养长大，然后作为祭品献祭。爱斯基摩传说讲述了人类怎样学会捕猎极地熊。对于拉布拉多的因纽特人来说，极地熊是伟大神灵图恩嘎苏克（Tuurngasuk，音译）的化身。亚瑟王的名字源于"Artus"一词，而它的最初意思是"熊"。

人熊间的紧密联系在不计其数的神话传说中不断上演。朝鲜人认为，他们的祖先是熊。相传有一天，一只公虎和一头母熊兴趣盎然地在山边远远观察人类，经过讨论，它们决定变成人类。神谕指示它们必须先吃二十一瓣蒜，然后

巨大的体型以及与人类相似,这两点经常使熊成为被人们赞叹或嘲笑的对象。熊舞直到目前还是马戏团巡回演出的常见节目(图书馆服务部免费提供,美国自然历史博物馆,#2A4017)

在洞中闭关一个月。公虎和母熊都照做了,但老虎不久后便耐不住寂寞离开了山洞。母熊留了下来,一个月后,它变成了一位美丽的女子。天之子韩汝云(Han Woon)爱上了她并与之结合,他们的孩子陈坤(Tan Koon)就是朝鲜人的祖先。

古希腊女神阿尔忒弥斯(月神、狩猎女神与动物保护神)名字的字面意思是"熊"。在罗马神话中,与这位女神对应的是狄安娜,她也奉熊为圣物。根据罗马诗人奥维德的讲述,朱庇特曾扮成狄安娜,强暴了狄安娜的侍女卡利斯托。当狄安娜发现自己的侍女怀孕后,便放逐了她。后来,卡利斯托生下一个名叫阿尔卡斯的男孩。朱庇特的妻子朱诺将卡利斯托变成一只母熊,强迫她在无尽的恐惧中独自漫游林间。阿尔卡斯长大后,在一次林中狩猎时遇见了变成熊的母亲。就在阿尔卡斯举起弓箭准备向母亲射击之际,朱庇特看到了这一幕,出于愧疚，便将二人一起带上了天，母子二人就在天上化成了大熊座和小熊座。这只是众多故事中的一个版本，而在阿卡狄亚人的传统中，他们的祖先就是卡利斯托和她的儿子。

在作为牧羊人的古希伯来人眼中，肉食动物是不洁净的，熊也在其列。《圣经》中，年轻的大卫就曾保护羊群免受熊的威胁（《撒母耳记上》17：34）。当一群小孩尾随先知以利沙并嘲笑他的秃顶时，熊变成了上帝的鞭子。以利沙诅咒那些孩子，随后，两只母熊从森林走出，杀死了那群孩子（《列王纪上》2：23—24）。不过，按传统说法，以利沙也因自己的行为受重罚而患病。

在北美大陆靠近西北海岸的特林吉特部落及其他许多印第安部落中，流传着关于一位迷失森林的女子与熊做伴的故事。起初，女子很害怕，但熊对女子很友好，教她熟悉森林，最后他们成了夫妻。女子的毛发慢慢变得浓密起来，她也学着熊的样子捕食。当他们有了孩子后，女子起先教导孩子们熊世界的行为准则，同时也教授他们人类世界的规范。但女子的家庭不接受她的熊丈夫，她的兄弟们还杀死了那只熊。从此，女子便与人类世界彻底决裂。

很多传说故事关注母熊的母性角色。中世纪的动物寓言故事讲，熊崽在出生时完全不成形，熊妈妈需要用自己的舌头舔熊仔以让它们成形，这点在老普林尼和其他古希腊罗马作家的作品中都有提及。母熊必须时刻保护幼熊，以免"熊爸爸"出于饥饿和嫉妒吃掉小熊。这样强烈的舐犊之情感动了美国当代作家特里·坦皮斯特·威廉斯，她认为女人与熊有着某种特殊联系。在一篇题为《理解熊》的论文中她写道："女人与熊，这两种动物是如此不可思议、充满矛盾，是永远的谜。"

许多欧洲童话也表明了女人与熊的联系。例如，在乔治·达森特（George Dasent）记载的一则名为《东边太阳西边月》的挪威故事中，一只熊来到一个贫穷之家，要求与家中女儿结合，同时保证回报丰厚的金钱。家中老父劝女儿答应此事。于是，熊就背她到自己的住处。熊每晚都会与女子幽会，并在黎明时离开，但她不得打听丈夫的去向。后来一天夜里，她经不住好奇心的驱使点亮了蜡烛，却看见自己的丈夫从眼前消失了。此后，经过漫长而艰险的旅程，她才与丈夫在太阳以东月亮以西的地方重逢。她的爱破解了女巫的魔咒，才发现丈夫原来是一位王子。在另一则童话中，三姊妹讨论着她们的理想夫婿，其中一人打趣说："我将来只能嫁给挪威棕熊了。"结果一语成真，不过这对情侣只有在经过许多磨难后才能最终结合。这样的童话属"美女与野兽"系列，其中，新娘必须先接受新郎如野兽般的外表才能有机会发现他年轻绅士的真实身份。

13 或 14 世纪早期的冰岛长篇故事《赫罗尔夫王和他的勇士们》（*King Hrolf and His Champions*）对人类与熊的疏远表达了惋惜之情。故事中，女王斯库尔德的军队趁国王赫罗尔夫和他的勇士们酣饮之际发起袭击。激战中，只有国王最勇猛的武士博斯瓦尔·布亚尔奇（Bothvar Bjarki）不见踪影，大家都以为他已战死或被俘。当战事进入白热化阶段，一只巨熊出现在国王赫罗尔夫身边，它刀枪不入，一只熊掌就能杀死比五位勇士所敌数量还多的敌人。国王的先锋之一、宽宏大量的勇士夏尔提（Hjalti）跑回营地，发现博斯瓦尔就在帐中。盛怒之下，夏尔提威胁说要烧死博斯瓦尔。博斯瓦尔镇定自若却也略显悲伤地说，他已多次证明自己的勇气，并说自己留在后方能更好地帮助国王。的确，博斯瓦尔最终极不情愿地加入战斗，瞬间巨熊消失了，因为他们是一体的。国王与他的勇士们虽英勇作战，但因面对女王斯库尔德众多的人马，寡不敌众，最终全部战死。

类似的故事还有流传于中世纪、被保留在 14 世纪末英法文本中的"瓦伦丁与奥尔森"（Valentine and Orson）。襁褓中的奥尔森被丢弃在森林，一只母熊将他带回洞穴，抚养他长大。成年后的奥尔森虽不通人言，只会叽咕发声，但体格健壮、全身附毛，曾一度成为森林各动物和人类之惧。抚养奥尔森的母熊死后，奥尔森才与自己的兄弟瓦伦丁回到法王佩平的宫廷。在那里通过学习人类活动，奥尔森成了一名骑士。

随后，名叫"格林骑士"的坏蛋俘获了公主，并对任何营救公主的人发难。法王佩平的很多骑士都败下阵来，最后轮到奥尔森。奥尔森首次与格林骑士马上比武时，对方受了些轻伤，但那些伤口不久痊愈。意识到用传统方法无法取胜，奥尔森便从马上跃起，扔掉自己的剑和盾，将敌人掀于马下，直到对方求饶。奥尔森成功救出了公主并赢得了她的芳心。

在古代和中世纪早期，欧洲人眼中的熊已是"百兽之王"，一些君主（尤其是斯堪的纳维亚半岛上的君主）甚至骄傲地将熊视为祖先。然而，熊并没有被纳入基督教的意象世界，因为基督教的发展地多集中在地中海地区，在那里，狮子才是动物捕食者中的强者。随着狮子的逐渐减少及至变得稀有，它就由最初的恐怖邪恶之物变成了耶稣基督的象征，"基督之狮"取代"异教之熊"，在教士的鼓吹下粉墨登场。不仅如此，为了让前者的位置更稳固，人们还把熊拴起来，在闹市强迫其模仿人类跳舞以供大众娱乐。直到 19 世纪初，逗熊这种用狗去激怒和攻击被锁链捆绑的熊的娱乐仍广受欢迎。在许多故事中，被捕杀至濒临灭绝的熊既是凶残的野兽又是可怜的受害者。自 11 世纪末起传遍欧洲的传说里，身为贵族的布伦熊（Bruin）始终不敌身为农民的狡猾的狐狸列那。然而，自古承袭的对熊的敬畏仍可在流传至今的传说故事和纹章图案中找到印迹。

据伊丽莎白一世时期的动物学家爱德华·托普塞发布于 1656 年的报道，秋季的一天，一个男人身背大锅走在路上，看见一只熊咬了一口树根后退入山洞。那男人出于好奇也咬了一口树根。他突然浑身困乏，还没来得及卸下背后的大锅就睡着了，等他醒来时已是冬雪化尽的春日。

在威廉·福克纳的短篇小说《熊》（1942）中，有一只名叫老本（Old Ben）的巨型棕熊，它象征了美国南部正在消失的野性。老本所在之处原始、神秘而不可侵犯。故事里，主人公（一个经过学习成为出色护林人的男孩）发现，在老本这位森林守护神被一群狩猎者屠杀后，虽然没了危险，但旷野森林也失去了它应有的原始色彩和魅力。和其他大型肉食动物一样，熊在 20 世纪也变得稀少起来。人们对熊的恐惧已成往事，这种感情也只有在人们不无眷恋地怀想熊时才会出现。泰迪熊成了孩子们的最爱。"泰迪熊"的名字来自酷爱打猎的总统罗斯福，这位总统曾拒绝射杀幼熊，认为这样做不够光明磊落。

当人们不再害怕熊时，它便象征着脆弱。70 年代左右出生的人都见过"防火护林熊"宣传画，这是创造于二战期间、用来警示日本炮弹袭击美国森林的宣传画。战争结束后，美国林业局在一次竞标后保留了"防火护林熊"，以预防大意引起的森林火灾。护林熊有着家人的亲切形象，它身穿衣服，头戴父亲帽，成熟、友善而略显忧郁，没有一点儿面目狰狞的味道。尽管其形象与人类的相似性有些夸张与滑稽，但护林熊保护自然之职却亘古未变。

狸 与 豪 猪

> 与人类城市中船舶与商品、庙宇、
> 教堂、住宅、图书馆，还有艺术纪念碑相比，
> 狸（这最心灵手巧的四足动物）之村落有多么值得炫耀呢？
> ——S. G. 古德里奇《动物王国画报》（1869）

据一则地中海传说记载，当猎人追捕狸时，它会咬掉睾丸，因为其中包含一种名为海狸香的药物（其实"海狸香"位于盆骨和尾根间的液囊里），如此，狸才能丢卒保帅以期逃生。普林尼、伊良、赫拉波罗、希罗多德、尤维纳利斯及其他很多作家都记载过此类故事，或有时借此故事暗指古代小亚细亚地区自然女神西布莉（Cybele）的祭司们施行的自我阉割术。中世纪的动物寓言中也有这类故事，寓意那些被魔鬼追逐困扰的灵魂必须放弃自身邪恶。

不过，在美国印第安文化中，狸是被广为接受的图腾崇拜物和文化传承者。在阿尔冈昆人、德拉瓦族、休伦人及其他印第安部族的传说中，陆地是狸（通常有麝鼠、水獭从旁协助）通过从海底捞采泥土首次创造的。

在黑脚印第安人中流传着这样的故事：一年冬天，一个名叫阿皮库恩尼（Apikunni）的人被暂时赶出部落。在此期间，他寄住在一户狸之家。当春天到来阿皮库恩尼要离开时，狸家族中的长者给了他一根尖头杨树枝。战争中，因为有了那根树枝做武器，阿皮库恩尼成了部族中首开杀戒者。最后，他得以重归部族并成为首领。欧塞奇部族认为，他们的祖先是一位名叫瓦斯巴沙斯（Wasbashas）的首领。瓦斯巴沙斯在迎娶狸王之女后从狸那儿学会了建筑技术。

欧洲人和美洲人经常将狸与豪猪（一种啮齿动物，最初以背上的尖刺为人所知）联系在一起。传说见诸普林尼及其他许多古代作家的记载：豪猪在受到攻击时会射出尖刺。伊良还说，豪猪射出的刺准确性很高，"如弓弦射出的箭一般"。人们至今还相信这一不实之说。

在美洲印第安神话中，豪猪经常作为狸的"伙伴"出现。不过二者偶尔也

美洲早期印刷品：由于火枪的引进和对狸皮的需求，造成对狸的肆意屠杀。注意，照片中狸的洞穴结构复杂精巧。奥立弗·哥德史密斯曾记载："狸建洞穴犹如建筑师。"

会发生争执。位于西北海岸的海达部落中就流传有狸家族与豪猪家族开战的故事：豪猪王偷了狸王的粮食，于是，狸家族把它扔到孤岛上挨饿。豪猪家族又趁着冬季水面结冰救出了国王。后来，豪猪家族抓了狸王，把它挂在高高的树上，不会爬树的狸王硬是一口一口嚼出一条路才得以下来。不过，两个家族最终还是和好了。这则故事通过狸与豪猪的纷争向人们表明：应靠技巧聪明而非权力取胜。

18至19世纪浪漫主义时期，一股反对现代工业文明束缚的浪潮使野生动物备受推崇。北美新大陆的早期探索者惊异于狸洞穴的尺寸。受印第安传说的影响，在他们带回欧洲的神奇故事中，狸王国高度发达。据说，狸能用灰泥建穴，将尾巴当抹布，还有一套"议会法律"。到18世纪末，狸已和大象、猩猩、狗、海豚一道被认为是继人类之后最聪明的动物。

18世纪最著名的博物学家乔治·路易·勒克莱尔·布封认为，动物在被人类屠杀与奴役之前曾拥有一个法律健全的公民社会，而美洲新大陆上保留有其最后的遗存，因为那里的狸依旧建造村落，制定法律，设立法院。但当布封亲自豢养狸后，他发现那只狸无精打采、抑郁忧伤。最后，他得出结论：狸并非天赋异禀，它们仅仅证实了在人类入侵以前其他动物身上可能有的"社会凝聚力"。奥立弗·哥德史密斯在其畅销书《自然生机史》（1774）中这样描写美洲："那些生活在偏远荒僻地区的狸因能像建筑师那样筑窝、如公民般管理而为人所知。"他还指出，狸的洞穴"在整洁度和便捷性方面都超过同一地区的人类房屋"。

但聪明的美誉无法保护狸，正如"高贵的野蛮人"这一欧洲理想化概念无法保护其所形容的印第安人一样。正当许多欧洲人将美洲狸奉为传奇时，殖民地的毛皮猎人却将之视作最上算的皮草来源。贪婪轻而易举地战胜了情感，随着英国、法国、荷兰，甚至一些印第安部落卷入"狸之战"（或"易洛魁之战"），对狸皮的迫切需求经常升级为武力对抗。北美狸也在一次次的争夺中几近灭绝。

18世纪后期，探险家萨缪尔·赫恩（Samuel Hearne）——哈德逊湾公司（the Hudson Bay Company）一名负责狸皮生意的雇员——揭穿了有关发达的狸国联邦的故事。进入20世纪很长一段时间，那些娱乐性大于纪实性的讲述仍在自然历史书中反复出现。不过，时至今日，只有印第安人（特别是生活在西北海岸的印第安人）才会将狸视作几近人类或超越人类的物种。

猪

> 我喜欢猪。狗仰视我们,猫轻视我们,而猪平视我们。
> ——温斯顿·丘吉尔

人之视猪态度各异,但唯一点始终不变。在我们的意识里,猪总与大地土壤相连。在法国南部,猪是寻找松露不可缺少的得力助手,它们能透过土壤闻到所要寻找的东西,其嗅觉灵敏度甚至超过狗。为了散热,它们有时也在泥里打滚。如果我们将大地视为灵魂的禁锢之地,我们很可能憎恨猪;但如果我们渴望与大地亲近,我们或许会爱上猪。无论怎样,猪都代表了肉体带来的欢娱与局限。神圣如猪,却能在地狱如鱼得水;温顺如猪,野性爆发也能吓坏恶魔。猪受人尊敬、忌恨,被我们爱,令我们害怕,受我们崇拜、剥削、嘲笑,却又被人类视为朋友。在它们身上,我们好像能找到整个动物王国的影子。

猪之叫声丰富多变,且表现力十足,敏锐而智慧。在神话及医学领域,猪经常是人的替身。猪的脏器与人类的极为相似,这使得它们成为各种献祭活动的最爱,因为祭品必须是象征人类的替代品。每当古罗马帝国缔结条约时,人们都会将一头活猪带到朱庇特神庙。祭司一边手执神圣镰刀割开猪喉,一边念念有词:"如若罗马人破坏此条约,朱庇特将杀人如我杀猪。"如今,猪器官,特别是猪的心瓣膜,在人类器官移植中非常常见;人们还会给猪体注入人体基因材料,以便被移组织能正常起作用。然而,这样的行为模糊了人与猪的界限,进一步恶化了器官移植中损猪为人的伦理问题。

猪一窝可产多仔,因此它们也成了旺盛生育力的代表。在古埃及,那些盼望怀孕的女人有时会佩戴绘有母猪和小猪的护身符。在农业生产上,猪帮助人们松土,以利农业耕作。受人爱戴的古埃及女神努特(Nut)有时会被描绘成猪的样子。不过,杀死奥西里斯的赛特有时也以猪形现身。赛特(Set)是奥西里斯的弟弟,是最早的地狱魔鬼形象。中世纪恶魔的典型外形特征就是长有野猪的尖耳和长牙。

木雕：一位教士正在给猪戴三重冕（汉斯·魏德斯，奥格斯堡，1531）

据希罗多德记载，埃及人通常认为猪是不洁净的，因此养猪人会被禁止出入神庙。如果有人不小心触到猪身，他会即刻冲进河里，甚至等不及脱衣服。然而，厌恶与崇拜交替出现：死神奥西里斯就与猪有关。每年一度的奥西里斯节里，满月之夜，人们会献上猪祭。第二天，每个人都能享用其他时间里被禁止食用的猪肉。因太穷不能献活猪的人则用面团做成的"面猪"献祭神灵。

包括《罗摩衍那》在内的一些印度典籍记载着这样一则故事。故事中，恶魔希罗尼亚克夏（Hironyashka）欲将化身女神昔弥（Bhudevi 或 Bhū-Devī，其名意为"受宠爱的野猪"）的大地藏入海底。女神被抓时发出的凄惨叫声引来毗湿奴营救（在一些版本中营救女神的是梵天）。毗湿奴化身野猪瓦拉哈（Vahara），用獠牙将世界托出水面，然后与恶魔激战一千年，最后杀死了希罗尼亚克夏。穆斯林视猪为不洁净，因此穆斯林统治下的印度人并不怎么崇拜瓦拉哈，不过，现在崇拜瓦拉哈是很普遍的现象。

印度教中的嗜血女神迦梨（Kali）就被塑造为一头黑色母猪，她生了自己的子女即吃掉，然后再生，然后再吃，循环往复。在古希腊神话里，温柔的农业女神德墨忒耳（相当于古罗马神话中的克瑞斯）也与猪有关，而巴比伦谷神塔木兹和希腊植物神阿多尼斯都是在狩猎期间被野猪杀死的。古人不仅害怕野猪的凶猛，也害怕它们随意啃噬糟蹋庄稼。古代英雄（如墨勒阿革罗斯、忒修斯、赫克勒斯）会因杀死野猪而声名远播。

19世纪自然史书中的各种猪

在荷马史诗《奥德赛》中，女巫喀耳刻将奥德赛的船员变成猪；一年后，奥德赛又强迫她将船员们变回人形。喀耳刻象征了那些能诱发男人兽性的妖女。此后不过千年，普鲁塔克写出了一篇题名为《所谓"非理性"动物如何运用道理》的幽默讽刺故事。在普鲁塔克的讲述中，喀耳刻答应奥德赛的要求，但前提是船员们自己也想变回人类。她让一头名叫格里卢斯（Gryllus）的猪代表船员发言。辩论中，奥德赛称人比动物勇敢，而格里卢斯则提醒他，母猪克罗姆娅姆（Crommyum，音译）就在手无寸铁的情况下打败了英雄忒修斯；奥德赛又说，人拥有高于动物的理性；格里卢斯则举出很多例子以证明动物的智慧：生病的猪会跳进河里寻找螃蟹吃。辩论戛然而止，或许因手稿并未写完，但奥德赛的确在这场辩论中败下阵来，竟很难反戈一击。

在北欧神话里，丰饶之神弗雷（Frey）乘坐着由野猪古林布尔斯提（Gollinborsti，意为"金色獠牙"）拖拉的双轮车。英格兰圣诞节传统献祭的野猪头最初是奉给弗雷的。神猪沙赫利姆尼尔（Saehrimnir）每日都会被宰杀以供瓦尔哈拉殿堂里的英雄食用，但到第二天它又会重生。与之相似，在凯尔特传说中，猪是众神的食物，大海之神玛纳诺（Manannán）的猪也会在被食用后重生。

然而，在希伯来人眼中，猪不仅"不洁"，而且最令人厌恶。这或许缘于猪本身携带旋毛虫病，但几乎所有家畜都可能传播这样或那样的疾病；而另一个原因可能是，猪与希伯来人讨厌的众多异教神祇、母神相关联。猪在食物上的不挑剔或许备受讲究饮食的希伯来人诟病。

《旧约》中讲道，古希腊国王安条克四世曾强迫犹太人食猪肉，从而激起了犹大·玛加伯的反抗。早期基督徒大多与希伯来人一样，认为猪不洁净。《马太福音》告诉我们不要"把珍珠扔在猪前"（因它不识其值）（7:6）。在《马可福音》中，耶稣驱赶一个疯子体内的恶灵，被赶出的恶灵进入一群猪的身体，那些被恶灵缠绕的猪冲进海里，溺水身亡。

对后世基督徒而言，犹太人拒绝猪肉，有时甚至表现出对猪的崇拜更像是反对同类相食的一种禁忌。公元1世纪，古罗马作家佩特罗尼乌斯·阿尔比特（Petronius Arbiter）就写过一则名为"犹太人或许崇拜猪神"的诗意片段。中世纪的西班牙宗教裁判所曾让那些声称改信基督教的犹太人吃猪肉。在许多广受欢迎的故事里，犹太人都被变成了猪。据1575年在德国宾茨旺根（Binzwangen）出版的一本奇迹编年史记载，一个犹太妇女生下了两只猪仔。在一幅流行于欧洲中世纪末名为《犹太母猪》的反犹图画上，一头巨大的母猪正哺育着一群犹太人。

中世纪的欧洲人认为，猪与人最亲近。对猪的饲养不仅跨越了人、猪之界，还模糊了宠物与牲畜的区别：猪可以随处走动、吃餐桌剩饭，猪仔会受到女人们的抚育，并且，在大多数情况下猪还被视为家庭成员。当冬至临近，人们会向猪最后致敬，然后再将其不无仪式意义地杀掉。接下来的圣猪节里，众人宴饮游戏、载歌载舞欢腾一天一夜。猪骨和猪身上那些不能食用的部分还通过仪式埋葬，以期被宰之猪重获新生。

画中的隐士圣安东尼身边常伴有一头完美无瑕的猪。伊塔洛·卡尔维诺重述了这一源自地中海地区的意大利传说：很久很久以前，世上所有火种都在地狱；每到冬季，家家户户冰锅冷灶，人们冷得哆嗦不止，无法讲话。众人于是向圣安东尼救助。圣安东尼来到地狱门前，用他的权杖敲了敲门，与他同行的当然有那只忠诚圣洁的猪。小鬼打开一道门缝，探出脑袋，说："走开！我们认得你，你是圣人。有罪之人才配下地狱！"猪当然不肯善罢甘休，它强行推开门，撞倒小鬼，将一堆干草叉弄得乱七八糟，吼闹不止将地狱搞得乌烟瘴气。魔鬼们吓坏了，向圣安东尼大喊："快进来把你的猪拉走！"圣安东尼步入地狱，用他的权杖轻碰小猪，小猪瞬间安静了下来。"现在，你们俩都滚出去，永远别再来！"魔鬼们再次喊道。于是，圣安东尼与猪悄无声息地走出地狱。魔鬼们不知道的是，圣安东尼将一星火花藏在权杖中带出了地狱。当圣安东尼和他的伙伴到达地面后，他高举权杖，火花瞬间飞向四面八方。多亏圣安东尼和他的猪，人们才能在白雪皑皑的冬季舒服地围坐在壁炉旁讲故事。

不过，猪在欧洲中世纪与人相近的地位也让人们常期待它们具有守法这样的人类行为能力。1389年，在法国诺曼底地区的法莱斯小镇，经九天审判，法庭最终判定一头母猪杀害婴儿的罪名成立。行刑过程中，人们给那头猪套上衣服，远近的乡绅、农民、家养猪齐聚一堂，那头猪就在众目睽睽之下先被折磨后被吊死。欧洲近代早期有很多这样的审判动物案件，而猪在其中占了绝大多数。

猪能在林间自如觅食，甚至可以登堂入室，这反而使它们容易惹上官司。有时，公诉人还断言猪身上难闻刺鼻的气味显示了它们与魔鬼的关联。猪不时的哼哼尖叫声有藐视法庭之嫌，会使事情变得更糟。在欧洲各地的法庭上，除少数被无罪释放，大多数猪都会因残食幼崽或与人私通被判有罪，最后被吊死或被活活烧死。

中世纪欧洲贵族大多选用动物形象作为家族徽章，而那些动物象征并非源于其基督教信仰，而是他们尚武的古老祖先所秉行的异教传统。贵族们崇尚野猪的军事德行，因此，野猪也成了纹章中最受欢迎的动物形象。被追逐猎杀的野猪不管面对多少猎犬和猎人都会坚持到底、奋勇抗争。在中世纪，社会地位的高低决定着一个人可狩猎物的种类。作为贵族狩猎物之一，野猪的地位仅次于雄鹿，而成功捕获野猪也需要更高超的技巧和更大的勇气。有关爱情的比喻往往都源自狩猎场景。英国中世纪晚期的浪漫主义之作《高文爵士与绿衣骑士》

儿童读物中的家养猪总是讨人喜爱，这部分源于它们的依赖性与脆弱性（W. 希斯绘于 20 世纪早期）

中，绿衣骑士之妻多次引诱高文爵士。一次，高文爵士义正词严地拒绝了女主人的无礼举动，书中将他比作直面重重猎队而临危不惧的野猪。

在人类进入现代社会以前，家养猪可相对自由地到处走动，因此，它们常与野猪交配。19 世纪的家养猪仍长有灰毛和长牙。而我们通常概念里那些外表粉嫩光洁、胖嘟嘟的猪直到近些年才被培育出来，它们是白化猪的变种。外表的变化使猪的用途与象征意义也相应地产生了变化：它们被用来指代那些纵享文明时代舒适优越生活的人们。

在中国的十二生肖中，猪身处末位；据说猪年出生的人勇敢而倔强。亚洲的家养猪与它们的西方同类共享好吃、朴拙的名声。16 世纪明代小说《西游记》描写了唐僧西天取经拯救乱世的故事。一路保护唐僧的有孙悟空、白龙马、沙和尚和挥舞钉耙降妖除魔的猪八戒。猪八戒勇猛好战，但过于好吃懒做。为了褒奖他取经路上的功劳，如来佛祖封他为净坛使者而非佛陀。如此，他便能在每次天宫宴饮后尽享残羹。

20 世纪 20 年代，德国柏林爆发了几场由退伍军人、工人、纳粹分子和共产党人引起的暴乱，那些平息暴乱的警察就被称作"猪"。纳粹德国时期的农业部长理查德·沃尔特·达里（R.Walter Darré）试图将猪定为雅利安人的核心动物，但其他纳粹分子则在猪与犹太人间画等号。20世纪60年代几乎席卷全球的学生运动中，"猪"被用以嘲讽政客和执法官员。1968年，美国民主党大会在芝加哥举行期间，抗议者举行模拟大会，提名一头猪为总统候选人。

在小说《动物农场》（1946）中，乔治·奥威尔以现代农场寓意集权国家。作为最聪明的动物，猪带领大家推翻残暴的农场主琼斯。猪宣称："动物生而平等，……但某些动物比其他动物更平等。"伯克夏公猪拿破仑在赶走他的同类对手后学会用两条腿走路，并剥削、压迫其他动物，其手段与人相比并无二致。小说最后一句写道："外面的生灵从猪看到人，又从人看到猪，再从猪看到人；但他们已经分不清谁是猪，谁是人了。"

《动物农场》或许是一部好的文学作品，但这样写猪有失公允。在对人类最有益的动物中，猪为其一。猪身上几乎每一部分都有实用价值：猪血可做布丁，猪肠可灌香肠，猪皮是上好的皮革。良好的消化能力使猪能分解吸收几乎所有食材，这给农民省了不少事儿。但人类对猪毫无感激，在被宰杀以前，猪的栖息之所常常狭窄而肮脏。

在各类儿童读物和影视作品中，猪是孩子们的最爱。其中包括E.B.怀特《夏洛的网》中的小猪威尔伯，波基猪（Porky Pig），小猪巴比（Babe），以及那些褪去猪特有蛮力与肮脏习性的温顺小猪。猪小姐皮姬（Miss Piggy）是《大青蛙布偶秀》全明星阵容中的一员，她是古代猪女神们（如努特）的现代继承者。电影中，猪小姐皮姬以拍故事片起家，写过时尚畅销书，并在各类海报和日历册中崭露头角。猪小姐永远在调情，她的演技可能笨拙无味，但你最好别公开嘲笑她，因为她有着传自祖先的超人力量和凶猛野性，这些特质在古代可是受人敬佩的。总之，在西方世界，猪是唯一一种跨越牲畜与野生生物、宠物与家禽界限的动物。

第二章

狡猾的动物

我们对动物骗子的界定与其说基于某些实实在在的物质，倒不如说根本没有什么明确的标准。动物骗子能经常变换形体，并且总能靠机智、骗术而非蛮力获胜。因其矛盾多变的天性，它们常常既是英雄又是小丑。古希腊神话中的普罗米修斯、狄俄尼索斯以及北欧神话中的洛基都是典型的化为人形以行蒙骗的形象。在有关兽形神的故事里，骗子形象难以计数，这点在非洲及印第安部落尤甚，其中的骗子形象包括阿散蒂部落的蜘蛛安纳西、阿尔冈昆部落的兔神米莎蒲斯（Mishaabooz）等。

19世纪末20世纪初，民俗学家丹尼尔·布林顿首次将动物中的骗子形象解释为一种跨文化现象，此后，学者们对之进行了深入研究。一种观点认为这些形象形成于文明进化期的某一阶段，当时个体身份还未从集体认同中分化出来。另一种观点则认为骗子形象是人的精神原型。不过，骗子形象也可能与任何事物无关，因为学者们并非完全了解动物世界。将各种迥异的特性融于一体需要精妙的平衡，这对他者文化中人们的理解力提出了严峻挑战。人们更愿用简单的目光从单维的视角看待这些动物骗子，比如是否聪明，有抱负，猥亵或对人有益等。

滑稽可笑的乌鸦，特别是生活在大西洋西北海岸线印第安部落中的那些小家伙本应出现在本章，但其拥有的宇宙力量抬高了它们的身价，因此，乌鸦将在下一章"睿智的动物"里现身。

郊狼、狐狸与豺

没有什么比列那狐更值得你去诠释、思考、研究与酝酿。

——无名氏《列那狐传奇》

与体形巨大的狮子和凶猛的恶狼相比，狐狸和豺作为食肉动物，其大小适中的身材使它们更容易被大多数人接受。在近东的文学作品中，狐狸和豺几乎可以互换。它们同属犬科，且都以聪明著称。在民间传说中，动物的睿智往往是通过将神奇事物合理化这一本领体现的。在一些古本中，狐狸和豺就曾以法力强大的巫师现身。郊狼也属犬科，体形大小与狐狸、豺接近，只不过它们土生土长在新大陆。从动物象征意义所具有的普适性的突出程度来讲，郊狼在美洲原住民传说中扮演的角色和它的"表亲"（狐狸和豺）在欧亚大陆的情形旗鼓相当。

据书写于公元前3世纪中期两河流域的存世文学古本记载，狐狸曾将空气之神恩利尔之子恩基（苏美尔–巴比伦神话中的魔法之神）从阴曹地府带回。恩基也在其后各闪米特族神话中延续着与狐狸的缘分。据楔形文字的手抄本记载，恩基因违背伟大的母神宁胡尔萨格（Ninhursag）而遭死亡诅咒。在其他诸神无助地观望恩基陷入神志不清之际，一只狐狸出现，令恩基苏醒过来。这则故事可能源于萨满教的灵魂出窍一说：恩基魂归阴曹之时，亦正是狐魂附体之时。

至公元2世纪，狐狸招摇撞骗的"美名"已在两河流域的动物谚语中得到确立，而这些动物谚语也是伊索寓言的鼻祖。在公元前1世纪早期的一块名为"狐狸寓言"的巴比伦石板中，狐狸、狼和狗共同去找狮子告状，它们相互指责彼此使用巫术、进行偷盗，尤其是激怒诸神降下足以使世界毁灭的可怕旱灾。石板中的大部分内容都已遗失，但狐狸似乎以它的聪明赢得了胜利。因为在最后一块石板中，雨水降下，狐狸以胜利者的姿态进入了神庙。

在古埃及，与巴比伦石板里那只神奇狐狸相对的是长着狗头（或豺头）人

19世纪一本列那狐传奇故事中的卷首插图由保罗·迈尔海姆（Paul Meyerheim）绘

身的阿努比斯。阿努比斯负责将逝者之灵带到审判地，然后将死者的心脏放在天平上，与宇宙秩序之灵玛特（通常以一支鸵鸟毛的形态出现）比重量。倘若心脏一端下沉，死者将被魔鬼吞噬；但若上升，死者将与太阳神拉（Ra）一起乘坐太阳舟划过天际。豺的穴居本能地影射了它与土地的亲密关系，而它以腐肉为食的习性也促成它与死者之间的联系。

据说在古希腊罗马时期的传奇人物伊索所创作的寓言故事中，狐狸是个骗子形象。狐狸在狮子面前谄媚奉承，却总在其他动物那儿耍小聪明，其中最有名的一则就是《狐狸与葡萄》。故事浅显易懂：狐狸抬头望见葡萄架上的葡萄，它反复跳跃，试图够着它们，但都没能成功。最后，狐狸说："它们可能是酸的。"

然后走开了。这则趣闻在不同时代有着各异的解释：中世纪人认为狐狸是明智的，而现代人则嘲笑狐狸的愚蠢。对骗子（甚至对失意的骗子）来说，智慧和愚蠢往往失之毫厘。

然而，《圣经》却较少将动物人格化，其中的动物非但不智慧，反而常引得人们同情。拿狐狸来说，它们的骗术既不能兴风作浪，还会惹祸上身，结果倒霉透顶。在《士师记》中，参孙抓了三百只狐狸（或，也可能是野狗），将它们尾巴一对一对地捆上，把火把捆在两条尾巴中间，点着火把，放狐狸进入非利士人的庄稼地（15：4）。在犹太流散文学中，狐狸越发受人重视与尊敬。政治敏感使犹太领导者不得不通过寓言等方式间接地表达观点。

阿基巴（Akiba）拉比曾教授《律法书》（《旧约》前五卷），公然反抗罗马统治者。当一位追随者询问他是否害怕统治者时，阿基巴用一则故事代为作答：一只狐狸曾问水中鱼儿为何要不停地游来游去，鱼儿回答说它们是在躲避捕鱼的渔网。狐狸邀鱼儿们上岸共享安宁平静的生活，一条聪明的小鱼回答道：它们在熟悉的环境下所遇到的困难一定比在陌生环境下少得多。同理，犹太人如果背离自身的传统，将会面临更大困境。《塔木德》中也有许多颂扬狐狸聪明才智的故事。那些远在他乡的犹太人因没有自己的武装力量（军队或警察），而不得不依靠智慧与外交辞令生存。因此，无论好坏，他们常被视作狡猾的狐狸。

豺和狐狸的两面性在兼具印度与波斯文化印记的《五卷书》（亦称《比得拜寓言故事集》，成书于公元前2至3世纪）中表现得尤为明显。故事主线聚焦于两只在狮子王庭效力的豺：狡诈的达马纳卡（Damanaka）与诚实的卡拉塔卡（Karataka）。公牛桑吉法卡（Sanjivaka，音译）是狮子王身边最得宠的臣子，这引起了达马纳卡的妒意。于是，它不顾同伴卡拉塔卡的忠告，挑拨离间狮子王与公牛桑吉法卡，在二者间挑起纷争。最后，达马纳卡还煽动自己曾经的朋友参加战争，结果狮子王在其中受伤，而公牛则被杀死。故事中，辩论与计谋为各个角色提供机会，让它们通过讲故事来支持自己的观点。

骗子们时常会聪明反被聪明误。比得拜（Bidpai）笔下就有这样一则故事：一只豺游荡至城市，被一群狗追赶。绝望之际，它跳进一口巨大的蓝色染缸藏身。当外面的狗吠声平息后，那只豺慢慢爬出染缸，返回丛林。其他动物被身边经过的蓝色怪兽吓坏了，以为它具有超能力。于是，那只豺乘机称王，命狮子做自己的副手，大象、猴子分别为侍从。然后，它又为王国里每一种动物确立角色，唯独缺少豺的份儿，因为它害怕同类会揭穿自己。然而，有一天，那只蓝色豺听到其他同类在远处嚎叫，禁不住跟着嚎叫起来。如此，其他动物明白自己被骗，盛怒之下，它们将那只蓝色豺撕得粉碎。

《五卷书》先由穆罕默德·哈克（Mohammed al Haq）译成阿拉伯语，得名《卡里莱与笛木乃》（*Kalila wa Dimna*），随后，阿拉伯译本又被翻译成拉丁语本。在中世纪后期和文艺复兴时期，拉丁语本的《五卷书》最终被译成几乎所有欧洲主要语言；它也是列那狐传奇故事的基础，于12世纪末首次以法语写成，并迅速传遍欧洲。其中，狐狸列那变成了一个农民，他比其他动物都聪明，尤其胜过比自己更有权势地位的对手——狼和熊。其对手们的最终下场都很凄惨：要么被揍，要么被戴绿帽子，要么残疾，要么被吃，要么被毁。狐狸列那的不择手段使任何担心它会成为"被压迫者"而生的同情都显得多余。由于写作者的阶层立场各异，列那可以是彻头彻尾的恶棍，稍有瑕疵的英雄，或单纯的喜剧人物。在其中一则著名故事中，百兽之王狮子病倒，狐狸劝狮子用狼皮包裹自身治病。结果，狐狸的劲敌狼被剥了皮，而狮子也很快病死，徒留狐狸坐享渔翁之利。许多著名作家如杰弗雷·乔叟、拉·封丹和歌德都重述过狐狸列那的故事。

法籍犹太学者哈纳克丹（Berechiah ben Natronai ha-Nakdan）曾在12世纪末用希伯来语写成《狐狸寓言故事》一书（它有时也被称为《犹太人的伊索寓言》），其中的故事更繁复贴切。《狐狸寓言故事》里虽有暴力、不公，但它继承了《旧约》传统，闪耀着鲜亮的道德光环。虽然多数故事并不围绕狐狸展开，但狐狸有时却以叙述者现身。如同犹太人时常被迫寻求君主保护一样，狐狸在此故事中也不忘发展它与狮子王的友好关系。不像《列那狐传奇》中的狐狸，哈纳克丹笔下的狐狸高度务实少有邪恶。在一篇寓言中，狐狸因啃了狮子猎食山羊后所剩下的骨头而被狮子大骂。狐狸自称羞愧难当，保证再不觊觎狮子之物。作者借此故事指出，与狮子相反，我们本应该原谅那些冲撞我们的人。

中世纪之初，梅罗文加王朝统治着德国全境和法国大部分地区。当时的民间传说中，林中动物自有王庭——狮子为王，熊与雄鹿各为贵族。每年夏至，动物们都会聚在一起开庭听审，伸张正义。与欧洲各地人类统治者令人失望、腐败堕落的情形一样，故事里，动物王国的统治者也好不到哪儿去。在整个欧洲中世纪盛传的列那狐传奇故事中，百兽之王只是个讲究排场的蠢货，而狼与狐狸则常为从鸡笼里偷来的鸡，带着虔诚与浪漫的口吻争吵不休。

随着农民逐渐摆脱农奴身份，犹太人脱离贫民窟，传统精英们有时会把他

《伊索寓言》中的插图《狐狸和面具》，理查德·海威（Richard Heighway）绘

们对这些人的怒气撒到狐狸身上。因再无特权猎杀雄鹿和野猪，贵族们，尤其是英格兰的贵族们，转而开始猎杀狐狸。中世纪人认为，狐狸是不值得贵族猎杀的动物。然而，在现代，猎杀狐狸却是对封建秩序的一种肯定，且常伴随最讲究的仪式：盛情的邀请、隆重的礼节、精致的礼服。约翰·曼斯菲尔德（John Mansfield）与西格夫里·萨松（Siegfried Sassoon）都曾饱含激情地写下有关猎狐的文字，描绘猎狐场景的画报还是人们装饰起居室的最爱。但面对那么多整装待发的男女、猎犬、马匹针对弱小狐狸的场面，很多人心有不快。2004年，英国已全面禁止猎狐活动。

在东亚，民间传说里的狐狸多与魔法而非智慧相连，且其中的狐狸多为雌性。在亚洲，狐狸象征婚姻忠诚，雌狐还代表母爱。中国早期女训常引用狐狸训诫母亲不应杀女婴。但当狐狸与人相处时，它们则可不受限制。狐狸可以随意变换形体，例如变成美女引诱男人。她们经常从男子体内吸取阳气，但有时她们也会真爱上自己的伴侣。虽然狐狸可以蒙蔽人眼，但其他动物却能识别她们。在狐狸面前放一面镜子也可识别她们，这主要是因为狐妖不能在镜中成像，或照镜子会暴露她们的狐相。

据说，狐狸每年都会在靠近东京的王子相聚；传说中，一大群狐狸聚集在一起寓意来年丰收；由狐狸发出的火焰在日本被称为"kitsune-bi"或"狐火"（大都会艺术博物馆，#MMA60544B）

在有关狐妖的早期作品中，生活于公元7世纪末中国唐代的沈既济就著有《任氏传》一书。其故事梗概如下：家境穷困的郑六路遇一名唤作任氏的女子，郑六见女子长相实为秀美，便殷勤地让她骑上自己的驴子。二人很快坠入爱河。一日，任氏向郑六坦白自己实为狐狸，并表示若郑六不弃，她将以人形与郑六相处。郑六应允，任氏以实际行动证明自己不仅是忠诚的妻子，还以其机智和技能使郑六亨通发达。然而，有一天，闹市中一群狗嗅到任氏身上的狐味，任氏见状立即倒地，现出狐形狂奔逃命。郑六虽尽全力追赶，但还是未能救得妻子的命。在亚洲，狐妖首先代表女性气质，其中散发着一个个既让男人垂涎欲滴，却又心惊肉跳的小秘密。

日本传说中，拥有魔法的狐狸或狐（Kitsune）有着与人类相对等的社会体系。狐的超能力可媲美人类技艺，并且，如人类对它们一样，它们对男人女人也充满好奇。狐能轻而易举地造出金银财宝等人类稀罕之物，但它们却不以为然，反而珍视那些人类不以为然的事物，如搭建房子的草堆。若某人与狐狸友好亲近，他便总能交好运。狐有时会幻化成人形（通常是少女的样子），且与真人相差无几。一些变成美女的狐会引诱男子，摧毁他们，但更多的狐会成为最忠贞的人妻。如果在森林中遇见孤身一人的美丽女子，那她很有可能就是一只狐，若要接近她，则会冒很大风险。在亚洲民间传说中，那些清晰可见的善良狐狸中就有日本稻荷神的狐狸使者，稻荷神也常被画成狐狸形象。

与狐狸列那相似，郊狼在民间传说里要么贤明，要么滑稽。在印第安传说中，郊狼更多地与宇宙起源相关，这也是它和民间传说中狐狸、豺的最大不同。一则祖尼人传说这样讲道：郊狼和鹰从世界之灵那儿偷得盛有太阳和月亮的宝盒，如此，世界才有了光；但郊狼又禁不住好奇打开宝盒，结果天体飞升，便有了冬夏。在克拉马斯人的故事里，郊狼通过在掷骰子时作弊，从雷神那儿赢来火种。普韦布洛人（生活于墨西哥和美国西南部）则认为，郊狼曾协助一位伟大巫师以黏土塑造人形，然后将这些人形放进烤箱烘烤，赋予他们生命。但不幸的是，多数人都有这样或那样的缺陷，因为郊狼不是过早就是过晚地将那些黏土人形拿出烤箱。郊狼还因将逝者带回人间而广受赞誉。欧洲的列那狐传说和印第安神话中有关郊狼的故事在普韦布洛人那里相互融合，这就不足为奇了。

资本主义社会对骗子情有独钟，因而郊狼在当今仍十分受人欢迎。有些印第安人抱怨说，白人在诠释印第安传统时总强调郊狼不体面、不道德的一面，从而遮盖了它神圣的一面，卡通人物威利狼（又称大笨狼，Wile E.Coyote）就是一例。观众常被威利狼对哔哔鸟（Road Runner）狂热但徒劳的追求逗乐，威利狼自己却常落得坠下悬崖或被车碾压的下场。起初，人们认为，相比印第安传说中那些成功的郊狼形象，威利狼着实不堪。但话说回来，较之输赢，威利狼死里逃生这点更重要，而它也的确总能峰回路转。

野兔与家兔

  它是什么？——沟渠跳虫，玉米脱粒机，一头没有犄角的棕色小母牛？答案：野兔。

——爱尔兰谜语

  家兔和野兔同属兔科，是啮齿目动物。在民间传说中，兔的名声可比它们的亲戚老鼠好得多。家兔喜好群居，野兔更愿独处。野兔比家兔体型更大而其幼崽更小，但在民间传说里，二者常不分彼此，且同一故事中二者经常同时出现。兔子在神话、传说里极为重要，它们与其他动物的明显区别在于其耷拉的长耳。尽管跑得不是最快，但兔子行动起来十分敏捷。在摆脱捕食者时，兔子能迅速变换方向，这使它们获得了骗子的"美名"。与大多数啮齿目动物相比，兔子（特别是家兔）的繁殖能力更强，因而，在全世界范围内，它们象征着生育。兔子胆小而惹人怜爱，因此，即便它们糟蹋庄稼，农民也不忍心射杀它们。在有关兔子的传说中，最为人熟知的便是：月亮上居住着一只小兔。许多文化中都存在这一说法，如中国文化、科伊科伊（或称霍屯督，一些人认为此词略带贬义）文化和玛雅文化等。

  尽管我们在仰望星空时会遥想皓月当中的那只兔子，但兔子与月亮的广泛联系并不仅限于此。另一部分原因是，兔子的跳跃隐射月亮初升，并且，其身上白、灰、褐相间的花纹象征月亮表面。最重要的一点可能是，兔子在高度警觉时会笔直地站起身，瞪大双眼，竖起耳朵。与之相似，月亮（尤其是满月）就像一只时刻关注世间冷暖的大眼睛。

  《本生经》是印度早期佛教动物寓言故事集，主要讲述释迦牟尼前生的故事。释迦牟尼曾转世为一只林中野兔，与猴子、豺、水獭三只智慧动物生活在一起。一日，化身野兔的佛祖向森林里的动物布道，劝诫它们不要拒绝施舍。雷神帝释天听到此话，化身为一位婆罗门来到林间。婆罗门走近时，猴子献出水果，豺献出肉，水獭献出鱼。最后，婆罗门走到野兔面前，野兔让他捡柴生火。大火熊熊燃烧，野兔顺势跳进火海，原来它早已决心献出自身。然而，奇怪的是，大火并未伤及野兔。帝释天现出真身，然后手握大山挤出墨汁，在月牙上画下兔子的肖像。

在中国传说中，月亮上的兔子总会拿着研杵捣钵体研磨长生不老药。这一形象源于兔子旺盛的繁育能力。中国的月兔形象与嫦娥有关。貌美的嫦娥，是擅长射箭的有穷国国王后羿之妻。在一次节日宴上，王母赐给后羿一颗长生不老灵丹，后羿因饮酒过多，想先歇息，等酒醒后再服仙丹。于是，他将仙丹托付给嫦娥保管。嫦娥偷偷吞下仙丹，立即感到身体轻盈，并发现自己竟然能飞起来。后羿醒后向嫦娥索要仙丹未果，威胁要杀死她，于是，嫦娥便飞向月宫，藏身洞中。一日，她咳出那粒仙丹，仙丹立刻变成一只白兔。嫦娥给了白兔一套用来捣药的研钵研杵，命白兔重制长生不老药。失去仙丹的嫦娥重受岁月侵蚀，她还未等到玉兔将仙丹做好就变成了一只三足蟾蜍。如此，我们便能从月亮上看到，既像女人又像蟾蜍的嫦娥站在桂树下观看玉兔捣药。

兼具印度与波斯文化印记的《五卷书》（第三卷）中的一则故事就拿兔子和月亮开玩笑，而兔子在其中（在另一些版本中为野兔）也或多或少说了假话：一群大象发现一片天堂般的月亮湖，结果口渴难耐的象群在奔向湖边时踩死了不少小兔子。第二天，一只名叫维克多的兔子来到象王面前，称自己是月亮使者，受外交法保护。维克多谴责象王和象群的所作所为，称它们杀死了本受月亮保护的兔子。维克多雄辩的措辞令象王叹服不已，于是，象王决定面见月亮，当面祈求原谅。维克多将象王带至湖边，此时，湖中映出的满月灿烂明亮。象王弯腰鞠躬，结果象鼻点破湖面，水中月影顿成万千碎片。见此情境，维克多连忙说："哎呀呀，大事不妙，你又惹着月亮了。"为平息月亮怒火，象王许诺再不返回。就这样，兔子重新成了月亮湖的主人。

在《伊索寓言》中，野兔也是个狡猾的家伙，但和大多数滑头一样，它总是因小失大。在此类故事中，最著名的或许是《龟兔赛跑》。兔子嘲笑乌龟跑得慢，于是，乌龟向兔子发起挑战，兔子接受了挑战。比赛一开始，兔子加速前进，遥遥领先，过分骄傲的兔子便开始拖拉怠慢。它一会儿休息，一会儿玩耍，最后速度缓慢却始终坚持的乌龟超过了它，并赢得比赛。

凯撒大帝曾说过，在早期不列颠人的心中，兔子是神圣的。据罗马历史学家狄奥卡修斯（Dio Cassius）记载，带领不列颠人反抗罗马统治的波阿狄西亚女王（Queen Boadicea）在每一场战斗前都会从衣裙中放出一只野兔，而兔子奔跑的方向则可帮助预测战斗结果。复活节兔子（Easter Bunny，最初是野兔）很可能曾是每年初春时分献祭给诸神的祭品。与复活节兔子紧密关联的是彩蛋，

《龟兔赛跑》(《拉·封丹寓言故事》插画，J.J.格朗维尔绘，1839)

它是前基督教时代斯拉夫人用以庆祝春天到来之物。过去，无论在赛事中还是在节日宴饮上，兔子和彩蛋都是必不可少的。

在欧洲中世纪时期，野兔常被认为是巫师的夜间化身。一个名叫伊莎贝尔·古蒂（Isabel Gowdie）的苏格兰女巫曾坦言，一次，当她被猎狗追赶受到惊吓时，就变成野兔跑进一栋房屋躲藏。很久之后，她再次口念咒语变回人形，可是身上已留下了狗咬的伤痕。玛丽·韦伯（Mary Webb）的小说《十足的祸端》（1924）的女主人公普鲁登斯·萨恩（Prudence Sarn）天生兔唇。故事发生在19世纪早期英格兰西部什罗浦郡的一个村落里。普鲁登斯的母亲认为，自己孩子之所以天生畸形是因为生产前一只野兔曾从她面前穿过，邻里乡亲也时常将女主人公与魔鬼相联系。

野兔在整个非洲也是举足轻重的滑头，它经常凭借自身的聪明挑战身强力壮的土狼或狮子。在尼日利亚豪萨人的一则故事中，林中动物因惧怕狮子而与之订立契约：每日一只动物主动献身充当狮子的盘中餐，如此，狮群才不会大开杀戒。瞪羚（羚羊的一种）以及其他许多动物都献出了生命，轮到野兔时，它对狮子说自己带来了一份特别的礼物——蜂蜜，但还有一头更凶猛的狮子欲将礼物占为己有。百兽之王听后，问野兔那个不自量力的挑战者在哪儿，野兔指指水井。于是，狮子来到井边向井中望去，看到另一头狮子（其实是它的水中倒影）。它猛扑过去，结果掉进水井淹死了。狮王死后，所有动物都拥立野兔为王。

在一些印第安人部落中，兔子大师（Master Rabbit）是个招摇撞骗的家伙。在犹特人的传说中，太阳灼伤了兔子大师的脊背，它因此大发雷霆。为测试自身武功，兔子大师杀死了所有妨碍自己的动物和人类，直到认为足以和太阳一决雌雄。在它向太阳丢去一枚魔球的瞬间，熊熊烈火遍布大地，兔子大师吓得大哭起来。后来，兔子大师的眼泪扑灭了大火，这才让它意识到杀戮并不能解决问题。

在印第安传说中，身为骗子的野兔名目繁多。在奥吉布瓦人那里，它是纳纳伯周（Nanabozho）；在许多阿尔冈昆部族那儿，它是兔神米沙波兹（Mishaabooz，音译）；而在德拉瓦人那儿，它则是蒂施玛姆斯（Tschimammus，音译）。蒂施玛姆斯是地母从云端降落后所生的双生子之一，虽然他后来上了天堂，但人们还是期待他能返回凡间。皈依基督教的印第安人就认为野兔与耶稣同为一物。

或许，在所有有关兔子的现代故事中，最有名但也最具争议的是乔尔·钱德勒·哈里斯在19世纪后期创作的《雷木斯大叔讲故事》。其中的兔子老弟既绝情又聪明，它不断与比自己大的捕食者如狐狸、狼或熊斗智斗勇，而它的对手们不仅被打败，被嘲笑，还落得被戴绿帽子，被愚弄，或受严惩的下场。不过，兔子老弟也时常败给如乌龟老大哥和秃鹰先生等其他动物。

哈里斯的故事既受欢迎又引发争议。一些评论家赞扬兔子老弟的聪明，而另一些则认为它不思进取，是非不分，是夸张式的反黑人种族主义分子形象。但如此争议或许本不存在。现在，大多数民俗学家一致认为，兔子老弟这一童话人物源自阿尔冈昆人传说里的兔骗子，并通过与黑人一样被奴役的印第安人进入非裔美国人的传说。啼笑皆非的情节设置使任何政治道德说教都显拙劣，并且，兔子老弟与故事里的其他动物一样，尽管满脑子智慧，却是尽力不作为者的典范。尽管源起于印第安文化，但兔子老弟的故事一直是非裔美国人文化的重要组成部分。如果有人觉得哈里斯版本中的兔子太过荒谬、暴力或屈尊俯就，那可以看看佐拉·尼尔·赫斯顿等人的作品。

《雷木斯大叔讲故事》中最有名的一则是《绝妙的焦油娃娃故事》（*Brer Rabbit and the Tar Baby*）。狐狸老兄用焦油做了个娃娃，将它放在草丛中，从旁观察以待兔子老弟出现。走近的兔子老弟向焦油娃娃打招呼，但焦油娃娃毫无反应，兔子老弟对此大为光火，对焦油娃娃拳打脚踢，结果四肢被焦油黏住动弹不得。狐狸老兄以为兔子老弟这回是煮熟的鸭子，想着怎么用最残忍的方法惩罚兔子老弟。聪明机智的兔子老弟央求狐狸千万别把自己扔到荆棘丛里，狐

兔子老弟被焦油娃娃困住，一旁的狐狸老兄放声大笑（哈里斯《雷木斯大叔讲故事》中的插画，A.B.弗罗斯特绘）

狸老兄上当，毫不犹豫地将它扔进荆棘地，结果兔子老弟高喊着"生于荆棘，长于荆棘"，便一溜烟地逃跑了。

各类家兔、野兔形象在19世纪的儿童读物中深受喜爱。其中，由比阿特丽克斯·波特创造的彼得兔或许是人们的最爱，《爱丽丝梦游仙境》（由路易斯·卡罗尔创作）中的白兔和三月兔也为人熟知。波特将孩童稚气十足的小错误与民间传说中的传统兔骗子形象相融，而卡罗尔则从儿童视角将之转化为成年人的荒唐之举。19世纪40年代，美国华纳公司出品了"兔八哥"这一卡通人物形象。兔八哥是个不讲道德的骗子，它比愚蠢的猎人埃尔默（Elmer Fudd）聪明得多，总是骗得他坠落山崖或被卡车碾压。19世纪70年代，理查德·亚当斯在其小说《飞向月亮的兔子》中赋予兔子更多高贵品质。小说讲述了一群雄兔外出寻找新家园的冒险之旅。尽管家兔和野兔并不懂践行男权，但几乎所有的著名兔子形象都是雄性。

《花花公子》杂志中的女郎被称为"兔女郎"，这些女性会在宴会中穿着紧身带尾服装，头戴兔耳；杂志每期封面还会选出当月的"兔女郎"。这些做法借力于兔子温柔可爱的形象。然而，对旺盛生育力的象征物的这种运用，其效果是模棱两可的，因为杂志的男性购买者都不希望别人认为他们与这些兔女郎有什么瓜葛，当然也不想找那些"兔女郎"做自己孩子的母亲。

蜘　　蛛

> 灵魂，趋向爱，为爱挺身，
> 正如蜘蛛，从不起眼的角落，抛出丝丝
> 细线，不辞辛劳奉献自我，以期抓住
> 并形成一个连接点，一种纽带，
> 一份联系。
>
> 　　　　　　　　　　　　　　——惠特曼

　　蜘蛛因其毫不留情的作风、美丽且令人恐怖的外表成为预测命运的一面镜子。蛛网上晶莹闪耀的露珠总会使人想到漫天星辰。并且，蜘蛛确实有着能让女神都艳羡的才能。即使在今天，工程师也没能成功造出如蜘蛛网般轻薄、柔韧且拉伸性强的纤维丝。

　　然而，多数蜘蛛在吞噬猎物时的做派却能让任何眼见之人不寒而栗。如若一只苍蝇被蜘蛛网黏住，蜘蛛就将消化液注入其体内，然后离开，返回后再一点点儿尽享美餐。某些特定品种的雌蛛（尤其是欧洲南部的花园蜘蛛）还会在交配时蚕食雄蛛，这象征了生之孕育与死亡间神秘的原初统一。蜘蛛通常有八只眼，这使它们的视力几乎能覆盖任何方向。没有人能与蜘蛛对视，更不要说读懂它们的眼神了。大到鲸鱼，小至蚱蜢，拥有两只眼是常态，因此，任何非两眼动物都会令人感到怪诞奇异。民间传说经常夸大蜘蛛的可怕，特别是它们的致命毒液。

　　奥维德将蜘蛛的来源追溯至吕狄亚少女阿拉克尼（Arachne）。阿拉克尼精通纺织，就连仙女也为之赞叹。她吹牛说自己的技艺甚至超过女神雅典娜，听到这话，女神化身成一名老妇来到阿拉克尼身边，警告她不要妄自尊大。但阿拉克尼不听劝告，拒绝收回所言。于是，雅典娜现出真身，与阿拉克尼开始织布比赛，一决高下。阿拉克尼没被吓倒，她毫不犹豫地接受了挑战。雅典娜在自己的织机上织出了一群敢于和神祇较量但遭毁灭的凡人，而阿拉克尼在她的织机上织出了众神的愚蠢行径，尤其表现了人神间的苟且行为。见此状，雅典娜愤怒异常，她开始殴打阿拉克尼，直到她逃开，将绳索套在自己脖子上试图自尽。"活，"雅典娜说道，"但得永远吊着。"于是，阿拉克尼变成一只悬在丝线上的蜘蛛。这则故事表现了那些挑战神祇之人所要面临的可怕命运。但等等！仔细瞅瞅已成蜘蛛的阿拉克尼，一些人觉得她毛骨悚然，另一些人觉得她漂亮，但鲜有人认为她是不快乐的。

雅典娜的惩罚是不是太残忍？但不论怎样，阿拉克尼不仅超越了生死之限，还能继续做她喜爱的工作直到永远。动物神和作为部族崇拜的动物图腾比之男神女神更古老悠久。我猜想，阿拉克尼不只是凡人，她或许曾经还是个比雅典娜更强大的神祇。蜘蛛代表古代母神，是命运的织就者。蜘蛛还与埃及神奈斯（Neith）、巴比伦伊什塔尔（Ishtar）以及日耳曼传说中的仙女有关。希腊神话中掌管所有伟大神祇最终命运的三女神与蜘蛛相似。也许在一些遗失的有关阿拉克尼的故事版本中，阿拉克尼只是化成人形去欺骗雅典娜，得胜后又变回自己的蜘蛛。

在许多文明中，那些最原始最强大的神灵群体里都有蜘蛛的身影。在许多西非部族眼中，蜘蛛既是骗子又是文明英雄。在豪萨人那儿，蜘蛛是吉佐（Gizo）；而加纳和牙买加的阿散蒂人则认为蜘蛛是阿南西（Anansi）。在阿散蒂传说里，一次动物们争论谁最年长最值得尊敬，大伙请阿南西评理。动物们的陈述大致如下：

  鹦鹉说："世上还没有铁匠时我就在这儿。我不得不用自己的嘴敲打铁器，如此，嘴巴才变弯。"

  珍珠鸡说："世界之初到处还是一片火海时我就在这儿。我不得不用自己的双脚踩灭大火，如此，它们现在才是红彤彤的。"

  大象、兔子和豪猪各自讲述了自己的世界之初故事，以表明自己最年长。

  最后，蜘蛛阿南西说道："在地球被造出以前我就在这儿。那时，世界毫无立足之地，当我的父亲去世时，我只得把它埋进自己的脑袋。"

  所有动物向阿南西致敬，承认它最年长。不过，除却吹牛的成分，蜘蛛纤细而肢节横生的足的确看上去很是苍老。

因为蜘蛛如此独特，所以它影射着人与自然界的疏离。除蜘蛛外，能从体内吐丝的还有蚕和毛虫，但蜘蛛网的繁复精巧确实是无可比拟的。早期狩猎者很可能是受蜘蛛网启发从而造出了渔网和捕猎夹。保存食物以待稍后食用，蜘蛛的这一行为似乎表明它们如人一样有远见，但它们吓唬猎物又不将其立即杀死的行为也有点如人类般残忍。

蜘蛛独来独往，因此对于那些与世隔绝和被追捕的人来讲，蜘蛛能启迪心智，提供助益。据传，大卫为躲避扫罗王的追兵躲进一座山洞，随后一只蜘蛛用丝网掩住洞口，追兵见状，认为无人可以进入山洞才就此离开。同样的故事也发生在穆罕默德躲避麦加城敌人的过程中。苏格兰国王罗伯特·布鲁斯为躲避英格兰人藏身位于拉斯林岛的一座谷仓内，他抬头望见一只蜘蛛在两条椽间穿梭织网，六次而不得。"这只蜘蛛难道在教导我如何行事？"罗伯特思忖，"因为我也失败了六次。"蜘蛛在第七次尝试中成功织网，罗伯特也重返苏格兰，召集将士重整旗鼓，于1314年的班诺克本战役中大获全胜。

不过孤僻的性格也使蜘蛛令人害怕。蜘蛛是中世纪女巫常用的酿酒原料，它们也与女巫非常熟络。蜘蛛静待猎物上钩的习性使它们成了魔鬼的代名词。最令人恐惧的蜘蛛要算生活在拉丁美洲、非洲和欧洲南部的狼蛛（因体型大且长有像狼毫一样的毛而得名）。文艺复兴时期的意大利南部，狼蛛曾引发人们普遍的不安情绪，但真正被其叮咬后的危险其实要小得多。当时的人们认为，只有不停运动才能解毒，因此，为了活命，被咬的人不得不跳一种名叫"塔兰台拉"的舞蹈。

在东亚文化中，蜘蛛通常不受人喜爱，因为它们总躲在角落里。并且，作为小型生物界里的主要捕食者，它们似乎很是阴险，且有同类相残之嫌。吴承恩的《西游记》里就讲道，唐僧来到一处住家化缘，遇见四位貌美女子，女子为其提供吃食，但那吃食竟是人肉。当唐僧企图离开时，四女子从她们肚脐中射出蜘蛛丝将他捆住。后经三徒弟营救，唐僧才避免成为蜘蛛精的盘中餐。

日本流传着许多巨型蜘蛛出没废弃城堡及其他废墟的传说。故事里，变成人形的蜘蛛会捉弄那些轻率鲁莽之人。在小泉八云收集的一则故事中，一名武士夜宿于一座传说闹鬼的古旧寺庙。半夜，一个僧人来到庙里，手拨弦琴，技法超人。过了一会儿，僧人转向武士，笑盈盈地说："你以为我是妖精？我只是个僧人罢了，我必须弹奏手中乐器逼退小妖。你要不要也试试？"武士小心翼翼地伸出左手触摸三弦琴，三弦琴即刻变成一张巨大的蜘蛛网，而僧人也变成了一只巨蛛。武士用右手拔剑向那妖怪一阵猛砍，蜘蛛才退却。武士因被蜘蛛网缠绕而无法追踪。不过，第二天早上赶来的村民将武士救下，他们一起

19世纪童话故事书里的蜘蛛插画

循着斑斑血迹找到那只巨蛛并将其杀死。

相比之下，对于包括纳瓦霍人和霍皮人在内的许多印第安部族而言，蜘蛛女则是创造之神。据一则纳瓦霍传说，一个少女曾眼见一股青烟从一个地洞中升腾而上，当她靠近察看时发现了蜘蛛女，蜘蛛女请她到洞中学习纺织。至今，纳瓦霍的女人们仍会在她们织就的毯子上留下一个小洞，以纪念蜘蛛女与少女的相遇之所。

拥有同样强大力量却不甚慈善的蜘蛛形象还有伊可托米（Iktomi，音译）。在苏族和其他美国中西部地区的印第安人眼中，伊可托米是个十足的骗子。在拉科塔人的传统中，伊可托米创造了时间，发明了语言，但也是个懦夫，并且谎话连篇，好色成性，麻烦不断。尽管伊可托米如此散漫，但印第安人还是因其力量而敬重它。据说向伊可托米供奉烟草能让外出狩猎的人满载而归。

与许多骗子一样，蜘蛛既得众人喜爱，又受众人唾弃。没有谁会比英国人托马斯·慕菲特（Thomas Muffet）更爱蜘蛛了。他于1658年出版了《昆虫剧院》一书，其中对蜘蛛做了如下描写：

> 当她悬在空中八足伸展时，犹如着了色的天边星辰，自然仿佛既赋予了她好似苍穹的滚圆身躯又给了她星星的万般光芒，让她如此栩栩如生、活灵活现。她的皮肤如此洁净、柔软而润滑，远胜过最温润可人的少女与最惊艳绝美的优伶，晶莹剔透如一面镜子；她拥有连最勇敢少女都不敢奢望的手指——细长而恰到好处，没有哪个人或哪种生物能与之相提并论。

蜘蛛对苍蝇或许残忍，但慕菲特认为，它们对人类贡献良多。蜘蛛网不仅对伤口愈合有很大帮助，其本身也被加入多种药材中。

当然，并非所有人都认同慕菲特的观点。鹅妈妈童谣中一段或许与慕菲特小姐（托马斯·慕菲特的女儿佩兴斯·慕菲特）有关的著名谣曲就是其一：

> 小小慕菲特，
>
> 蹲坐板凳，
>
> 口咬奶嘴；
>
> 蜘蛛爬过，
>
> 端坐身旁，
>
> 慕菲特吓倒，赶紧走开。

托马斯·慕菲特赋予蜘蛛如此多的女性特质，但这一做法或许使它们成了具有讽刺意味的女孩和妇女保护者形象。

不过，乔纳森·斯威夫特则在他的讽刺小说《书的战争》（1697）中为我们塑造了一个十分阳刚的蜘蛛形象。小说主线围绕一场争论展开，即到底是古代作家还是现代作家更胜一筹："在一扇大窗最高处的角落里蜷居着一只蜘蛛，无数进犯蜘蛛网的苍蝇都成了它的盘中餐，被俘的苍蝇散落在蜘蛛洞口，正如巨人洞前的骷髅堆。通往蜘蛛城堡的各个通道关卡重重，皆参照现代防御工事而建。"由于蜘蛛栖居室内且将自己的网造得如此繁复精细，因此它代表现代作家；固执任性的蜜蜂则代表古代作家。

民间传说不只把蜘蛛描写得恐怖吓人，还为它们提供保护。在人们心中，杀死蜘蛛会遭厄运，一则英国童谣如是说：

若想活命兴旺，

就放蜘蛛生路一条。

英格兰有一种名为"钱蜘蛛"的黑色小蜘蛛，如果它落在衣服上，那是发财的好兆头。千万不可粗心地将其从衣服上甩掉，不过倒是可以将它放在自己的肩膀上。蜘蛛与原始力量紧密相关，因此须小心对待。

神秘而阴郁的蜘蛛总与死亡和地下王国相连。马萨诸塞州清教徒乔纳森·爱德华兹（Jonathan Edwards）就在其布道书《愤怒上帝手中的罪人》（1734）里写道："被激怒而痛恨你的上帝会抓住你，将你置于地狱入口之上，这很像我们手抓蜘蛛或其他令人厌恶的昆虫，把它们置于火焰之上。"在对人类原始生活最有说服力的象征符号中就有蜘蛛的身影，但比起辽阔的自然景观，它们更多地与荒凉决绝的隐秘之所相联系。这种前后矛盾构成了陀思妥耶夫斯基《罪与罚》中一反常态的想象思维空间，它将永恒（eternity）描写成"一个狭小的空间，犹如乡村澡堂般肮脏，布满蜘蛛……"

蜘蛛在经典儿童文学作品《夏洛的网》中可是正能量满满。通过在自己的网上编写信息，夏洛拯救小猪威尔伯免遭屠杀，但它的怜悯却不见容于只有通过杀戮、生命才得延续的自然规则，甚至连威尔伯也必须接受夏洛和她的孩子们要以吃其他昆虫为生的事实。

巨型蜘蛛形象（有时由放射性物质产生）已落入恐怖科幻小说的俗套。今天，漫画英雄蜘蛛侠备受众人喜爱。蜘蛛侠能攀岩走壁，伸手吐丝。虽然身为英雄，但他的蜘蛛特性却暗含着力量、神秘与十分明显的危险。如今，蜘蛛已成为科学技术的象征，万维网的看护者。

第三章

睿智的动物

法国及西班牙的史前洞穴壁画位居人类最古老艺术品之列。人在其中往往只是些粗糙线条，创作者似乎并不怎么在意。相比之下，动物图案更能反映出艺术家的创作热情。安纳托利亚的加泰土丘（Çatal Huyuk，其历史可追溯至公元前7世纪中期前后）是第一批被考古证实的古代宗教祭司场所，而其中供奉的就是动物（以公牛居多，另有秃鹫、狐狸等）。古埃及人膜拜过猫、公牛、朱鹭等动物，因为在他们眼中，这些动物即诸神的化身。数千年岁月流转使动物神被一批人神（女神或男神）逐渐取代，而曾经的神祇则以吉祥物等形式出现在它们的继任人左右。例如，雅典娜与猫头鹰、宙斯与鹰、与奥丁相伴的乌鸦和狼。在史诗《罗摩衍那》中，与英雄罗摩并肩作战的神猴哈努曼现在或许是印度教诸神里声名最广的。在全世界的民间故事和童话里，人类英雄身边总有动物相伴。它们引导劝诫英雄，有时这些动物身上会有一种说不清道不明的智慧之光，这或许是古代动物神祇遗存的表现。较之人类喋喋不休的徒费口舌，动物们缺乏言语的境况更显睿智。许多动物（小到昆虫大到老虎）的目光常比人类的坚定确信。并且，极少数动物，如渡鸦或鲑鱼的智慧之名一以贯之。

当亚当夏娃的故事被书写时，蛇的智慧之名就已确立，不过，它将出现在第十三章"地下的动物"中。同样智慧的大象将出现在第十七章"庞然大物与海怪"中。

蜜蜂与黄蜂

问问野蜜蜂德鲁伊（凯尔特宗教祭司）知道什么。

——苏格兰谚语

"蜜蜂"一词源于印欧语系里的"bhi"，意为"震动"。希腊语中相同的词根"bios"，意为"生命"。灵魂、生命、一颦一笑皆来自"震动"，生命其实是另一种形式的"空间震动"。蜜蜂自古存在。古埃及时，它们有时代表灵魂。相传，蜜蜂是由太阳神拉的眼泪幻化而来的，后来，人们则说蜜蜂来自耶稣基督的眼泪。

蜜蜂并不是机械地从一个地方飞到另一个地方，而是常常要在空中停歇。它们可以组建结构复杂的蜂窝和社交系统。除此以外，蜜蜂产蜜和产浆的能力也是很神奇的。在柏拉图的对话录《斐多篇》中，苏格拉底就认为，那些行为良好的公民的前世或许是像蜜蜂那样的群居昆虫。自然，这样的比喻是对公民的褒奖。令人惊讶的是，20世纪初作家莫里斯·梅特林克也认为蜜蜂是继人类后最智慧的动物。

为了讽刺罗马乡下人的堕落，维吉尔在《田园诗》中对蜜蜂大加赞美：

世间所有生灵，年轻的它们从无小家，

却有着相似之处：

它们生活在无上的秩序中，

它们了解爱国者的热情与崇高。

在诸神们介意霜冻而迟来时，

它们夏季劳作将食物储藏起来，

并有一些作为看守……

维吉尔认为，蜜蜂既不会因为爱情失去理智也不会因为淫乐伤害身体。由于它们的幼虫产自植物，蜜蜂也可免于生产的痛苦和危险。而且，维吉尔最崇拜蜜蜂的"爱国精神"。蜘蛛、马蜂、蠕虫及其他害虫经常危害它们的蜂房，但蜜蜂从不放松警惕，虽然有很多蜜蜂牺牲，但蜂群整体却能保存下来。

亚里士多德曾在《动物的繁衍》中表示，蜜蜂的繁衍是"一个很大的谜"，但他对此还是提出许多假设。其中之一是说蜜蜂的后代从百花中来，另一些则来自交尾和无性繁殖。据维吉尔记载，尼罗河靠近坎诺普斯地区有一处遗址，曾经的埃及祭司会将两岁的公牛牵至那里的小屋，将其棒打至死，然后在不弄破牛皮的情况下继续敲打牛尸，接着再在尸体上撒上百里香、月桂和其他香料。不久后，蜜蜂就会从里面爬出。

这一仪式源自俄耳甫斯和欧律狄刻的爱情故事。在俄耳甫斯心爱的妻子欧律狄刻过世后，蜜蜂们纷纷死去，只有当恋人之魂得到献祭公牛的抚慰，蜜蜂才能重返人间。希腊罗马神话中的冥后珀尔塞福涅每年都会返回人间变成植物，而欧律狄刻则会变成一群蜜蜂。受狄俄尼索斯（酒神与宗教礼仪之神）之谜的启发，关于这项仪式曾有另一种说法：幻化成公牛的酒神被十二提坦神撕裂，重生后变成一只蜜蜂。

就像种植农作物一样，养蜂也有季节性。蜜蜂在冬季死亡，其蜂房也会进入休眠状态。在古代和中世纪，农场主和孩子们会密切关注蜜蜂春天的动向，人们会聚集起来寻找蜜蜂的踪迹，建造一些新蜂房并敲打锅盆，相信这样的声音会帮助蜜蜂找到"家园"。如此，时至秋日便可收获蜂蜜。

人类如此热爱蜜蜂以至会原谅它们的小小毒刺。在一则伊索寓言中，为了保护蜂蜜，蜜蜂恳求宙斯赐予它们毒刺。宙斯讨厌蜜蜂的贪婪可还是应允了请求，但它们只要使用毒刺就会付出生命代价。蜜蜂蜇人时它们的腹部会被撕裂（并非所有蜂都如此），因此蜜蜂袭人后会丧命。这样，单个蜜蜂为保护蜂房而牺牲，即使是被蜇的人也会被感动并原谅蜜蜂。

有时，军队也会利用蜜蜂来对付敌人。在《为雷蒙德·塞朋德辩护》中，蒙田记述了以下情景：当荷兰人围困滩木里镇（town of Tamly）时，当地人拿出许多蜂窝，把它们置于镇子周围，然后用火把激怒蜜蜂让它们袭击入侵者，结果荷兰军队完全溃不成军，而蜜蜂的数量却没有丝毫减少。当然蒙田并没有提人们是怎样计算蜜蜂数量的。

营造蜂巢以吸引蜜蜂产蜜几乎在几个古文明中心同时展开，这包括古埃及、美索不达米亚文明、古希腊和古中国，而其技术也在公元1世纪臻于完美。但即使在今天，人们也不敢说完全"驯服"了蜜蜂；即使在人类建造的蜂巢中，蜜蜂也保有自己的生活习性。据伊良在公元1世纪记载，蜜蜂能预感霜冻和雨水。

一只工蜂，路德维希·贝克尔（Ludwig Becker）绘

当蜜蜂只在蜂巢附近活动时，养蜂人就会警告农民灾害天气可能到来。除此之外，它们还知道些什么呢？

古罗马时期，蜂群被用来占卜，祭司会根据蜂群的大小和方向来预测战争。在印度教中，爱神迦摩有一条由蜜蜂做成的弓弦，或许是因为寻找爱情就像蜜蜂寻找新蜂巢一样吧。据希腊历史学家希罗多德记载，欧涅西洛司曾领导塞浦路斯人反抗波斯王大流士。后来欧涅西洛司在交战中牺牲，阿马图斯（与波斯帝国接壤的塞浦路斯城市）人将他的头砍下并置于城门之上。不久后，欧涅西洛司的头骨就被一群蜜蜂填满。阿马图斯人通过占卜得神谕，示意人们应将头骨取下安葬，并且每年要向欧涅西洛司献祭。

欧洲和北美的乡下人通常会在养蜂人死后"告知"蜜蜂。弗罗拉·汤普森在她的小说《雀起乡到烛镇》（作品讲述了作者在19世纪后期英格兰的童年乡村生活）里就有对这类仪式的描写。当丈夫死后，寡妇奎尼像敲门那样轻敲每个蜂房并念叨："蜜蜂呀，为你们的主人祈祷吧，现在你们必须为你们的女主人工作了。"有时，村民们会与蜜蜂分享家长里短。独自一人在田间劳作，多少会有和人聊天的念头，如果没其他人在旁，一个人或许就会与任何类似人类的动物交谈，所以出现这种情况并不难理解。"蜜蜂"一词有时指代人们的工作或谈话，比如团体缝纫（quilting bee）或剥玉米会（husking bee）。有时，流

蜜蜂们组成了一个封建王朝,蜂王正在检阅由防卫蜂和工蜂组成的仪仗队(J. J.格朗维尔绘,选自《动物的私生活和公共生活场景》,1842)

言蜚语也被称作"嗡嗡声"。欧洲农民有时会相信他们逝去的祖先会以蜜蜂的形态重返故居。

人们一直以来都把蜂蜜视作神圣的食物。宙斯是在克里特岛上喝着神羊阿玛耳忒亚的奶水,吃着蜜蜂梅利莎(Melissea)产出的蜂蜜长大的。《圣经》告诉我们,施洗约翰是"以蝗虫和野蜂蜜为生的"(《马太福音》3:4;《马可福音》1:6—7)。据老普林尼记载,柏拉图小时候蜜蜂就把蜂蜜放进他的嘴里以预示其后来具有的雄辩才能,相同的故事也发生在后来的圣安布罗斯、圣安东尼等圣徒身上。据海斯特巴赫的凯撒利乌斯(Cesaire)记述,13世纪初,一个农夫曾把圣餐置于蜂窝中以期蜜蜂能产出更多蜂蜜。后来，农夫发现蜜蜂用蜂蜡做了一个小礼堂，礼堂的祭台上还放着盛有圣饼的圣爵。

人们很难将蜂群想象成一个有着分明等级的群体，即使是养蜂人也很难把所有蜜蜂区分开来，只有蜂王在其中特立独群。如蚂蚁和蜜蜂等社会性昆虫的存在或许启发了像斯巴达和苏联这类国家的存在，在这些国家中，个体与国家是服从与被服从的等级关系。拿破仑把蜜蜂作为自己的徽章图案，人们经常渴望自己能像蜜蜂一样。

17世纪中叶，爱德华·托普塞将蜂群描述成理想的君主制国家。国王（我们现在称之为"女皇"）以他的体形与皇室风范独树一帜，他的臣民爱戴他、顺从他，宫廷中同样有总督、外交使节、演说家、士兵、风笛手、小号手、钟表匠、童子军、哨兵等等。

与托普塞合作的托马斯·慕菲特曾告诉人们，蜜蜂不是畸形、弯腿的，而是像很多超越时代的伟大女性般拥有圆润的腰身、笔直的大腿、闪亮的脸颊、诱人的嘴唇、苗条的身材和光洁的额头。他还提到，每只蜜蜂是在自愿民主的

蜂房中的蜂女皇正在给她的孩子们分面包和蜂蜜（J. J. 格朗维尔绘，选自《动物的私生活和公共生活场景》，1842）

情况下进行诚实的劳动。蜜蜂产生于动物（如牛）的腐尸中，拥有如国王般高贵的头脑和平民的身躯。蜜蜂无法容忍好色之徒、处于月事期的女人和涂香水的人。

对于文艺复兴时期的人们来说，这些蜜蜂似乎有点太完美，太有德行，太朴质无华了。荷兰医生伯纳德·曼德维尔在他的《蜜蜂寓言》（1724）中就对蜜蜂进行了讽刺性的描写。蜜蜂向朱庇特申诉，要求依据至高的美德建立它们的国家。它们清除了贪污的官员和懒惰的朝臣，可麻烦的是这样做之后所有的事都乱套了。因为蜜蜂再也不生产蜂蜜这样的奢侈品，所以它们的经济就崩溃了。蜜蜂为和平而生，所以它们忘了如何打仗，最后，几只悲催的幸存者撤退到空橡树里等待着最终结局。

德墨忒耳和瑞亚的女祭司们被称作"梅利莎"或蜜蜂，这表明远古时代的人们就已经知道蜂群是母权制群体。如此说来，我们当代人太后知后觉了。直到17世纪中叶，荷兰科学家简·施旺麦丹才在显微镜下发现被我们称为蜂王的那只蜜蜂原来是"女皇"，于是，蜜蜂从此再也不被用来象征完美的王权了。

20世纪初期，有关蜜蜂的知识还有待完善时，法国作家莫里斯·梅特林克在《蜜蜂的生活》中写道："蜜蜂是未来的神衹，它们身上有着奇异的双重个性。在蜂巢内它们相亲相爱……要是有谁伤了其中一员，就会有上千只蜜蜂不顾牺牲去复仇，但出了蜂巢它们就各奔东西了。"蜜蜂是彻底的社会主义者，只为目的而活。

二战期间，杰出的科学家卡尔·冯·弗里施就在慕尼黑大学研究蜜蜂。他被纳粹政府认定有四分之一的犹太人血统，这让他本可丢了教职，但当时一种疾病使德国的蜜蜂数量锐减进而威胁到园艺生产，因此当局允许他继续从事研究工作。内向的冯·弗里施把生活中的沮丧都化解到工作中去，开始破译蜜蜂间相互交流的语言系统。蜜蜂在蜂巢中通过舞动身体来暗示食物的距离和方向，这些不可思议的真实故事听起来就好像发生在童话世界蒙上帝眷顾的某些动物身上。弗里施似乎与蜜蜂有着特殊的亲密关系，在他拯救蜜蜂的同时蜜蜂也救了他。并且，受此启发，弗里施还进一步探索了蜜蜂的世界和语言。当然，与童话主人公不同的是，冯·弗里施将蜜蜂的秘密通过书本告诉了全世界。

虽然一部分蜜蜂语言已被破译，但只有蜜蜂在使用这些语言。如果一个人学着蜜蜂跳舞，这只能被称作艺术而不能传达任何信息。我们教其他动物（比如黑猩猩）使用人类语言，但多数情况下我们会认为它们没有人类完美，可正

一位具有"蜂腰"的时尚女性，迷人但却充满危险（J. J. 格朗维尔绘，选自《动物》，1868）

如维吉尔很久以前就知晓的：人类也是"不完美的蜜蜂"。

出于某种原因，人们总将成对关联的动物置于对立的两极，比如老鼠与耗子、狗与狼、狮子与老虎等。人们也经常把住在巢穴里的黄蜂和住在蜂箱中的蜜蜂联系在一起。在一则波兰传说中，黄蜂是撒旦模仿上帝创造蜜蜂而造的，但这是一次失败的模仿。在一则罗马传说中，一个游街小贩说服吉普赛人，用黄蜂换来吉普赛人的蜜蜂，说黄蜂比蜜蜂体型更大，能产更多的蜂蜜。吉普赛人则因自己的贪婪得到了被黄蜂蜇咬，除此一无所有的下场。

蜜蜂象征着和平，而黄蜂却与争端战争相连。希腊喜剧家阿里斯托芬在他的戏剧《黄蜂》中将这些昆虫与陪审团成员相类比，因为他们都吵闹不休。圣保罗却将死亡本身比作如黄蜂那样的昆虫，他问道："死亡，你得胜的权势在哪里？"（《林前》15：55）黄蜂在中世纪末期常常代表在夜间飞荡的巫师之灵。

但在一些文明中，黄蜂却因自身的好战而受人推崇。希腊士兵出战时使用的盾牌上都装饰有黄蜂图案。在美洲印第安人和非洲土著人中间，经受黄蜂蜇咬是成人仪式上的一项考验。黄蜂还是印第安萨满经常借托的象征物。在中世纪，黄蜂咬死蝗虫象征了基督对撒旦的胜利。

赞比亚的伊拉人把黄蜂视为神明。他们相信地球曾经是寒冷的，所以动物派出了一位大使到天上带回火种。旅途中秃鹫、老鹰和乌鸦都死了，最后只有黄蜂到达了目的地并成功从上帝那里求来火种。因为黄蜂将火带到了壁炉底，所以现在它们总把窝建在烟囱里。

今天的美国，缩略词"WASP"指代"盎格鲁－撒克逊白人新教徒"，这一说法通常带有贬义，是贵族思想和仇恨心理驱使下的产物。一只黄蜂会在毫无征兆的情况下狠狠地蜇人一下。"蜂腰"一词用来形容那些拥有沙漏般凹凸有致的身材的人（特别是女人），它暗示着一种造作的、工于心计的美。如果蜜蜂不被神圣化，或许黄蜂也不会受到人类如此中伤。

乌鸦、渡鸦与白嘴鸦

一只代表悲伤，两只代表欢笑，三只代表婚庆，四只代表新生。
——有关乌鸦的美国童谣

鸦科鸟，尤其是乌鸦和渡鸦，是一种矛盾的动物。全身漆黑懒散的样子和对腐肉的偏爱，有时会显得它们很不正常，但很少有其他鸟类能像它们那样举止顽皮，以至它们的声音也瞬间变得高亢而充满活力。渡鸦较之乌鸦体型更大，且它们更愿独处，会把巢穴建在远离人群的地方，而乌鸦则群居并为着保障食物的因素亲近人类。然而二者都与死亡相关，共享"预言家"的美誉；它们是"一夫一妻制"动物，这使二者也象征夫妻忠贞。在古代，人们没有对乌鸦、渡鸦、秃鼻乌鸦及其他相关鸟类进行明确区分的习惯，它们在纹章中的样子都差不多。（非黑色的）蓝松鸦也是鸦科鸟，它们被美国和加拿大西北海岸的切努克人和其他印第安人视为骗子。

渡鸦左右摇摆的个性在《圣经》中表现得尤为明显，虽然被描述为"不洁净"，但它们有时也与上帝有着特别的亲密关系。在洪水肆虐四十天后，诺亚放出一只渡鸦寻找陆地，它飞来飞去，直到洪水逐渐退去，再也没有返回。（《创世纪》8：6—8）后来，先知以利亚（Elijah）离开亚哈逃至旷野，是渡鸦每天早晚供养他，给他吃食。（《列王纪上》17：4）据《塔木德》记载，从没经历过死亡的亚当和夏娃在亚伯被杀后不知如何应对，后来一只渡鸦杀死了自己的同类并挖坑将其掩埋，为他们展示如何应对死亡。为表示感激，上帝抚养了那些生来洁白的渡鸦幼崽，直到它们全身羽毛变黑能被其父母认出。

《古兰经》中也有一则与之相似的故事。该隐在杀死亚伯后将其背在肩上，不知如何处置，因为在此之前没人死过。不过，他望见一只渡鸦，见它刨开泥土，向该隐展示如何埋葬死人。由于该隐处理亚伯之后事得当，他才得以忏悔并得到上帝的宽恕。

在古罗马人眼中，鸟儿是人与诸神间的使者，时而亲切友好时而庄严肃穆。

在老普林尼记载的一则故事里，一只在罗马寺庙屋顶出生的渡鸦飞落到一个鞋匠的店里。为取悦众神，鞋匠对乌鸦非常友好。通过观察顾客，渡鸦很快学会了说话。每天，它都会先穿过广场飞上矮墙向皇帝提比略问好，然后再飞来飞去向熙来攘往的男女问好，最后返回店中。一天，一个邻人杀死了那只渡鸦，并在自己鞋上留下了行凶时的血迹。大家对此很是愤怒，于是便处死了行凶者，当地人还为渡鸦举办了一场隆重的葬礼。葬礼上，埃塞俄比亚奴隶手抬棺椁，许多人都在沿路撒下了鲜花。

在鲜有秃鹫的欧洲大陆，解决战场上尸体的总是鸦科鸟。挪威欧丁战神两肩上的渡鸦，一只名叫胡更（Hugin，意为：思想），另一只名叫暮宁（Munin，意为：记忆），它们会飞到世界各处为战神传递消息。当凯尔特女战神茉莉安（Morrigan）以渡鸦或乌鸦的形象出现时则预示着死亡。英雄库·丘林（Cuchulainn）身负重伤后，他把自己绑在树上用剑撑着站立，敌人从远处不敢靠近，直到女神芭布德（Babd）变成乌鸦飞落到他肩头。在众多口头流传中，英国传统民谣《两只渡鸦》是这样开始的：

树上三只鸦，

全身黑黝黝。

一只问同伴，

"早餐到哪儿寻？"——

"远处青草地，

盾下死骑士……"

渡鸦发现它们必须到别处觅食，因为骑士身边守候着他的狗、鹰和妻子。然而，在很多战争中，乌鸦盘旋上空会给行军打仗的战士带来不好的预感。

欧洲、亚洲和美洲印第安文化中有关渡鸦的故事在一些主要主题上（如预言和死亡）大体相通，但印第安传说是其中最有趣的。在美国西北海岸的海达族及其周边部落中，渡鸦曾一度既是圣贤又是骗子。在他们的一则故事里，世界曾是一片漆黑，所有光芒都被天上首领藏在一个匣子里。渡鸦不喜欢黑暗，于是它想出了一个盗取光明的计划。它先变成一片雪松叶，顺溪流来到首领女儿喝水的地方。首领女儿喝下溪水后产下化身婴儿的渡鸦，过了不久，渡鸦就大哭大叫着要那盛满光芒的匣子。首领因心疼孙子就把匣子拿给他，结果渡鸦背着匣子飞上了天空。一只老鹰在后面追赶渡鸦，情急之下渡鸦一个急转弯，结果掉落了一半光芒，那些光芒散落成许多断片，变成了月亮和星星。最后，渡鸦来到世界之巅，它释放了剩下的光，用它们造了个太阳。

这个故事很可能已经受了基督教的影响，因为它在结构上与耶稣故事非常相似：天之主对应于天父，而他的女儿是圣母玛利亚形象的演变，乌鸦则可能就是基督自己。在《圣经》中称为"世界之光"（《圣经·约翰》第 8 章第 12 节）。不过在这些故事中，乌鸦的身份因其具有的天体式能量和外形上的改变——已变得十分抽象以至于它不再是动物，更不是人，倒是某种天体能量的象征。乌鸦神话倒与当代物理学家的某些叙述有些类似。在他们的描述中，多种神秘力量和其他宇宙因素共同作用形成大宇宙。

鸦科鸟总在诗歌中占据重要位置，最著名的例子是埃德加·爱伦·坡的《乌鸦》（1845）。诗中，主人公询问飞进他房间的乌鸦，他与逝去的爱人是否能够团聚：

"先知！"我说，"凶兆！仍是先知，不管是鸟还是魔！
是不是魔鬼送你，或是暴风雨抛你来到此岸，
孤独但毫不气馁，在这片妖惑鬼祟的荒原——
在这恐怖萦绕之家——告诉我真话，求你可怜——
基列有香膏吗？——告诉我——告诉我，求你可怜！"
乌鸦说"永不复还。"[①]

作为灵魂世界的信使，乌鸦神情凝重，但却什么也没说。

在《渡鸦文森特》（1941）中，葡萄牙作家米盖尔·托尔加（Miguel Torga）讲述了一只与诺亚为伴的渡鸦的故事。虽自身没受惩罚，但文森特还是变得越来越暴躁，并对动物和大地代人类受过感到不满。最后，它离开了诺亚方舟，飞上亚拉拉特山顶，向上帝鸣不平。洪水继续肆虐，但文森特拒绝离开。当意识到自己的创造可能因失去文森特而不完整时，上帝终于发慈悲，不情愿地退去了洪水。

在中世纪威尔士传说《马比诺吉昂》（*The Mabinogion*）里，巨人布兰（其名意为"乌鸦"）身边通常会有渡鸦相伴。当他带领一支不列颠部队抵抗爱尔兰军队而身负重伤后，便命令部下将自己斩首，并把他的头颅埋在伦敦塔下以做魔法保佑英国。这便是只要伦敦塔有渡鸦，英国就不会遭受侵犯之说的由来。这种异教传说最终导致中世纪末期渡鸦和乌鸦妖魔化形象的产生，那时它们常被当成巫师的密友或其在夜间的替身。

[①] 参见帕蒂克·F. 奎恩编：《爱伦·坡集：诗歌与故事》（上），曹明伦译，生活·读书·新知三联书店 1995 年版，第 111 页。——译者注

现代文化充斥着诸如消失的搭车旅行者或大脚怪等城市传说，但它们一般都与人之命运等重大主题相去甚远，因此，我们很难将其称为"神话"。有关伦敦塔乌鸦的故事或许就符合现代城市传说的标准。一则久负盛名的古老预言中言及，伦敦塔必须至少始终保有六只乌鸦，一旦它们飞离，"英国就会灭亡"。事实上，乌鸦是伦敦塔守卫为增强游客心中鬼故事的真实性，在1883年将它们引入伦敦塔的。在乌鸦的呱呱声中，伦敦塔守卫或许会向游客这样道来："在他们砍下她的脑袋后，一群乌鸦从空中飞落用爪子扯出她的双眼。"乌鸦保护英国免遭大祸的传说从1944年才开始流行，因为那时乌鸦充当了义务侦察兵，侦查敌军炸弹与飞机。又由于此等故事能不断激发人们的本能恐惧，因此乌鸦拯救英国的传说才能得以发展延续。不仅如此，我们还应高兴的是，这类故事能激发人类尊重作为自然化身的乌鸦。

白嘴鸦在渡鸦中以智慧著称，它们也更平易近人。玛丽·韦伯的小说《十足的祸端》（1924）描写了英国19世纪初的乡村生活。故事中，当一家之主与世长辞时，家人们向白嘴鸦倾诉衷肠，期望它们不要飞走，以免给家人带来厄运。新主人对这样的传统不屑一顾，并暗示说自己非常喜欢吃由白嘴鸦肉做成的瑞奇派（rooky pie）。鸟儿们腾空而起，来回飞翔最后飞回自己同类那里。大家明白鸟儿们本是想留下来的，它们的离去带来了不祥之兆，最后农场遭受了重灾。

在澳大利亚土著族群穆林巴塔（Murinbata，音译）的一则神话中，乌鸦甚至教人类如何死亡。螃蟹展示了它认为最好的死亡方式：爬进洞中，褪去浑身皱巴的甲壳，然后等待新壳，这样便可重生。而乌鸦则说有一个更快更有效的方法：倒地便可。这一故事旨在教导人们：我们应毫不含糊地接受死亡这一事实。

据希腊历史学家希罗多德记载，从埃及底比斯飞来两只"黑鸽子"，一只飞到了利比亚，另一只则飞到了希腊圣地多多纳的树丛，在簌簌的树声里领受宙斯的预言。希罗多德认为，那两只鸟起初是皮肤黝黑的女祭司，但学者们认为，它们可能是乌鸦或渡鸦。

与鸦科鸟的智慧之名紧密相连的是它们的长寿，它们确实可以活数十年。在希腊喜剧作家阿里斯托芬的《鸟》中，乌鸦的寿命是人类的五倍。在普鲁塔克题名《所谓"非理性"动物如何运用道理》的对话中，聪明猪格里卢斯（Gryllus）声称，乌鸦在失去配偶后会在余生都对其保持忠诚，这种忠诚是人类的七倍。然而，恰恰是这忠贞的名声使希腊人和罗马人将婚礼上单只乌鸦的出现看作丧偶的预兆。

天神阿波罗就是幻化成乌鸦或鹰逃到埃及以躲避蟒蛇堤丰的。对阿波罗而言乌鸦是神圣的，但二者的关系并非十全十美。在奥维德的《岁时记》中，福玻斯（阿波罗）为朱庇特准备隆重的盛宴；他让渡鸦从溪流中取些水来，结果渡鸦衔金碗而去却被一棵无花果树吸引。它发现无花果还未成熟，便在树下等待。最后，渡鸦带回一条水蛇，声称是水蛇阻挡了水流，但天神识破了谎言。作为对迟到和撒谎的惩罚，天神宣布在所有无花果没有成熟前渡鸦不能饮用任何泉水。天神将渡鸦、蛇、金碗这三物置于天上的星座中，每到春天，渡鸦因口渴会发出刺耳的叫声，而其叫声常被说成"克拉斯"（cras，拉丁语意：明天）。在文艺复兴时期，乌鸦常象征"拖延耽搁"。

渡鸦向小丑喊道"cras"（意为"明天"），以至其拖延（阿尔布雷特·丢勒为塞巴斯蒂安·勃兰特《愚人船》所作绘画，1494）

远古时代人们就对乌鸦和渡鸦的聪明智慧赞叹不已。寓言故事《乌鸦与水罐》（其作者一般被认为是传奇的伊索）就描写了乌鸦聪敏的生存技能。故事中，一只口渴的乌鸦飞上水罐但无法喝到里面的水，于是它开始叼起鹅卵石，把它们一颗颗投进水罐直到水面上升到罐口。这则故事通常给人们这样的启发："必需乃发现之母。"这则逸事也可能基于相当准确的观察。长久以来，人们不相信鸟儿能拥有这般聪敏的生存技能，但2009年，在剑桥的一间大型鸟舍中，几只白嘴鸦向众人展示了如何通过向试验管里扔石子喝水的诀窍。

在中国，虽然乌鸦有时会带来厄运，但它们还象征着忠贞的爱情。成书于17世纪后半叶的《聊斋志异》第一卷有一则故事：主人公鱼容没能通过科举考试，

伊索寓言中的《乌鸦与水罐》（理查德·海威绘）

困顿绝望中他来到吴王庙（吴王是乌鸦的守护者）祈祷礼拜。过了一会儿，守庙人走到他身旁，告诉他侍庙的黑衣队尚缺一职。想到可以维持生计，鱼容便答应了。守庙人给了鱼容一件黑衣，穿上衣服后鱼容竟变成了一只乌鸦。不久后，他与另一个名叫竹青的乌鸦结成夫妻。不幸的是，鱼容因自己的鲁莽而被一个船员射杀。当他醒来后，发现自己身负重伤躺在庙里的地上。起初他以为所有这一切都是梦，可他始终忘不了身为乌鸦时与妻子在一起的时光。在他恢复身体通过考试变得富有后，鱼容仍坚持拜访吴王庙，奉献祭品。最后，当他献祭羊羔时，竹青出现在他身边，把黑衣还给了他。鱼容穿上黑衣，又变回了乌鸦。

在东亚广泛流传的各种版本的"牛郎织女"故事中，鸦科鸟是恋人间的红娘。故事中玉皇大帝精通编织的女儿嫁给了一个卑微的放牛郎，两人因长相厮守而忽略了各自的职责，最后，玉皇大帝让银河分开二人，使他们各置身于天庭东西。每年七夕，乌鸦和喜鹊都会聚集起来搭一座天桥，好让这对爱人短暂相聚。

19世纪末，派尤特部落萨满巫师沃弗卡（Wodvoka，音译）创建了有关鬼魂舞的信仰，乌鸦在其中是人间与灵魂世界的信使。来自美国西南各部落的印第安人以及一些白人会陷入迷狂的舞蹈中，以祈祷地球新生。参与者还会佩戴乌鸦羽毛，身着绘有乌鸦图案的衣服，并在舞蹈中对着乌鸦唱歌。有时，吟诵的内容还包括沃弗卡幻化成乌鸦飞越世界为人们带来消息的情节。

在名为《乌鸦》（1971）的诗集中，英国诗人泰德·休斯塑造了一个名叫乌鸦的神话形象。他不断与宇宙力量斗争，时而落败时而取胜，但总能存活下来。不过，现实中的渡鸦和乌鸦却生活滋润。在北半球的山巅绝壁、森林以及城市中，它们的身影随处可见，它们既不惧怕人类也不需要人类，其繁衍能力也常引得我们敬佩。

猫 头 鹰

余烬还在发亮,
猫头鹰在高声尖叫,
让躺在悲哀里的不幸者,
联想起一块尸布。

——威廉·莎士比亚《仲夏夜之梦》(第五幕,第一场)

无论是谁,若在漆黑的夜晚眼见猫头鹰孤零零而闪闪发亮的眼睛,便会明白为什么它们总与死亡相关。这一点在北部地区尤为如此,因为在那里,猫头鹰周身要么半白要么全白,其在月光下甚是怪诞可怕。猫头鹰不仅看上去形似幽灵,其悠长而又时断时续的叫声也很容易让人联想到鬼魂说话时的瓮声瓮气。腐肉的气味会把猫头鹰吸引至墓地,这很容易让人将它们当作逝者之灵。猫头鹰的视力在夜间非常好,即使在伸手不见五指的情况下,它们也能通过听觉确定方位,有些品种的猫头鹰甚至能回声定位。即便在高空飞行,猫头鹰也能确定老鼠的位置,透过冬季的皑皑白雪更不在话下,这时常令研究者赞叹不已,将其视为超能力。古埃及人灵魂观念里的"巴"(ba)就是人首鸟身,而"巴"在《亡灵书》中的样子酷似猫头鹰。在神话和文学作品中,死亡与智慧紧密相连,而猫头鹰在古代既象征死亡又代表智慧。

在大多数种类的猫头鹰里,雌性的体型都要比雄性的略大些,这或许部分说明了为什么猫头鹰总象征原始母权。在苏美尔诗歌《乌芦普树》(*The Huluppu Tree*)中,女神莉莉丝将家安在一棵空心树里,但英雄吉尔伽美什却为了给天之女王伊南娜制作宝座而将其砍倒。猫头鹰常在空心树中搭巢栖息,莉莉丝在后世的希伯来传统中变成了恶魔,并在《以赛亚书》里被称为"尖叫的猫头鹰"。来自公元前2000年的古巴比伦浮雕就有类似莉莉丝、长着猫头鹰爪和翅膀的女神形象,猫头鹰有时也会伴其左右。自那以后,猫头鹰便常出现在女巫和女神身边了。古希腊战争与智慧女神雅典娜也和猫头鹰有着密切的关联。

赛普特，埃及神祇中一位与猫头鹰有关的地下神

诗人荷马曾称她拥有"猫头鹰的眼睛"，并且雅典娜在早期绘画中也是人身鹰头，是后来才变成手举猫头鹰的形象的。女巫（striga）一词源自拉丁语猫头鹰（strix）一词。在古罗马作家卢修斯·阿普列乌斯于公元1世纪创作的《金驴记》中，女巫在夜里会化作猫头鹰飞来飞去。

猫头鹰是鸟儿中的独居者，既受敬畏又遭厌恶。在兼具印度与波斯文化因素的《五卷书》的一则故事中，鸟儿们为猫头鹰庄重的举止仪态折服，选它为国王。趁猫头鹰白天熟睡之际，乌鸦开始嘲讽大伙的选择，说猫头鹰的鹰钩鼻和大眼睛令人厌恶。鸟儿们听到此话纷纷撤回了自己的决定，从此，猫头鹰与乌鸦便成了死对头。这则故事可能暗指乌鸦等鸟类围攻像猫头鹰这样的捕食者并取得成功的故事。

在中世纪，猫头鹰常被用来指代犹太人。据说，猫头鹰如犹太人般"轻蔑的目光"（scorned the light）[①]。包括老普林尼和伊良在内的古代作家都曾注意

[①] scorned the light ——原文，译者注

到，当猫头鹰在白天现身时会被其他鸟类围攻。这一说法后被欧洲基督徒所用，当作攻击那些走出自己居住区的犹太人的辩词。

13 世纪初，在英国肯特郡牧师切瑞顿（Odo of Chiteron）的笔下，猫头鹰代表了那些胡作非为的乡绅。他的寓言《玫瑰与群鸟》中，鸟儿们遇见一支玫瑰，决定将其赋予最漂亮的小鸟。众鸟们争论着到底是鸽子、鹦鹉还是孔雀最漂亮，但始终没个统一的意见。猫头鹰趁夜色将玫瑰盗走，其他鸟儿遂将其驱逐。即便猫头鹰在白天出现，鸟儿们也会对它群起而攻之。"那末日审判那天怎么办呢？"切瑞顿继续写道："毫无疑问，所有天使……与公正的灵魂都会向这样的猫头鹰尖叫，折磨并攻击它。"这一结果表明，从中世纪末期参加农民起义及其他革命运动开始变得越来越普遍。

而那些看不起平民的贵族有时则会将猫头鹰孤僻的本性当作其优于其他鸟儿的明证。在一面制作于 15 世纪末的匈牙利盾牌（现藏于纽约大都会艺术博物馆）上，一只猫头鹰立在一个贵族之家的盾徽上说道："纵遭百鸟恨，我却怡然自得。"

与此同时，群鸟联合起来对付猫头鹰的图景也象征耶稣受难。一首 12 世纪初由无名氏创作的诗歌《猫头鹰和夜莺》充分体现了人类对猫头鹰所持有的矛盾态度。诗歌中，夜间捕食者猫头鹰与歌声美妙备受喜爱的夜莺进行了激烈的争论。夜莺指责猫头鹰肮脏的生活习性，而猫头鹰则反驳说自己清除了教堂和其他建筑物里的老鼠。夜莺奚落猫头鹰，说它的死尸会被人类用作稻草人，猫头鹰回答说，它为死后仍能发挥余热感到自豪（不过，被填充的猫头鹰代表耶稣受难像，它也能充当降鬼驱魔的稻草人）。猫头鹰吹嘘自己能预见未来，警示人们迫在眉睫的灾难。对二者的辩论诗中没有评论，但大多数读者都认为猫头鹰更胜夜莺一筹。中世纪的艺术家有时会在猫头鹰头上画一个十字架，这时，它便是救世主的化身了。

从古希腊、古罗马到北美的切诺基，许多文明中都有猫头鹰的哭声预示死亡这一说法。在纳瓦霍人眼中，猫头鹰是鬼魂的化身；基奥瓦人则认为它们是逝去巫师最喜欢变幻的样子；当居室内有猫头鹰羽毛或猫头鹰时，普韦布洛人决不会踏入一步；而猫头鹰在阿兹特克人和玛雅人那儿则是死神（Mictlantechtli）的使者；在阿兹特克人的人祭上，牺牲者的心脏会被安放在一个用猫头鹰装饰的石制容器内；在西非的一些部落（比如约鲁巴人）中，猫头鹰是邪恶巫师的化身，仅仅是眼见它或耳闻其叫声就会遭受厄运；对中国人来说，大角鸮是死亡最有力的象征。

然而，随着现代人平均寿命的显著提高，大家已不再如以往那般时刻关注生死，因此，文学作品也开始将注意力集中于猫头鹰智慧的美名，而非其与死亡的关系上。自19世纪以来，"聪明的老猫头鹰"或许是儿童读物中最耳熟能详的人物形象。在迪士尼动画《小鹿斑比》中，猫头鹰甚至能充满慈爱地教导兔宝宝和森林里的其他动物，而非像往常那样把它们吃掉。

J.K.罗琳系列小说《哈利·波特》里的众巫师通过猫头鹰传递信息相互沟通。作为霍格沃茨魔法学校的年轻学徒，哈利也拥有一只陪伴他度过漫漫长夜的猫头鹰海德薇（Hedwig）。当哈利不需要送信服务时，海德薇便自由地出入主人房间，有时会叼回死耗子，有时会亲切地咬咬哈利的耳朵。

尽管如此，人们在传统观念中形成的对猫头鹰的恐惧并没有完全消失。为控制鼠害，纽约市在20世纪后期偶尔通过一项引进猫头鹰的提案，但此提案并没有实施多久，部分原因在于，对于生活在城市里的人们来说，猫头鹰的眼睛和叫声在黑暗的城市夜空着实令人不安。

鲤鱼与三文鱼

> 此刻我是赴死的泳者,
> 经过雨露、月霞、海浪,
> 经过河流、瀑布、叮咚水流。
> ——夸扣特尔印第安人《泳者三文鱼》(杰拉尔德·豪斯曼改编)

从远古时代起,人类就视海洋为孕育一切生命的"子宫",人们将鱼类与母神(如提阿马特、阿塔加提斯等)紧密相连,把它们视为自然力永不枯竭的象征。渔民是最后的猎人,即使在古代,他们也无不引起人们的怀旧之情与浪漫情怀。耶稣的第一批信徒是渔民,基督对他们说:"来跟从我!我要叫你们得人如得鱼一样。"(《马太福音》4:19)。基督最初的象征形象是鱼,印度教毗湿奴出现时也常骑一条鱼。但即便鱼类在宗教与人类文明的其他方面如此重要,它们仍很难被赋予人性的特点,其原因可能是它们的沉默寡言和"死鱼眼睛",这与人类的能言善辩和炯炯有神的眼睛相去甚远。即使在民间有关动物的传说里,会说话的鱼也是少见的,鱼张口说话常与重大事件联系在一起。

不过,三文鱼的生活方式却与人类极其相似。它们出生于淡水,生活在海洋,最后"归根",有时洄游数百公里到它们的出生地产卵。大西洋三文鱼一生可能数次洄游,但太平洋三文鱼仅洄游一次,产卵后便死去。它们完成使命的决心使三文鱼较之人类更加高尚,一条三文鱼的一生或许可被理解为一次求索之旅。在约瑟夫·坎贝尔《千面英雄》的一则神话中,原型英雄人物在历经许多险境后回到自己的出生地终老。三文鱼能跨越海洋、淡水之限,其所游之途象征了凡世人间与永生王国的通道。因此,在很多文明中,三文鱼代表超越。

法国和西班牙旧石器时代聚居地发掘出了刻画有鱼形的驯鹿角,其中一些鱼形清晰可辨为三文鱼。在挪威艾达思人中,当火神洛基奚落并触犯众神后,他就变成了一条三文鱼躲在瀑布里。在凯尔特和北美印第安文化中,三文鱼居于最核心的位置。

具有超人类智慧的三文鱼常出现在凯尔特神话传说中。在《库尔威奇与奥尔温的婚姻》（*The Marriage of Culhwch and Olwen*）里，有最古老的动物三文鱼林恩。当亚瑟王和他的骑士们寻找猎人慕本时，他们就请教林恩，林恩不仅说出慕本被关在哪里，还将两位骑士驮到了那个地方。

在一则爱尔兰传奇故事中，老诗人菲尼格斯（Finneagas）捕到一条智慧的三文鱼并让英雄芬恩·麦库海尔（Finn MacCumhail）为他烤制鱼肉。鱼皮因灼热起了个水泡，芬恩用拇指按在鱼身的伤口上，结果烫伤了大拇指。他便将受伤的指头放进嘴里以缓解疼痛。谁知他即刻充满了智慧，因为他举止迥异。菲尼格斯本期待自己通过吃三文鱼增长智慧，但意识到命运已将智慧赋予了他的学生，因此他为芬恩高兴，也为自己有了芬恩这个学生而高兴。

在另几个故事中，靠近蒂珀雷里的康拉水井中有五条聪慧的三文鱼，水井旁有九棵榛树，五条鱼以掉进水里的紫色榛子为食。榛子代表诗歌精神，它们掉落水里所发出的声音据说比任何人类音乐还动听。三文鱼的紫腹来自榛子，它们的智慧因此会不断增加。传说，只有三文鱼能安全地吃到果实，女神塞恩德因垂涎智慧，不顾禁忌太过靠近水井，结果被涌起的井水吞没。

《黄褐色奶牛》记载了中世纪早期的一则类似故事。因井满水溢而成湖，一位名叫利班的女孩和她的小狗被大水冲到湖底。上帝护佑他们在水底待了一年。当利班看到一条三文鱼时，她祈祷道："哦，我主，我愿成为一条三文鱼，这样我就可与其他鱼儿一起游过清澈碧绿的海水了！"瞬间她变成了一条"人首三文鱼"，她的小狗变成了一只海獭。她们一起游过了三百年。最后，她自愿被一些高尚的人捕获并被带到教堂圣殿。她在受洗的瞬间逝去，升天成为一名圣洁的贞女。

三文鱼返回出生地还象征着基督降临，凯尔特信仰与基督教似乎在三文鱼的象征意义上有了共通点。在凯尔特地区的相关记载中，鳗鱼往返淡水、海水间的能力与三文鱼极其相似。"智慧三文鱼"也可能是格林童话《渔夫和他的妻子》中那条扁口智慧鱼和亚历山大·阿凡纳斯·伊芙（Alexander Afanas'ev）的《伊米亚和梭子鱼》（*Emilya and the Pike*）的原型。

三文鱼在如夸扣特尔、海达等美洲西北海岸土著印第安部落中代表着重生，是循环永生的一部分。洄游过程中，三文鱼努力躲避熊等捕食者代表了个人尽其所能无畏地完成自身使命的人生历程。三文鱼产卵后尸体漂回大海则象征了生命最终的回归。

鲤鱼属淡水鱼，但它们也洄游，有时会飞越瀑布产卵。东方诸神也常以鲤鱼为坐骑。中国有"鲤鱼跳龙门"的古老传说。在东亚，鲤鱼是不屈不挠的象征，尤其代表学者努力学习的精神。鲤鱼鲜亮的鳞片与盔甲相似，因此，它们常代表日本武士。在日本，每年早春的男孩节，孩子们会放鲤鱼风筝，以祈求收获毅力与勇气。

在某种程度上，鲤鱼也享有三文鱼的神秘智慧。最早记载灰姑娘的故事出现在中国 9 世纪早期。故事中，帮助主人公的是一条鱼，这与查尔斯·贝洛版本中的童话教母一致。灰姑娘把从井里得来的鱼养在水塘中，邪恶的继母心怀恶意地把鱼杀死，不过，每当主人公面向鱼之遗骨许愿，愿望总会得偿。虽然没有提及是哪种鱼，但从鲜艳的颜色和人们对它的饲养，可得知故事中的鱼是鲤鱼。

鲤鱼在大约公元 15 世纪由东亚传入欧洲，并伴随商业贸易的发展远播世界，而三文鱼则因过度捕捞和其迁徙之途的水坝建设正濒临灭绝。人们在孵化场中大量人工养殖三文鱼，甚至对其进行基因改造，这些三文鱼无意间流入自然与野生三文鱼杂交，进一步威胁水中的原生生物。看来，在与人类的交往中，漂亮的动物比有用或智慧的动物安全多了。

第四章

美丽的动物

我们通常将"美"赋予艺术而非自然，不过，在翁贝托·艾柯著名的《美的历史》一书中，动植物与自然景物之美随处可见，这些自然造化之美在绘画、摄影与诗歌里交汇。名义上，我们可将"美丽"一词赋予许多或所有动植物，但如此，"美"就黯然失色了。少数哺乳动物，如长颈鹿和雌鹿，以优雅闻名，而尤以"美"著名的动物多集中于鸟类。诸如孔雀与天鹅等少数鸟类，极富象征意义。虚若童话，实至田间水域，近至文化修为，远至自然情趣，无不有此妩媚鸟类象征之痕迹。

另一个本也可被放置于本章的动物是和平鸽，它将出现在第十八章"神圣的动物"中。

鸵鸟、鹦鹉、孔雀与蜂鸟

  请记住：世界上最美丽的事物往往是最无实用价值的，孔雀和百合花就是最好的例子。

——约翰·拉斯金《威尼斯之石》

  如今，主要是女性会在她们的帽子或首饰上装饰漂亮羽毛，但也有例外，美洲和新几内亚原住民中的男性战士就会依传统习俗佩戴最华丽的羽毛。女人与羽毛的缘分可追溯至古代，尤其是古埃及。象征宇宙和谐的玛特（Maat）女

鸵鸟

神是为数不多的以人形现身的埃及神祇，她头上就戴着一支巨大的鸵鸟毛。尽管其服装样式、外观造型不断变化，但三千年后的今天，各类绘画作品中的她依然端庄典雅且时尚。当逝者之灵来到往生世界接受审判时，其心脏会与玛特的心脏（有时以一根鸵毛代之）相权衡，以判定他们到底是与天神同聚还是被魔鬼吞噬。

不过，比起鸟儿本身，人们更关注它们漂亮的羽毛，这反而使人们笔下的鸟儿变得稀奇古怪起来。古代作家如普林尼和伊良都认为，鸵鸟可以吞噬并消化任何东西，甚至是石头。普林尼还说，遇到危险时鸵鸟会将自己的脑袋埋进沙里，自认为即可避祸，这一错误观念至今仍不绝于耳。在中世纪动物寓言中，鸵鸟还会依星象来决定何时下蛋！由于鸵鸟蛋非常坚硬，没有哪个动物能将其打破，因此，在布西曼人（Kung Bushmen）眼中，鸵鸟蛋具有超凡之力。在欧洲，鸵鸟蛋常被当作"格里芬蛋"，是皇室珍宝。有时，被当作"格里芬蛋"的鸵

拥有绚丽羽毛的鹦鹉常与贵族王室相关联（J.J.格朗维尔绘）

鸟蛋会被制成高脚杯，因为人们相信它们一遇有毒之物就会变色。

蜂鸟不仅因其色彩绚丽的羽毛还因其飞行速度受人追捧。它们能在空中飞行时停留，瞬间改变方向，然后再飞回来，其机动灵活性常得军事指挥官赞扬。尽管蜂鸟体态微小（抑或正因为这一点），它们却象征着阿兹特克战神维齐洛波奇特利（Huitzilopochtli），战神的头饰则由蜂鸟羽毛做成。玛雅羽蛇神魁札尔科亚特尔（Quetzalcoatl）即便化身成蛇，其身上也有蜂鸟羽毛。天下战争似乎都与情欲有些关联，因此，蜂鸟羽毛常被用在爱情魔法里。

神话传说里的鹦鹉大都平和乖巧，但对这个世界来说，它们太过华美了。在兼具印度与波斯文化因子的《五卷书》中，因陀罗豢养了一只名叫盛开（Blossom）的美丽非凡又聪慧无比的鹦鹉。一日，盛开正俯于因陀罗掌中，只见冥王（Yama）突然出现，这可吓坏了它。众神请求冥王饶恕鹦鹉，冥王却说自己无法做主，于是，众神转向死神求情，可死神刚一现身，鹦鹉盛开就被吓死了。

古埃及人曾饲养红领绿鹦鹉作为宠物，但它们真正在地中海地区扎根是从亚历山大大帝开始的，因为亚历山大大帝从印度带回了许多不知名的鹦鹉。中世纪末期，伴随航海贸易的迅猛发展，鹦鹉又迎来了好日子，而远洋航海探险的动机多源自渴望找到原初的未被玷污的乐土（或许是最初的伊甸园）。1504 年，在名为《亚当和夏娃》的雕刻作品中，德国艺术家丢勒描绘了一只落在生命树枝上的鹦鹉，而亚当正手握那树枝在天堂乐土与夏娃交谈。

对生活在北半球的人们来说，鹦鹉所带来的视觉美还因其异域情调以及惟妙惟肖模仿人声的能力更加深入人心。据一则中世纪传说记载，在圣母玛利亚诞生之际，鹦鹉宣布了她的降临。因此，在绘画及各类艺术作品中，圣母玛利亚和圣婴耶稣旁常有鹦鹉相伴。据传，在文艺复兴时期，一位红衣主教花了一百个金币买下一只鹦鹉，只因它能清晰地背出整本《使徒信经》。但另一方面，纯真无邪也会招致腐败堕落：鲁莽的水手们很享受教授鹦鹉说些粗俗下流的言辞；鹦鹉贸易从一开始便充斥着偷盗倒卖和走私等不法交易，许多存世的鹦鹉品种因此濒临灭绝。

源自印度、后被引入地中海地区的孔雀或许是众鸟中最体面的一种。张开的孔雀屏在古代即象征太阳，而屏上伸展的羽毛则代表束束阳光。孔雀不仅对宙斯是神圣的，对天后赫拉更是如此。在一则神话中，赫拉将与宙斯偷情的少女艾奥变成小母牛后，派出百眼巨人阿尔戈斯（Argos）去监视她。化作啄木鸟的宙斯找到阿尔戈斯，并暗示赫尔墨斯（Hermes），赫尔墨斯随后将其杀死。

在堕落以前，人类的第一对男女与其他动物和平共处，猫儿似乎对眼前的老鼠视而不见。注意亚当手上那只站在枝丫上的鹦鹉，枝丫可能取自生命树。当亚当被赶出伊甸园时，他带走了那枝丫（《亚当和夏娃》。阿尔布雷特·丢勒绘，1504，大都会艺术博物馆，弗莱彻基金，#MM2218B）

赫拉留下阿尔戈斯之眼以做纪念，并把它们镶到孔雀尾巴上。故事略显讽刺，因为孔雀在求偶时才展尾开屏，不过，阿尔戈斯之眼的故事却警示少女：不可轻信大男子的故作姿态。

然而，孔雀越来越多地被用来象征显赫地位。它是印度战神卡尔维希耶（Karrtikeya）、梵天及其妻子萨拉斯瓦蒂（Sarasvati）的坐骑。历代波斯国王的宝座上也有它。明代及其之后各朝的中国皇帝都把赐予孔雀羽毛作为施恩的手段。在整个欧亚大陆的贵族花园里，谁家若想把自己的园林变成世外天堂，那其中一定少不了悠闲踱步的孔雀。在基督教中，孔雀代表耶稣复活和教堂里的透视眼。伴随现代社会政府施政的民主化，越来越多的人开始不信任皇室王权，孔雀也逐渐成为虚伪的代名词。后来，广告界人士复兴了被遗弃的早期纹章符号，孔雀便被用在影视作品里代表五光十色的梦幻流转。

第五章

动物音乐家

音乐或许是人之为人的一种独特表达，但我们同样与其他很多动物（特别是鸟儿和昆虫）一道共享旋律之美。虽然画眉的叫声于何种程度能被称为"音乐"这一问题仍存争议，但此种说法不仅仅是一种比喻。生物音乐理论着重比较人类音乐与动物声响的异同。研究表明，二者拥有相似的架构、形式和韵律，但这些相似点又可在自然界中找到其他类似物，如沉积岩和树木年轮中展现的与此类似的重复与变化。作曲家将DNA图谱改编成音乐，发现其中的旋律很有巴洛克风格。总之，音乐或许是相通的，有着某种超物种的感染力，不过，不同文化中的人们对动物之音有着不同喜好。比如，古希腊人喜欢蝉叫和各类昆虫的声响；19世纪的英国人则特别喜爱各种鸟鸣。

20世纪后期，鲸鱼声很受欢迎，不过，它们在第十七章"庞然大物与海怪"中出现会显得更合适。

蝉、蚂蚱与蟋蟀

> 大地的颂歌呦，从未止息：
> 在寂寞冬夜，当严霜凝聚
> 一片静谧，从炉边传来
> 蛐蛐的高歌，在永不退却的温暖中，
> 半睡半醒中，人们觉听那声音，
> 仿如蝈蝈在绿草如茵的小丘上鸣叫。
>
> ——约翰·济慈《蝈蝈与蛐蛐》

昆虫学家将蚱蜢、蝗虫、螳螂与蟋蟀归于直翅目类，而蝉则属同翅目。但现代分类法并不能充分反映人们对动物的当下认识，更不要说几个世纪以前人们的看法了。对古希腊人来说，蚱蜢、蝗虫、蟋蟀、（有时也有）螳螂共享同一称谓艾克瑞斯（akris），这样，现代译者就不得不依据上下文来判断到底哪种昆虫才是语境所指。人类很难眼见以上这些昆虫，我们了解它们主要是通过其在野外发出的声响。这些来自摩擦身体不同部位而得的声响相对于体型微小的它们着实很大，因为昆虫各部位的发声是同步的。虫鸣属交配信号，且几乎全由雄性发出，一些古代神话故事已对这一事实有所提及。人们对直翅目昆虫的认识主要集中在它们对农作物的破坏上，而将它们当作美味或许可以补偿我们的部分损失。

蚱蜢的叫声并不特别悦耳，但很稳定，能为林间鸟儿和地上其他昆虫增添有规律的节奏感。即使在今天（我们已几乎不再通过动物行为判定时节），对许多人而言，蚱蜢的叫声仍意味着秋季的到来，而其叫声的终止则预示冬日的临近。到了那时，乡间小路上随处可见蚱蜢的尸体。英国民俗学家约瑟夫·雅各布斯（Joseph Jacobs）在《伊索寓言》一书中形象生动地重述了《蚂蚁与蚱蜢》这则著名的寓言故事：

夏日的一天，一只蚱蜢在田间蹦蹦跳跳，随心欢唱。这时，一只

婚礼舞会上的昆虫乐团（J.J.格朗维尔绘，选自《动物的私生活和公共生活场景》，1842）

蚂蚁从旁经过，只见它一路辛苦费力地驮着一粒玉米向蚂蚁洞走去。

"过来聊会儿呗，"蚱蜢说，"何必那么辛苦劳作？"

"我在帮大伙储备过冬粮食，"蚂蚁回答，"我劝你也准备点。"

"何必为冬天伤神？"蚱蜢说道，"我们眼前有足够的食物啊。"

蚂蚁没有听从蚱蜢，继续前行辛苦劳作。冬季到来，找不来吃食的蚱蜢发现自己就要变成个饿死鬼，却看见蚂蚁们每天都在分发它们夏季储备好的玉米和谷物。这样，蚱蜢终于明白要未雨绸缪。

蚱蜢与蚂蚁的差别正如艺术家与劳动者的差别，而上述故事则是对后者的褒扬。蝗虫与蚱蜢正表现了昆虫世界的两面性，蝗虫是海德先生（Mr.Hyde），蚱蜢是杰克医生（Dr.Jekyll）。[①] 无论在外形特征还是在行为举止上，沙漠蝗虫都酷似蚱蜢，可一旦遇到拥挤或食物短缺的情况，它们就会变形——改变体色、变大体形，与此同时，加快繁殖速度，集群而动，以难以置信的速度向其周围村落排落排泄物。《圣经》中讲道，当法老拒绝以色列人离开埃及时，蝗灾是耶和华降下的第八次灾祸：

蝗虫上来，落在埃及的四境，甚是厉害，以前没有这样的，以后也必没有。因为这蝗虫遮满地面，甚至地都黑暗了，又吃地上一切的菜蔬，和冰雹所剩树上的果子。（《出埃及记》10：14—15）。

在北非和近东，蝗灾到 21 世纪仍持续不断，有时甚至遮天蔽日，向世人印证着《圣经》中的描述。先知约珥形象生动地将数量庞大且极具破坏力的蝗虫比作一支侵略军。埃及人自己也有相同的文学意象。在一篇记述拉美西斯二世（传说中遇摩西反抗的那位法老）生前事的铭文中，赫梯人在卡迭石战役里如蝗虫般遍布群山。尽管蝗虫制造了许多麻烦，但埃及人似乎并不厌恶憎恨它们。在《古国》（The Old Kingdom）的一个篇章中，一位统治者是化成蝗虫升入天国的。

在一则来自阿尔及利亚的伊斯兰民间传说中，魔鬼看着新创造出的世界轻蔑地说："我可比上帝做得好。""很好，"上帝说，"无论你造出什么，我都将赋予你力量以使其获得生命，你可以漫游世间一百年后再回来。"魔鬼接受挑战，将马头、狮胸、羚羊角、牛脖和其他动物的不同部位糅合在一起，但因为各部位并不协调，魔鬼又把那造出的怪物削削减减，直至最后剩下个蝗虫

[①] 海德先生与杰克医生为英国与狄更斯同期作家史蒂文森名作《化身博士》中的人物，是一个人的两种表现。其中杰克医生是白天受人尊敬的形象，海德先生是喝药后晚上幻化成邪恶之人的形象。

的模特。上帝说："哦,撒旦……看你造出了什么!为显示你的软弱,彰显我的权柄,我会把这小虫向世间送去无数,让它们环绕尘世,以教导子民:上帝仅有一位。"

也许因为蝗虫在《圣经》中总充当上帝的鞭子,如此,它们才没被人类很严重地诟病过。除非饥馑岁月,人们轻易不会食用这一令他们生厌的小虫,但非洲大部分地区的人们会食用蝗虫和蚂蚱。甚至《圣经》也曾提及,它们可备食用(《利未记》11:20—23)。

在古埃及,蚱蜢是广受欢迎的装饰图案,常出现在节庆用品和化妆盒、首饰盒上。先知以赛亚在论到耶和华时说:"神坐在地球大圈之上,地上的居民好像蝗虫。"(《以赛亚书》40:22)不管是讨人喜爱还是遭人蔑视,蝗虫一直以来都代表了无关紧要、无足轻重,这点可在有关梯托诺斯的希腊神话中略见一二。梯托诺斯是位特洛伊王子,被黎明女神厄俄斯相中。厄俄斯请求宙斯赐予梯托诺斯长生不老,却忘了祈愿他青春永驻。梯托诺斯渐渐老去,厄俄斯弃他不顾。最后,梯托诺斯干瘪枯萎而变成了一只蝗虫。

在西方人眼里,蟋蟀重复的叫声既不悦耳也不欢快。在德国,神经不正常者会被认为是"脑中有蟋蟀"。但另一方面,这种重复有时也代表那些惹人厌烦但又非常必要的道德训诫。有一种蟋蟀被称为"家蟋",因为它们习惯频繁进入居室。家蟋爱温暖,因此它们象征炉床。在欧洲,据说蟋蟀做客家中能带来好运,而杀死它们会遭厄运。不过,中国人更看重蟋蟀的尚武精神,斗蛐蛐从古时起便是百姓喜爱的娱乐活动。

在卡洛·科洛迪的经典儿童文学《木偶奇遇记》(1883)中,主人公比诺曹用木槌敲碎了一只名叫杰明尼的蟋蟀,在遭遇多次厄运后,他对自己当初的行为后悔不已。杰明尼蟋蟀是迪士尼出品的最受欢迎的卡通人物形象之一,它甚至还被引进系列电视剧《华特·迪士尼出品》里。

人们主要通过蝉声了解蝉,因为它们栖于树间,只有死后掉落地面才会被人看见。对古希腊人而言,蝉似乎是一种无形的存在,象征长生不老。在柏拉图对话录《斐德罗篇》中,苏格拉底和青年斐德罗展开了一场有关哲学的激烈讨论。苏格拉底提出,蝉在歌唱与相互交谈之际一定在关注他们两人的对话。他接着解释说,蝉曾为人类:当缪斯女神第一次降临人间给人们带来音乐和其他艺术时,那些获得恩赐之人欣喜若狂,激动得唱个不停以至忘记吃喝,甚至不久后在艺术的熏陶中忘情逝去。那些逝去的人又转世成蝉,缪斯女神许它们恩泽可不食人间烟火。蝉从出生起便不吃不喝地歌唱直至终老,死后再向缪斯汇报世间百态，告诉她哪些人尊崇艺术是艺术的保护者。苏格拉底向斐德罗保证，他们二人一定会得蝉的美言，因为他们正在探讨爱。

  在中国传统文化里，蝉也具有与以上相似的含义，因为中国人认为它们以露水为生。从周朝后期到汉代（前200年至220年），中国人会将玉蝉放入死者口中，以期他们长生不死。远东的文化中，诸如蝉和蟋蟀等昆虫的叫声代表佛教僧侣的吟诵，它们有时还被关进小笼，其美妙的叫声常被认为胜过鸟鸣。

杜鹃、云雀、夜莺与啄木鸟

> 现在它更加华丽地死去，
> 在午夜不带悲伤地飞升，
> 当你正向外倾泻灵魂，
> 这般迷狂！
> 你仍唱着，而我听不见，
> 你那高昂的安魂曲对着一抔泥土。
>
> ——约翰·济慈《夜莺颂》

在人类进入现代以前，无时无处不弥漫着自然的声音。那时的建筑，即使是墙壁厚实得足以抵挡围攻的中世纪城堡也没有与自然隔绝开来。（尤其是）鸟鸣会被用来标记时间与季节的变化更替。杜鹃在春天歌唱，云雀和夜莺分别在清晨与午夜歌唱。这种习性既赋予它们实际意义，也使它们在诗歌中占据重要地位。比如莎士比亚《罗密欧与朱丽叶》中有这样一幕：

朱丽叶：你要离去了吗？天还未明。

那是夜莺，而非云雀，

叫穿你战战兢兢的耳穴。

夜晚她在远处的石榴树上歌唱。

相信我，亲爱的，那是夜莺。

罗密欧：那是云雀，黎明的使者，

而非夜莺。

夜莺和云雀常被用来区分白昼与黑夜。正因为鸟鸣与时间紧密相连，最开始出现的那些经济实惠的钟表上才会配上一只机械杜鹃鸟来报时。

杜鹃用它热情洋溢的歌声宣布春天的到来，农夫听到这种声音便会明白播种的季节到了。春季是爱的季节。纵观历史，除中世纪中期和19世纪，人们在大多时候都对含情脉脉的爱意不无怀疑，并因此猜疑排斥杜鹃鸟，对于那些打算结婚的人，它的歌声预示了好兆头，但对于那些已步入婚姻殿堂的人，它的歌声则警示着可能发生的婚外情。

杜鹃鸟的大量出现似乎与老鹰的消失发生在同一时期，因此老普林尼认为它们是由老鹰转化而来的。但他同时又观察到二者一旦碰面，老鹰就会将杜鹃吃掉，这恰好反映了杜鹃背信弃义的臭名声。因为，如老普林尼所说："杜鹃鸟是唯一一种被自己同类吃掉的鸟。"这一迷信说法直到20世纪仍在欧洲一些地方流传。

据一则希腊神话记载，宙斯是变身一只楚楚可怜的杜鹃鸟才赢得赫拉之心并与其首次交欢的。杜鹃不仅是赫拉的标志之一，还被用来装饰她的权杖。印度诗人视杜鹃为"心灵的掠夺者"，神祇因陀罗也曾变身杜鹃鸟来诱惑他者。

虽然有点牵强，但将杜鹃鸟视为通奸者的观点是有其依据的。在欧洲，杜鹃鸟会把自己的蛋产在其他鸟巢里，杜鹃蛋先孵化，孵出的雏鸟又会将其他鸟蛋推出巢外。普林尼对此做出解释，说其他鸟都很讨厌杜鹃鸟，它们甚至不敢筑巢，唯恐被杜鹃鸟侵占。因此，杜鹃只有隐瞒其后代身份才能继续繁衍。

用"乌龟"（cuckold）（源自古法语"cocu"，其意为"杜鹃"）一词指代妻子对丈夫不忠的行为最早可追溯至中世纪末期。莎士比亚在喜剧《爱的徒劳》中写道：

> 当杂色的雏菊开遍牧场，
> 蓝的紫罗兰，白的美人衫，
> 还有那杜鹃花吐蕾娇黄，
> 描出了一片广大的欣欢；
> 听杜鹃在每一株树上叫，
> 把那娶了妻的男人讥笑：
> 咯咕！
> 咯咕！咯咕！啊，可怕的声音！
> 害得做丈夫的肉跳心惊。①

在一个因爱情结婚还是革命性创举的时代，杜鹃越来越象征性爱，而夜莺则更突出浪漫气息。

杜鹃在文学作品中代表男性气质，而西方文化里的夜莺则象征女性，

---

① 参见威廉·莎士比亚：《莎士比亚全集经典插图本》第2册，朱生豪、苏福忠、马爱农译，约翰·吉尔伯特、乔治·柯鲁克山绘，新星出版社2014年版，第338—339页。——译者注

人们还发现夜莺的叫声与其说缺少生气，不如说悲喜无常。据阿波罗多洛斯（Apollodorus）记载，夜莺的悲苦是这样开始的：雅典公主普洛克涅（Procne）嫁给色雷斯国王忒柔斯（King Tereus of Thrace），他们生下王子伊提斯（Itys），但忒柔斯强暴了普洛克涅的妹妹菲洛墨拉（Philomela），并割去菲洛墨拉的舌头以防她揭发丑事。菲洛墨拉将冤情缝在衣服上告诉姐姐。为了复仇，普洛克涅杀死了自己的儿子并将尸体煮熟拿给忒柔斯吃。当国王意识到所发生的一切时，他全力追捕两姐妹。两姐妹向众神祈祷，众神便将普洛克涅变成了夜莺，将菲洛墨拉变成了燕子，把忒柔斯变成了戴胜鸟。然而，拉丁语作家却把两姐妹搞混了，将夜莺称作菲洛墨拉，这个名字之后被全欧洲的诗人广泛使用。或许因为夜莺的歌声听起来更像无辜受害者，因此，据老普林尼记载，罗马人非常喜爱夜莺，笼中夜莺的价格可以与奴隶的价格相提并论。

在夜莺引吭高歌表达爱意之际，玫瑰正与一只肮脏的甲虫寻欢嬉戏（J.J.格朗维尔绘，选自《动物》，1868）

在近东的传统中，夜莺是与玫瑰相爱但终难圆满的男性角色，而伊斯兰世界里的爱情也有着西方式的矛盾。在《众鸟集会》（12世纪末前后由苏菲派诗人法里德丁·穆罕默德·阿塔尔创作于波斯）中，戴胜鸟为国王斯摩夫（Simorgh）召集众鸟朝觐，但夜莺说玫瑰只为他开花，所以他一天也不能离开。戴胜鸟告诉夜莺玫瑰的爱是一种假象。之后，玫瑰果然只盛放了一天便凋谢了，跟夜莺开了个大玩笑。

然而，在公元10世纪的伊斯兰寓言故事《动物岛》中，夜莺是其中最敏捷而善辩的，它甚至超过了豺和蜜蜂。当百兽向神灵之王（King of the jinni）申诉人类虐待动物时，一位来自麦加和摩德纳的人说：人类是上帝的宠儿。夜莺则反驳他：正因如此，人类才更应负起责任，不要虐待动物。

不过俄罗斯的夜莺却常与巫术相连。曾经，贵族和富商对笼中夜莺有大量需求，农民们会根据鸟鸣捕捉那些出没于夜间丛林的夜莺，但他们也担心自己会被巫术所害。在俄罗斯民间传说里，夜莺是栖息在橡木丛中的半鸟半兽强盗，当有旅人途经通往基辅的道路时，夜莺会吹起足以致人死亡的大风。

云雀一般会在清晨太阳初升前鸣叫，所以它们常与"开始"相连。在古希腊喜剧作家阿里斯托芬的《鸟》中，云雀自夸比上帝和地球更古老，这一说法或许是受其能在飞行中歌唱的启发。当老云雀死后，小云雀没地方埋葬老云雀，所以只能把它埋在自己脑袋里。

与其他很多事物一样，人类只有到动物开始灭绝时才会关注它们。伴随欧洲工业化进程以及鸟类的逐渐稀少，19世纪的浪漫主义诗人以前所未有的热忱赞颂鸟儿，表现出一种完全自然纯朴的诗兴，其中最著名的当属约翰·济慈的《夜莺颂》和珀西·比希·雪莱的《致云雀》——诗人在诗中向往引发鸟儿歌唱的欢乐世界。汉斯·克里斯蒂安·安徒生通过《国王的夜莺》这一故事赞颂自然之美，其中描写了一只人造机械鸟，其歌声始终不如野生鸟儿甜美动听。

作为赞颂自然的诗歌传统的终结者，托马斯·哈代在20世纪初所作的《黑暗中的鸫鸟》这样结尾：

> 突然间，头顶上有个声音
> 在细枝萧瑟间升起，
> 一曲黄昏之歌满腔热情
> 唱出了无限欣喜，——
> 这是一只鸫鸟，瘦弱、老衰，

羽毛被阵风吹乱，
却决心把它的心灵敞开，
倾泻向浓浓的黑暗。
远远近近，任你四处寻找，
在地面的万物上
值得欢唱的原因是那么少，
是什么使它欣喜若狂？
这使我觉得：它颤音的歌词，
它欢乐曲晚安曲调
含有某种幸福希望——为它所知
而不为我所晓。

进入 20 世纪，作家越来越觉得把夜莺或云雀写进诗歌是一种过时的做法。

美洲冠红啄木鸟，啄木鸟并非出色的歌者或音乐家，但在许多文化中，它们的声音预示着雨季的到来

啄木鸟的叫声并不动听，但在很多文化里它的叫声意味着雨季的开始。啄木鸟用喙啄树干，这有点像敲战鼓，其发出的声音会在森林里回响。因此，对希腊战神阿瑞斯来说，啄木鸟是神圣的。传说中创立罗马的双胞胎兄弟罗穆卢斯和瑞摩斯就是由狼和啄木鸟养大的。在奥维德的《变形记》中，女巫喀尔刻在向罗马农神萨杜恩之子皮库斯求爱不成后把他变成了一只啄木鸟。

由于多与战争相关，啄木鸟一直没有非常出名，但较之在 20 世纪后半叶纷繁出现在大众文化里的其他会歌唱的鸟，啄木鸟还是好很多。其中，最受欢迎的卡通人物之一便是粗暴且道德败坏的骗子形象——啄木鸟伍迪。

近几十年，曾在美国南部森林与沼泽地带常见的象牙喙啄木鸟变成了一种象征物。由于栖息地的丧失，象牙喙啄木鸟已在 20 世纪后半叶绝迹。不过，偶有报道称，有人目睹其形。一些猎鸟者还将寻找象牙喙啄木鸟赋予神秘主义的意味。

第六章

张牙舞爪的动物

在中世纪与文艺复兴时期的欧洲绘画里，地狱入口通常是一张布满尖牙的大口，人们有时也能从画中看到狮子口或巨蛇口的影子。这一图像定式反映出一点共识，即在自然界，无论大小，弱肉强食是几乎所有物种不可避免的命运。它也是大型肉食动物在人类想象中持续发酵的明证，即便此时人们已迁居城镇，且高度文明。米尔恰·伊利亚德将许多宗教体验定义为"扑食者与猎物间神秘而不可言传的团结一致"。例如，《圣经》中耶稣基督既以羔羊又以狮子现身；圣餐礼（这一基督教的核心谜团）将信徒放于捕食者之位，把上帝放于猎物之位。在世俗文化中，食肉动物通常与皇室贵族相连，它们在古纹章里极为重要。伴随世界多地民主化浪潮，人们把对强权的憎恨转移到大型食肉动物身上，如此便导致它们在19世纪濒临灭绝的境况。传统上，人们会将掩埋逝者看作创造"文明"的关键时刻。通过这一行为，人类试图超越主宰万物的生死轮回。犹太基督教传统观念认为，在大洪水和耶稣诞生以前，所有动物均吃素。总之，对肉食动物抱有的巨大矛盾观点深刻影响了我们与整个自然界的关系。

在本章本可讨论的动物还有鳄鱼和鹰。前者将会在第十七章"庞然大物与海怪"中出现，而后者则归入第十八章"神圣的动物"。

狮子、黑豹、美洲豹与老虎

> 因为他与老虎同族。
> 因为小猫咪是虎天使。
>
> ——克里斯托弗·斯马特《我的猫咪杰弗瑞》

狮子（其中雌狮负责大部分狩猎活动）集群而居。它们栖息于开阔平原，但其曾经广阔的生存空间现已被缩减局限至非洲热带草原。狮群旁常伴有食腐动物，如秃鹫和土狼，这催生了"狮子王有宫廷相伴"的观念。雄狮巨大的脑袋和繁盛华贵的鬣毛象征四射的阳光。与狮子相对，老虎则更喜独处，它们的栖息地分布在亚洲丛林地带和西伯利亚人迹罕至的山间。老虎不愿靠近人类聚住区，但有时也会攻击人类。黑豹除肤色外与其他豹类相差无几，其体型比狮子、老虎都小，捕猎时主要依靠小心轻盈的步伐和速度取胜。黑豹能爬树，这样便可将猎物藏在树间以防食腐动物抢占，它们还会利用这一优势在不被发现的情况下观察周围情况并向猎物发动袭击。黑豹和其他豹类均单独夜间捕猎，故人类常将它们与阴间相联系。

大型猫科动物在旧石器时代便拥有特定的宗教意味。拉斯科洞穴壁画中有座名为"猫科洞室"（Chamber of Felines）的洞穴，大型猫科动物在其中尽享尊荣。在人类进入城市文明之际，它们已被视为阴性。"女性"（female）与"猫科的"（feline）二词最初均源自拉丁语"felare"（意为"吸吮"）。在世界上最早的城镇——土耳其的加泰土丘，人们发掘出一些有大型猫科动物陪侍的女性雕像，而那些雕像很可能是女神像。

在诸神时代，大型猫科动物与女神关系最密切，其中最重要的当属埃及女神哈托尔（Hathor）。哈托尔除主管爱情、舞蹈和各类女性造诣外，还会狂怒不止。当人类反抗太阳神拉时，哈托尔化身成一头母狮进攻人类，但她很快变得嗜血成性起来。叛乱被成功镇压，拉十分满意，可哈托尔却杀戮不止。诸神担心她会毁灭全人类，便拿出一桶桶红酒，哈托尔误将红酒当血，一饮而尽后熟睡过去，待她醒来时曾经的愤怒已得平息。当哈托尔化身愤怒复仇者时，她被称为赛克迈特（Sekmet），其形象是（母）狮头人身。画中的巴比伦女战神伊什塔尔常脚踏雄狮站立。狮子还是叙利亚女神西布莉（后被古罗马人视为伟大自然女神）战车的"驾马"。

不过，雄狮在古代各类视觉艺术表现中倒很常见。古埃及与两河流域的人们都会在寺庙和宫殿门口两侧摆放石狮做护卫，这一做法一直向东传至中国。在苏美尔-巴比伦动物谚语中（这些谚语位列存世最早的文学作品），狮子已确立了其兽中之王的地位，而这一创作主题很快被普遍接受，成为文学传统。《伊索寓言》里就有相关描写，其中的狮子常常一副凶狠样，吓唬恐吓其他动物。在一则寓言中，一只狡猾的狐狸发现许多通往狮子洞的脚印，但都有去无回。然而，狮子并不总是强大有力。在另一则寓言中，曾受狮子折磨的驴和其他动物就把年老的狮子揍了一顿。在非洲传说中，雄伟的狮子也常受如野兔般弱小机智的小动物的欺凌。狮子王这一创作主题在兼有印度与波斯文化印记的《五卷书》、欧洲中世纪《列那狐传奇》、C.S. 路易斯《纳尼亚传奇》，以及全世界其他无数文学作品中都有出现。

在古代，能够猎杀狮子对勇士而言是至高无上的荣誉，因此，埃及与两河流域的历代君王在画中常出现于狩猎狮子的场景中。包括吉尔伽美什、赫拉克勒斯和力士参孙在内的许多古代英雄的画中形象通常都是身着狮皮。在一则由巴布里乌斯（Babrius）创作的希腊罗马神话中，一位男子与一头狮子结伴共游，途遇一座雕像，而雕像上的英雄正欲将百兽之王勒死。男子手指雕像说，这证明人类高于狮子，狮子则反驳道，若雕像由狮子塑造，"你就会看到人受欺凌"。即使是蔑视食肉动物的希伯来人也不得不佩服狮子。在《圣经》中，狮子先后象征犹大、传福音者圣马克和耶稣基督本人。

为着决斗竞技的缘故，古罗马人引进了大量狮子。这些狮子代表君主王权，会在一群喧哗吵闹的观众面前吞噬罪犯。由于狮子不轻易攻击人类，因此它们要么饱受饥饿要么受专门训练才会与人为敌。在一则广为流传的故事里，一个名叫安德鲁克里斯（Androcles）的奴隶逃跑后被抓，人们将他与狮子关在一起，结果狮子非但没将他吃掉反而讨好他。人们又放出一只豹子，没想到狮子竟咬死了猎豹。皇帝德鲁苏斯（Drusus）命安德鲁克里斯上前，询问狮子为何不杀他。他回答说，自己在遭受非人虐待后为逃离主人躲进一座山洞，一只狮子来到他身边举起血迹斑斑的爪子，他为狮子拔去了扎在脚上的荆棘。从那时起，狮子

但以理被扔进狮群却毫发无伤，19世纪中叶由朱利叶·施诺尔·卡豪茨菲尔德（Julius Schnorr Carolsfeld）绘

便喂养他，与他分享每份猎物。深受感动的德鲁苏斯赐给安德鲁克里斯和狮子自由身。（马戏团的表演既要有戏剧场景又要有血腥屠杀，而这一例外可被搬上舞台以彰显帝王的宽宏雅量。）

　　古罗马人的确训狮有方。据普林尼记载，马克·安东尼竟能让狮子驾着自己的战车，与一位名妓共乘四处招摇过市，这在当时震惊了不少人，或许也促成了他最终的垮台。后来，皇帝卡拉卡拉养有一头宠物狮，他与狮子朝夕相处同枕共眠，甚至在公开场合相吻。据说，在基督教时代，洞中隐居的圣杰罗姆也用安德鲁克里斯的办法驯服了一头狮子，因此，画里的他常有狮子相伴。

　　在纹章中，头戴王冠的狮子总与皇室王权相连，而这一象征符号从旧石器时代起便被没有狮子的地方（如中国和西欧）采纳接受。正是因为除个别皇家动物园外真正的狮子鲜为人知，这些动物才会被轻易符号化。国王理查一世——因其在战事中的英勇而被称为"狮心王"——选取搭配红底的三只猫科动物图案作为英格兰盾形纹章。尽管有学者认为这些猫科动物最初代表豹子,但今天的人们普遍将它们视作狮子。现如今,英格兰的狮子和苏格兰的独角兽各居英国纹章两侧。

最终,狮子与王权如此紧密地交织在一起,以至大多数欧洲人再也无法在其身上加注其他象征意味。君主主义者喜欢把狮子无精打采懒洋洋的样子说成高贵庄严,并为其掠夺本性寻找托词,说它们只为饱腹杀戮,但具有现代民主倾向的人常指责狮子恶毒凶残。

19世纪法国浪漫主义画家欧仁·德拉克罗瓦(Eugene Delacroix)曾绘出狮子与阿拉伯人血战的场景,赞颂二者的凶猛残暴。同一时期,大型马戏团里的驯狮员已成为台柱。男性训狮员一般身材魁梧,一副翘八字胡,身着豹皮短裤,不时抽打鞭子以强迫狮子或其他大型猫科动物听命。这一场景戏剧性地表现了人类对大自然的控制,也隐喻了男性对女性的统治。

老虎是更为浪漫的野兽,人们钦佩它就像钦佩暴风雨或火山一样。在马来西亚神话中,老虎完全用人皮、人骨、人发和人身的其他部位建起了一座城。印度教中的时间女神迦梨项戴人头骨项链,一手握毁灭之剑,常端坐在老虎背上。当湿婆以毁灭者现身时,他会身着虎皮。但我们应该知晓:在人类眼中,以上神话人物的毁灭之力并非邪恶,只是宇宙循环的一部分。

在中国,天龙与地虎作为最伟大的洪荒之力经常相伴相生。龙生云,虎生风,相感而雨出。虎还因毁灭与肃杀之气与秋季相连,其黄黑相间的兽皮也使人联想到秋日落叶。在亚洲,老虎(而非狮子)是百兽之王,它在十二生肖中位列第三,更有为虎添翼之艺术创作。道教始祖们身骑老虎,象征与五行万物和谐共存。

老虎进入西方视野始于亚历山大大帝入侵印度之时。在绘画作品中,当酒神狄俄尼索斯(他时而会被当作亚历山大大帝)前往印度途经底格里斯河时,他偶尔会乘坐由老虎驾驭的四轮车。热衷血腥暴力、钟情异域情调的古罗马人也在马戏团中饲有老虎。

老普林尼曾记述过人类如何完成偷虎崽这一看似不可能完成的任务:捕捉者先会偷几只虎崽,然后跳上马背飞奔而去,在母虎即将追上之际抛出一只幼崽,迫使母虎停下脚步将幼崽叼回巢穴,之后,母虎会重新追赶,如此反复几次,直到最后捕捉者带上仅剩的一只虎仔成功登船。这一故事经常反复出现在中世纪动物寓言中,但与原版稍有不同:其中偷虎仔的人只偷一只幼崽,而他每次向母虎扔的是玻璃球，母虎会错把玻璃球上的自身映象当虎仔。

中世纪有关伊甸园的描述通常包含狮子，但绝无老虎。老虎太过吓人以至于从未在各类纹章中大量出现过，但当印度成为英国殖民地后，它再次进入了西方人的视野。18世纪托马斯·比威克（Thomas Bewick）曾写道，老虎"既不害怕见人也不畏惧与人为敌……甚至据说在所有动物中它们最喜欢人肉"。因此，对英国殖民者和他们的许多印度支持者而言，彻底铲除老虎便成了一种人道主义使命，许多人还吹嘘自己杀过几百只老虎。在此期间，来自南印度的反殖民斗争如火如荼，抵抗领袖蒂普苏丹坚信，"与其如绵羊般苟活两百年，不如像老虎那样度过两日"。蒂普苏丹的宝座由老虎装饰，其军装上也有虎纹，他更效仿老虎行事残酷。

恰在这时，威廉·布莱克写下了《老虎》一诗，这首诗也许是现代诗中最有名的动物诗，其诗如下：

> 老虎！老虎！黑夜的森林中
> 燃烧着的煌煌的火光，
> 是怎样的神手或天眼
> 造出了你这样的威武堂堂？
> 你炯炯的两眼中的火
> 燃烧在多远的天空或深渊？
> 他乘着怎样的翅膀搏击？
> 用怎样的手夺来火焰？

或许残酷的蒂普苏丹的故事曾几经辗转传回英国而影响了布莱克，或许他曾去伦敦塔动物园看过老虎展。但布莱克本人给《老虎》一诗所绘的插画更多展示了他对虎的喜爱之情而非敬畏之意，因为画里明明是一只家猫。布莱克或许想通过配图表明每只猫心中都有只老虎。

老虎身上交织的美丽与恐惧在寓言《少女与老虎》中得以表现。这一作者不详的故事如一则传奇渗透在我们的文化中——每个人都熟悉它，但没人知道它的出处。其实，它的创作者是弗兰克·斯托克顿（Frank Stockton），于1882年发表在《世纪杂志》上。故事中，国王颁布法令，将犯有重罪者置于一个大型竞技场，其人必须在众目睽睽之下在两扇门间做选择，以决定是否应受惩罚。两扇门后，一个是能把人撕碎的猛虎，另一个是千挑万选可以迎娶回家的美女。当国王听说自己的女儿与一个平民相爱后，他下令将年轻人送到竞技场，让天

狮子王身边一群溜须拍马的朝臣（J.J.格朗维尔绘，选自《拉·封丹寓言故事》，1839）

意决定其生死。公主发现两扇门后的秘密，向爱人发出暗号，故事最后以一个著名问题结尾：“门里出来的是哪个——少女还是老虎？"维多利亚时代的人们也纠结于这类问题：是中产阶级的家庭生活还是纯粹的激情？但弗洛伊德却认为美女不过是猛虎的另一面，与之结合同样意味着毁灭。

老虎在20世纪取代了许多原本属于狮子的象征意义。T.S.艾略特在他的诗歌《加冕礼》（*Geronition*）中用老虎象征基督。广告商不断挖掘老虎身上的原始能量。比如，埃索石油公司（Esso Petroleum）从20世纪60年代中期起便以"把老虎放进你的油箱！"（Put a tiger in your tank!）为广告词。然而，动物在人类文化中具有的象征意义越重要，就越易受侵害，因为人们会为着民间偏方或运动竞技的缘故捕杀动物。里海虎在20世纪70年代便濒临灭绝，十年后爪哇虎几近绝迹，而少数幸存下来的虎种依然面临非常严峻的生存考验。

非洲人能直接接触狮子和豹子。传说中，狮子虽为百兽之王，但豹子更令人敬畏。黑豹的一身漆黑能使其融入森林，而美洲豹的斑点则象征无数双眼睛。非洲中部一些强大的秘密族群声称自己能变成豹子，可他们对如何做到这点却从不外传。传说中，达荷美王国（贝宁旧称，译者注）和其他非洲各国国王的祖先是一只由河中而来的豹子，那豹子游到陆地与一女子结合，它的凶残猛烈则解释了国王们的好战。《圣经》中，先知耶利米因希伯来人无法停止行恶而沮丧不已，问道："豹岂能改变斑点呢？"（《耶利米书》13：23）过去的非洲君主通常会穿着由豹皮制作的衣服，后来，西方人承袭了这一着装风格。经常出现在女性服饰上的豹纹象征身份地位，代表野性难驯。

在古埃及，不论是黑豹还是美洲豹，它们对冥界之王奥西里斯来说都是神圣的。古希腊人视狄俄尼索斯与奥西里斯为同一神祇，二神的祭司都身着黑豹皮。黑豹负责驾驭狄俄尼索斯的四轮车，它们有时也在其随从之列。并且，这两位神祇常与耶稣等同。中世纪的作家们常赞美黑豹。在中世纪动物寓言中，动物们会被黑豹口吐的香甜气息吸引而跟随它，只有龙独自跑开躲进山洞，这与魔鬼害怕基督而逃跑的寓意很像。

然而，伴随着中世纪的终结，许多人开始竭力清除基督教中的异教元素，曾在前基督教信仰中如此重要的黑豹常被指邪恶。在但丁《神曲》开头，主人公在黑暗的森林中被三只猛兽（一只黑豹、一条母狼和一头狮子）拦住去路，黑豹是第一只威胁他的动物，不过后来他被突然出现的维吉尔所救。

20世纪早期，诗人赖内·马利亚·里尔克在他的《豹》中哀悼了原始野性的消失。诗歌描写了一只在栅栏边来回踱步的黑豹，诗的结尾写道：

> 只有时眼帘无声地撩起。——
> 于是有一幅图像侵入，
> 通过四肢紧张的静寂——
> 在心中化为乌有。

近些年，黑豹的肖像符号意义总在愤怒与怀旧间来回摇摆。一群支持六七十年代反美武装革命的激进非裔美国人被称为"黑豹"。

最神秘的大型猫科动物或许是土生土长在拉丁美洲的美洲豹。美洲豹的图案在南美印第安人的各类艺术中大量存在，这使宗教史学家曾一度认为它们是百兽之王，甚至是至高无上的天神。在玻利维亚各部落中，不久之前用木矛猎杀美洲豹还被用在武士入伍仪式以证明男子气概。人们普遍认为，萨满人有时会变成美洲豹。在发生日食时，人们会号叫不止，以吓跑正在吃太阳的美洲豹。不过，近代机器已逐渐取代了动物的象征意义，对于当今的大多数人而言，"美洲豹（捷豹）"意味着豪车。

狼

人对人如狼。（Homo Homini Lupes est.）

——普劳图斯

在所有动物中，狼最具军事素养。因贪婪残忍，狼一直备受谴责，不过人们也称赞它的凶猛。远古时代某些印欧部落的狼图腾崇拜可在语言中寻其踪迹。许多德语人名就包含"狼"这一词根，如沃尔夫、沃尔夫冈、沃尔弗拉姆、沃尔夫哈特等等，法语人名"Luc"和英语人名"Luke"都与法语词语"狼"（Loup）有关。名字中包含"狼"在夏延族及其他北美印第安部落中是常见的，这也是动物象征意义普遍化的有力证据。美洲印第安人不仅钦佩狼高超的捕猎技艺，还有其对群体的忠诚。

尚在襁褓的罗马创建者罗穆卢斯和瑞摩斯受狼抚育的故事或许是人对狼图腾认同的最深刻记录。最初，那只狼很可能不仅照顾了他们还生下了他们。为纪念那头母狼，罗马人每年2月13日至15日都会在帕拉蒂尼山上罗穆卢斯和瑞摩斯曾经居住过的岩洞旁庆祝牧神节。

罗穆卢斯和瑞摩斯也有可能是人变成狼形后的狼人。狼人传说在古代勇士家族中很流行。《伊利亚特》里就有个名叫杜兰的勇士伪装成狼，直到最后被希腊人认出并遭杀害。希罗多德记录过一个名为努尔瑞（Nueri）的游牧部落，其部族成员在一年中有几天会变成狼。在北欧和德国神话中，伏尔松格家族的英雄希格蒙德夜晚会披上狼皮变成狼。老普林尼曾记载过流传于希腊的一种说法，即阿卡狄亚人每年会从一家贵族中挑选一名男子，把他送到湿地，然后，男子会脱去身上衣物，将衣物挂在树上，游泳到一块与世隔绝的区域，变身成狼生活九年。这一传说很可能源自狼族的某种接纳仪式。狼对于太阳神阿波罗也是神圣的。

人类社会的定居与城镇化使狼的名声大不如前。在奥维德《变形记》中，一天，万神之主朱庇特装扮成普通游客来找国王吕卡翁，吕卡翁按惯例为他的客人奉上人肉，这激怒了朱庇特。他现出真身、升上天空并向吕卡翁的宫殿砸下霹雳，国王吕卡翁在惊慌逃跑中变成了一只狼。

希罗多德和普林尼这样常轻信他人的人都对人变狼的传言将信将疑。公元元年以后，狼人故事在大部分受过教育的希腊罗马人中销声匿迹。不过，这类故事却引发了人们对恐怖的兴趣。其中最著名的或许是成书于公元 1 世纪中期佩特罗尼乌斯所著的《萨蒂里孔》：一天夜晚，自由民尼克瑞斯（Niceros）和一位青年士兵结伴来到一处农场。当二人在墓园处歇脚时年轻士兵不见了踪影，尼克瑞斯焦急地等待了一会儿便四下寻找，却看见那士兵脱掉身上衣服、绕圈撒尿，然后变成一条狼嚎叫着跑开了。尼克瑞斯赶忙来到农舍，从那儿得知一条狼刚刚冲破牧场袭击了羊。不过，一个农场帮工用叉子刺中了野兽的脖子。回家路上，尼克瑞斯发现士兵的脖子血流不止，他这才知晓自己的同伴原是个狼人。

人类面对狼时表现的矛盾心态可从相关北欧神话中略知一二。陪伴魔法之神奥丁（Odin）左右的是两条狼，但当世界末日诸神与巨人（们）争斗时，奥丁神却注定要成为巨狼芬莉斯的口中食。芬莉斯的父亲是火神洛基，芬莉斯长大后强壮无比，就连诸神都怕它。平常的狗链对它形同虚设，因此，诸神召唤小矮人，让他们给芬莉斯配制一条由猫步声、山根以及其他神秘原料组成的狗链。尽管链子看上去柔如绸带，可芬莉斯还是不愿受束缚，除非某个天神愿把自己的手放在它口中作为补偿。诸神中只有战神蒂尔勇敢地站了出来，芬莉斯没能挣断新链子，于是它咬掉了蒂尔的一只手。在世界末日来临之时，巨狼芬莉斯注定会逃脱。

古时的希伯来部族最初以牧人为主，因此狼群对其羊群是永远存在的威胁。《圣经》中的狼不是被等同于入侵军队就是与那些贪婪腐败的本族人同为一丘之貉。先知以西结斥责以色列行恶的首领说："其中的首领仿佛豺狼抓撕掠物，杀人流血，……"（《以西结书》22：27）耶稣对他的门徒说："我差你们去，如同羊进入狼群，……"（《马太福音》10：16）

圣方济各曾驯养过一条名叫古比奥的狼，那条狼后来一直伴他左右，基督徒常将这一事迹视作精神对欲望的胜利。狼在中世纪人们的心中变得慷慨大方起来，但有时它们也等同那些劫匪和拦路强盗头目。过度捕猎使狼在 15 世纪的英格兰、16 世纪的苏格兰、18 世纪的爱尔兰遭到灭绝，而在法国、西班牙、意大利的山区以及东欧的森林中仍有狼群存在。伴随文艺复兴时期对巫术渐长的恐惧，人们心中的狼不仅有害而且还是魔鬼的代理人。

一条因杀羊而被捕的狼（J.J.格朗维尔绘，选自《动物》，1868）

在猎巫手册《女巫之锤》（1484）中，作者海因里希·克雷默和詹姆斯·斯普伦杰写道：那些"狡猾而敏捷得谁都逮不到"的狼要么是伪装的魔鬼要么是上帝的鞭子。狼被认为是女巫的夜间化身，（尤其在法国）狼人嫌疑犯会遭审讯并被处死。特定的体貌——如连心眉——会被看作狼人隐秘身份的象征，来历不明的伤口或疤痕也可能招致怀疑。

狼的贪婪远播印欧大陆，狼人故事在东欧也很常见。艾德蒙特·维肯施泰特（Edmund Veckenstedt）就记录过这样一则立陶宛故事：有个农民每天早上察看马厩时总会发现被咬断脖子且面目全非的马尸。为抓住真凶，一天夜里他躲在马厩旁守候，不一会儿发现自家邻居便抱着一捆棍子走了进来。那入侵者先将棍子扔在地上，然后开始在棍子上来回滚动。随着他的身体掠过一根根棍子，邻人最后完全变成了一条狼。变成狼的邻居又一次洗劫了马厩，不过这次农民趁其血染马厩之时藏下了一根棍子。大快朵颐后，邻人再次滚上地上的棍棒欲变回人形，但这次没完全变回来。第二天早上，农民状告自家邻居的恶行，经检查嫌疑犯确实有条狼尾巴。

同时期产生的最著名的文学作品当属《小红帽》：小红帽在去外婆家的路上被狼诱骗。这一故事的早期版本（包括1697年出版的夏尔·佩罗《鹅妈妈的故事》）大都情节简单而富有警示性。夏尔·佩罗故事里的小红帽和外婆最后都被狼吞噬，结尾处的寓意如下：

　　坏人会伪装成各种样子。

　　他们或许帅气、友好，

　　活泼且迷人——别理会！

　　无论何时，真理在此——

　　蜜嘴藏利齿！

佩罗一定希望读者能对这样的教训心领神会，但很多人无法接受残忍的结局。《格林童话》中"小红帽"被改编得更曲折生动，小红帽和她的外婆最后被一个樵夫所救。

　　在欧洲西北部的人口密集区，狼不再威胁人类生存，那儿的狼形象也更趋复杂。动物寓言作为一项古老传统起源于中世纪，并越来越多地与社会评价体系相融，因此，寓言中不同种类的动物代表不同的社会阶层，狼形象便是对僧侣的讽刺。狼满头满身的长毛与僧侣的僧袍和大兜帽异曲同工，更重要的是二者共享贪婪之名。12世纪中叶，一位不知名的弗兰德作家写了一部有关狼僧侣的幽默史诗（*Ysengrimus*）。僧人耶森戈利姆（Ysengrim）巧妙地化解了清规戒律下自己对羊群的贪欲，声称要实行一种"胃口宗教"。他与老农，还有陪伴他的狐狸斗智斗勇，直到最后被一伙流氓杀死。

　　在此后的几个世纪，耶森戈利姆在《列那狐传奇》中扮演了重要角色。这次，耶森戈利姆变成了一个天真的贵族，他总是败给那看似弱小但诡计多端、不择手段的对手列那狐。耶森戈利姆不断受挫、被戴绿帽子、被打残，他的经历令读者百感交集。耶森戈利姆象征了贵族制度缓慢而不可逆转的衰落与新兴资产阶级的崛起。

　　过去，贵族之家的族徽中常有狼。随着社会体制的深入民主化，狼也因王权、贵族特权的肆无忌惮和残忍备受大众谴责，这一点在美国尤为明显。全面清除像狼一样的掠夺者运动演变成了一场道德论战。截至20世纪20年代，曾经数以百万计的北美灰狼几乎绝迹。

　　不过，狼的消失又引起了人们的怀念。19世纪末，被誉为"大英帝国诗人"的拉迪亚德·吉卜林出版了一本《丛林之书》，书中的动物故事围绕狼孩毛格利展开。像英国一样，狼群也有国王和议会，它们遵行的"丛林法则"比现代共和国法更严厉，狼穴俨然是一座致力于将贵族少狼训练成"狼绅士"的军事学校。

　　第一次世界大战的到来使狼的军事才能受到越来越多人的追捧。德国作家如赫尔曼·黑塞和赫尔曼·隆斯笔下的狼代表着一种自然秩序，即英勇抵制现代文明的侵蚀。在《狼王梦断》（1990）中，加裔美籍作家欧内斯特·汤普森·西顿塑造了"洛波"这一浪漫的亡命徒形象。

第三帝国时期对凶猛残忍的崇尚使狼又一次进入大众视野。阿道夫·希特勒本人绰号"小狼"，他还给各政府职能总部起了如"狼窝""狼谷"和"狼人"等名称。对于民众见他时的热情欢呼，他曾解释那是因为"一只狼诞生了"。二战行将结束之际，一支活跃在盟军防线后的纳粹突击队就叫"狼人"。从更实际的观点来看，纳粹是第一个引入野生狼保护法的政权。

不过，没过多久美国和其他国家也相继出台了相关法律。奥尔多·利奥波德在其文章《像山那样思考》（1984）中讲述了年轻气盛的他如何见狼必杀，并在山坡上射杀一条母狼和其狼崽的故事。这篇表达内心悔过的文章在美国自然写作名篇中或许可拔得头筹：

> 当我们到达那只老狼的所在地，正好看见她眼中燃烧的绿光正在消亡。这时，我意识到，并且从此以后也如此思考，那双眼睛里有某些对我来说全新的事物，是某种只有它与山才了解的东西。我那时很年轻，正是躁动不安的年龄。我当时总觉得，狼越少，鹿就越多，因此，没有狼的地方就意味着猎人的天堂。但在看过这垂死的绿光后，我感到，无论是狼还是大山都不会同意这种观点。

大概从那时起，美国环保人士在利奥波德的领导下开始维护狼作为自然环境不可分割之部分的权利。

政府保护之下的美国狼群数量于20世纪后半叶开始回升。1963年，自然主义作家法利·莫厄特根据他在阿拉斯加短暂的野外考察经历出版了小说《与狼共度》，其中塑造了一对名为乔治和安吉拉的阿尔法狼形象，描绘了一幅理想的狼族家庭生活场景。小说出版后迅速热销，莫厄特对狼族婚姻忠诚的赞誉引发了人们的共鸣，因为当时离婚成为社会中人们越来越关心的话题。20世纪90年代，克拉利萨·品卡罗·埃斯蒂斯出版了畅销书《与狼共奔的女人》，作者以狼象征"野性女人原型"——那些虽整日围绕丈夫孩子生活但仍保留有与自然原初联系的女性。

今天，在美国和世界大部分地区，人们对狼的热爱依然不减，各种海报和首饰上都能找见它们的踪影，然而，古老的内心矛盾依然作祟，对狼的憎恨也会出其不意地爆发。尽管各大农场主强烈反对，美国黄石国家公园还是在20世纪90年代重新引进了狼。

第七章

美人鱼的伙伴

尽管人类早已对地表进行了深入探索，但（至少）直至今日，广阔海洋仍保留着它的亘古神秘。现代科学已证实，生命出自深海这一神话传说里的说法。在古老的传统中，海洋环绕陆地及其地上王国，保留着原始洪荒。对古先民而言，大海如无比丰产的子宫，各种生命形态从其中不断产出。海洋中的生物多样性远胜陆地，其中，各类脊椎动物因其身体结构上的相似使它们易于人类观察，而许多无脊椎生物，如章鱼、蛤、海葵等，似乎与世上其他生物无涉。大海中，动植物间或生死间的界限模糊。在毫无阳光的深海，多数生物都能自体发光。这种"生物发光"现象原本仅限个别陆地生物，如蘑菇和萤火虫，如今发现许多海洋生物都具备如此功能，如水母、章鱼、鱿鱼、海星、蛤、海葵以及鱼类等等。这些生物在海中自体带光，有点像天体或天堂圣人。

蛤、章鱼、海星、乌贼与螃蟹

> 这海中怪兽千古无梦地睡着，
> 睡得不受侵扰。幽微的阳光，
> 飘忽在它影影绰绰的身躯边，
> 在它上方巍然是千年大海绵，
> 而在极其悠远的黯淡光线中，
> 从许多奇特岩穴和隐蔽洞窟，
> 无数硕大无朋的章鱼往外涌，
> 来用巨腕扇这酣睡的绿怪兽。
>
> ——阿尔弗雷德·丁尼生勋爵《海中怪兽》

据赫西俄德《神谱》记载，当天神乌拉诺斯被克洛诺斯砍掉阴茎，其精液掉落并滋养大海时，爱神阿芙洛狄忒便从中诞生了。由于阿芙洛狄忒生于海中泡沫，因此，画里的她有时会出现在一片漂向岸边的贝壳上。贝壳（船体形状由此而来）后被用作基督教受洗礼上的圣水钵，人们也将其与兼具其他异教女神特征的圣母玛利亚相关联。海星在拉丁语中被称为"Stella Maris"（或"海洋之星"），其命名源自水手的守护者——圣母玛利亚。在世俗文化中，海星是慷慨富饶大海的有力象征。过去的水手靠夜观天象航行，因此，海星常以其触须为人们指引方向。

贝壳曾在很多文明中被当作钱币使用。北美东部森林地带的印第安人最初使用的正式货币就是用线串起来的蛤贝珠（Wampum）。独立战争以前，英格兰银行不允许美洲殖民地自行印发货币，但那时欧洲的货币流通又出现了短缺，于是殖民者常用蛤贝珠做替代品。1761年，新泽西州甚至出现了一座生产蛤贝珠的工厂。人们常视活蛤为谄媚虚伪之物，因此，比起活蛤，死蛤有着更生动的象征意义。"像蛤一样快乐"的表达是形容那些粗心大意、无忧无虑的人。

近期研究表明，章鱼异常聪明，其富于感染力的表达方式（至少从人类视

19世纪中叶美国插画：被章鱼攻击的男子

角出发）可能在无脊椎动物中独具一格。章鱼不仅能通过变换体色表达心情，其各异的动作姿势也相当传神。对此，人类既感困惑又欲罢不能。在克里特岛和其他早期爱琴文明波及之地，章鱼是各类瓶罐、手工艺品上的常见图案，其触手往往被融入不同样式的曲线中。在基督教文化里，章鱼为迷惑其他生物喷出墨汁的行为使它们成为魔鬼的象征。有时，繁多的触手也让它们代表好色淫乱。画中的章鱼常作为深海的守护者出现在沉入海底的宝箱上。

2010年世界杯，德国奥伯豪森水族馆的章鱼保罗因成功预测德国国家队所有七场赛事和总决赛（荷兰VS阿根廷）的比赛结果而成为世界明星。预测时，人们会将保罗置于装有贝壳（mussels）的代表比赛双方球队的容器间，保罗拿起哪个容器中的贝壳哪个球队就可能获胜。据计算，统计学家们认为保罗的成功率并不大。难道保罗的存在只是一种心理暗示？如果不，那它所取得的成就正是其非凡能力的明证。现在，有很多动物被用来预测体育赛事，如巨蟒、母牛、水獭、大象等，但都不及保罗准确，它们因此也不如保罗有名。

尽管章鱼和乌贼在外形上不怎么一致，但二者仍紧密相连并容易被相互混浠。乌贼比章鱼更具攻击性，它除了有章鱼具备的八条腿外，还有两条用来捕食的长触须。16世纪瑞典博物学家奥洛斯·马格努斯（Olaus Magnus）以及后世很多探险家都报道过大到足以掀翻船只的乌贼。19世纪70年代，几只体型巨大的乌贼（其中一只长约55米）被冲上挪威海岸，这一事实是水手对持怀疑态度的科学家的完胜。古代传说故事中各种怪物的原型，如从奥德修斯船上抓船员的斯库拉，可能就是乌贼。

水天共色，遥相呼应。许多深海生物（如章鱼和龙虾）有时也有自己在天上的对应星座。当赫拉克勒斯大战七头蛇时，天后赫拉放出巨蟹（Cancer）袭击他。虽一手挥舞火炬另一手握剑，大力士还是将其紧紧踩于脚底。日本有一种螃蟹被称为"武士蟹"（Heikeopsis japonica），据说是由坛之浦海战中投海自尽的平家武士亡灵幻化而来的。依据传说，每只"武士蟹"背部都有一张死去武士的面庞。

比之自然界其他物种，以上讲到的生物都或多或少有些非比寻常。或许人类之所以对它们着迷，也是因为我们本身就与众不同，时常自感身处自然界的孤立无援。很多动物以其似是而非的方式展现着人性的某一点，比如，螃蟹的之字形步态表现了人类犹豫不决的秉性。以上动物的存在使神秘国度变得触手可及，于是，它们的遗留物，如贝壳，在19世纪成了到沿海城镇游玩的游客最喜爱的纪念品。

海豹与海豚

那受伤的海豚,那破碎的大海。

——W.B. 济慈《拜占庭》

海豹和海豚都是与人类关系密切的水生哺乳动物。海豹通常会花很多时间在海岸岩石上晒太阳,从远处观察人类。如果有人靠近,它们则会四散跳进海里;但有时即使在人数众多的海岸,它们也不害怕。

在水中悠游自在的海豹到了陆地却显得笨拙可爱,萌态十足。民俗学家大卫·汤普森(David Thompson)曾写道:没有哪个动物,"连野兔都没对人的心灵产生过如此梦幻的效力"。美国诗人哈特·克莱恩在其诗歌《航海》末尾提到:

两只表情酷似人类的海豹,雄海豹正凝望轮船,暗示了与人类的亲缘关系(选自一本英国自然历史书,1850)

"海豹的宽大浪花望向天堂。"每当海豹远望人类居所，它的眼中总充满好奇，这正如居住在海边的人们对大海的感觉。在有些传说中，海豹是溺水而亡的人的灵魂。据凯尔特传说记载，弗摩尔（Fomorians）国王独眼巨人巴罗尔（Balor）曾听先知预言，说自己会死于孙儿之手。为逃避厄运，巴罗尔下令将女儿艾丝琳（Ethlinn）的孩子全部扔进大海，却没想其中一人幸免于难。那长大后重返故国并彻底击败巴罗尔的孩子后来成为光与太阳之神鲁格（Lugh），而其他沉入深海的孩子则变成了海豹。

古巴比伦时期，人们就在壁画上描绘美人鱼和人鱼，从那时起它们就成为神话、传说的有机组成部分。许多民俗学家认为，那些有关美人鱼的传说最初来自人们对海豹的观察，而另一些人则认为人们观察的是海牛（海豹的近亲，虽然外表差异悬殊，但运动力上与人类接近）。总之，水手们不难发现雌海豹含情脉脉的眼神。在英国和爱尔兰的民间传说中，海豹精晚间会脱去海豹皮变身人类，来到海滩跳舞狂欢。有时，人们会设法偷得少女海豹精的皮毛，与之结合，但那些新娘总会找到皮毛重返族群。英国、爱尔兰西部及北部海岸的很

画中这对雌雄人鱼充满了许多栩栩如生的细节，他们集合了地上、海中诸多生物的特点（选自乌利塞·阿尔德万迪《动物志》，1642）

多居民都将"海豹人"视为他们的祖先,一些人还展出有蹼的手以证明其渊源。在许多口头传说中,陆地生物(如母牛和绵羊)都有其水中对应物。居住在苏格兰海岸线上的人们就认为海豹是"海中人"。

地中海周围的海豚与上文中的海豹处境相似。那里的海豚虽然只能待在水里,但它们会跟随船只,有时还会腾跃空中。世间流传着许多关于海豚拯救落水之人的故事,有些也许是真的。海豚上扬的嘴角在人们眼中好比永恒的微笑。希腊人格外偏爱海豚,将它们与海神波塞冬联系在一起。海豚经常驾驶波塞冬的敞篷马车,与海仙女涅锐伊得斯和人鱼特里同斯(Tritons)同为海神随从。老普林尼曾写道:"海豚不惧人类,对人不感陌生,会在行进的船只旁跳跃嬉戏;当船只全速前进时,它们还会与之比赛。"

阿波罗被称为海豚座(Delphinius)或海豚之主(Lord of the Dolphin)。在荷马时代的颂诗《敬阿波罗》中,太阳神在寻找神庙祭司时瞥见一艘来自克里特岛的海盗船,于是,他变身成一只巨豚跃上甲板。船员们惊惧万分,竟忘了降帆,结果海风把他们带到了位于特尔斐的神庙。之后,阿波罗又变成一位青年并告诉那些海盗,他们将成为圣殿守护人。

海豚作为阿波罗的幻影对酒神狄俄尼索斯来说同样神圣,并且,两位神祇在特尔斐共享同一神庙。据阿波洛道鲁斯、奥维德等人记载,狄俄尼索斯为到达距克里特岛不远的纳克索斯岛(酒神祭祀的中心),曾租用过一条海盗船。途中,有眼不识泰山的海盗不仅驶过了目的地,还打算将酒神卖做奴隶。就在他们欲行诡计之时,一只黑豹突然现身,船桅和船桨变成了猛蛇,船上密布常青藤,震耳欲聋的长笛声逼得海盗发狂。他们惊惧万分,纷纷跳进大海变成了海豚。

或许是因为海豚富于节奏感的腾跃,人们才称赞其热爱音乐。在希罗多德记载的一则广为流传的故事中,举世无双的竖琴师阿里翁乘船前往柯林斯,途中,船员们谋其钱财欲将他杀死。阿里翁恳求船员让他在后甲板上歌唱一曲然后再结束自己的生命,水手们很高兴听到他的歌声,便答应了他的请求。一曲唱罢,阿里翁从船上纵身跳下落到了海豚背上,之后海豚将他带到了目的地。后世的基督徒将阿里翁视作殉道者,那只身背阿里翁的海豚则象征救世主基督。

为纪念阿里翁得救,人们在柯林斯矗立起一座人骑海豚的雕像,人骑海豚这一意象在希腊罗马各类艺术品中也很常见。在纹章和钱币图案方面,海豚很早就代表了港口城市。古罗马人认为海豚在所有动物中速度最快,而它们从提

在这则伊索式寓言中,猴子在听过阿里翁的故事后模仿人类骑在一只海豚上(J.J.格朗维尔绘,选自《拉·封丹寓言故事》,1839)

斯特国王起便出现在了古罗马钱币上。币面上的海豚一般被船锚环绕,并刻有"稳中求进"(Festina lente)的字样,像一句箴言。

有关海豚的口头传说大多属于海洋文化,并在许多国家间呈现相似相通的特点。因海豚与人类极其相契,水手们经常观察它们的举动以推测天气或偶尔占卜战事吉凶。史诗《平家物语》成书于13世纪后期,描写了日本中世纪平、源两氏的争斗。书中,一群海豚(约两千只)在决定性战役坛之浦之战即将打响之际突然现身,一位平家祭司预言:"若海豚浮在海面并洄游,源氏将战败;若海豚潜入水中并游过平氏船底,平氏一族则危在旦夕。"预言一出,海豚就潜入平氏一方的船底,指挥将领们立刻意识到他们将注定兵败。

不过偶尔,海豚对人类表现出的亲近友好也被理解成为爱情悲剧鸣不平,这时的海豚音好似一曲苦乐参半的挽歌。在一则印度尼西亚民间传说中,丈夫因妻子把鱼拿给继子吃而殴打她。女人带着累累伤痕来到海边清洗浑身血迹,却发现自己的身体自腰部以下变成了海豚。之后,改过自新的丈夫为弥补过错亲自出海寻找妻子，最后竟也变成了一条鼠海豚，但二人再没相聚。

伴随大型机械化轮船的使用，传统海洋文化已不似从前，甚至连海员也不像前工业时代那般与海洋亲近。然而，随着从重视体能向关注心智的转变，人们再次对海豚产生了兴趣。海豚被誉为最聪明的动物之一，20世纪的大众作家和一些科学家都认为海豚可能有如人类般丰富多彩的口传文化，一些科幻小说家甚至设想海豚最终可能挑战人类权威。

孤独感（而非智力因素）让我们与海豹、海豚亲近，也或许因此引发了它们对人类的兴趣。海员们酗酒、滋事、嫖妓的恶声虽然也算实至名归，不过，过去他们的生活的确苦不堪言。独自在宽广的大海生存，任何爱的奇迹都有可能在他们身上发生。

第八章

家禽家畜

从乔叟到传奇人物伊索，再到更早的古代作家笔下，仓院一直是一块冒险乐土。比之21世纪驯顺的家禽家畜，它们的远古同类更野性。人类对动物的冷酷屠杀从未改变。因此，对它们而言，与人共处就成了一种命数。在被宰杀以前，牲畜们更应提防狐狸和其他猎食者。篱笆将仓院与毗邻的树林分隔，而农田则是文明与野蛮间的最后边界。因此，在很多方面，农场动物是第一道防线。尽管农民会宰杀食用牲畜，但他们也会保护牲畜。食肉动物的掠夺就能引起公愤。家禽家畜会被经常用来象征人类社会。比如公鸡象征家庭守护者，而母鸡更具母性。随着现代社会的到来，家禽家畜的自由好日子逐渐远去。在埃尔文·布鲁克斯·怀特的小说《夏洛的网》中，阴影虽不时闪现，但仓院里的动物还能自由生活，而在同一时期出版的《动物农场》中，仓院则成了集权国家的象征。21世纪，人们又开始在郊区、院落甚至是城区屋顶饲养牲畜（以养鸡为主）。

公牛与母牛

一个没有智慧的显达，

正如待宰的牛。

——《诗篇》（49：20）

旧石器时代在法国、西班牙以及欧洲其他地区的洞穴壁画中，公牛和母牛形象已占据重要地位。在拉斯科洞穴的主洞中就有五头巨型公牛点缀天花板，在卡塔·于育克（土耳其境内靠近杰里科）的一些房屋建筑中，巨大的牛头泥塑从地面一直延伸到四周墙面，这些拜牛圣址可追溯至公元前9世纪中期。类似的神殿还在地中海多地被发现。人们慢慢才对这些庞然大物放松了惊惧之心，直到公元前3000年左右欧洲人开始圈养牛群，这远远晚于对其他动物如狗、绵羊和山羊等的饲养。

在拜火教中，人与公牛紧密相连，其经文中有讲道，善神奥尔穆兹德（Ohrmazd）在创世第五步造了一头"如明月般闪耀"的白牛，接下来才造出原人迦约马特（Gayomart），然后，又从"天光与清风"中取得人与牛的种子，如此，二者才能子孙永续。当世界末日来临时，琐罗亚斯德的后人索什扬（Soshyant）会献祭一头名叫哈德赫昂斯（Hadhayans）的巨型公牛，并用牛身上的油制作长生不老药。

作为体型最大的家畜，古代地中海地区公牛是人们首选的祭品。牛皮、牛骨和一小部分牛肉会被献给神灵，而剩下的供人享用，不过，有些人却认为这一做法对神不敬。在一些重要场合，希伯来人会施行"大屠杀"，人们会献上整只家畜。《圣经》中还详细描写了祭司授衔礼上献祭公牛的过程：其中，一部分牛血被抹在圣坛四角以使其洁净，其余的泼洒在地；牛身的每部分都严格按照仪式要求处理（《利未记》8：14—17）。

在希腊，公牛被献给宙斯，而罗马人则将它献给朱庇特。屠杀公牛是密特拉教宗教典仪的核心，其程式并不亚于罗马帝国晚期在基督徒中流行的祭牛仪式。在狗与其他动物的陪伴下，密特拉神会在世界末日那天将剑刺入一头巨牛体内以便万物重生。罗马帝国的艺术家们会将谷物发芽塑造为谷物从被屠之牛的伤口处生发的样态。

在一则希腊神话中，海神波塞冬送给克里特国王米诺斯一头巨型公牛，并期望他将其作为祭品给自己送回，却没想米诺斯独吞了巨牛。米诺斯的举动（或许影射人类首次驯养动物）引发了一系列严重后果：高大建筑拔地而起，非自然事件频发，百姓死伤。愤怒的波塞冬还让米诺斯的妻子帕西法厄（Pasiphaë）爱上一头公牛。帕西法厄命伟大的发明家代达罗斯（Daedalus）用木头造了一个母牛躯壳，自己钻进去与公牛幽会，并生下人身牛头的怪物弥诺陶洛斯。米诺斯深感羞辱，他令代达罗斯建造地下迷宫将弥诺陶洛斯囚禁在内。后来，米诺斯之子安德罗格奥斯（Androgeos）被雅典人杀害。作为补偿，米诺斯要求雅典人每年向克里特岛送七男七女，那十四个被安置在迷宫中的男女或被饿死或被怪物吃掉。雅典王子提修斯（Theseus）自愿前往克里特岛做人质，其间与米诺斯的女儿阿里阿德涅（Ariadne）相爱。恋人给了提修斯一团做标记的纱线和一把利剑，提修斯杀死怪物，顺着纱线折返洞口，与阿里阿德涅共同逃出了克里特岛。

以上故事是希腊人对劲敌克里特人及其宗教，尤其是生殖崇拜仪式的讽刺。希腊神话中的庸君米诺斯曾是克里特的实际统治者，他称公牛为自己的祖先，克诺索斯王宫中也确有地宫存在。弥诺陶洛斯是克里特神祇，在希腊人眼中他反常怪诞；在基督徒眼中，因其头上的长角和居于地下的习性，他被视为魔鬼。

在克里特古代壁画中，杂耍演员能空翻到牛背上。在英雄史诗《吉尔伽美什》中，象征可怕旱灾的天牛在公元2世纪差点毁了强大的阿卡德帝国。天牛被降凡间以惩罚人类，因为吉尔伽美什和他的同伴恩奇都（Enkidu）砍伐了黎巴嫩雪松林，并杀死了守护者芬巴巴（Humbaba）。史诗中，那天牛一眨眼便可杀死成百上千的人，可二人毫不畏惧：恩奇都双手抓住牛角腾翻到一边，吉尔伽美什紧跟着一剑就结果了天牛。虽然有此类故事存在，但牛崇拜还是在两河流域延续了下来，那里的人们将天牛视作天空之神阿奴和风暴之神阿达德。在两河流域的许多绘画作品中都有牛人画像，有学者认为其中的一些代表恩奇都。

在埃及，神牛阿比斯（Apis）是创世之神普塔（Ptah）的化身，它是天火降临到一头母牛身上母牛受孕而生的。祭司们只有通过它身上的特殊标记（全身黑色，额前有白色倒三角，两肩横跨如秃鹰侧影形状的印记，身体两侧各有一枚新月，舌头上还有一个形似甲虫的胎记）才能在众多牛犊中找到它。神牛一

希腊绘画中一头被引去神坛待宰的公牛

旦被找到，人们会载歌载舞，为它举办盛大游行，妇女们向它祈求子嗣，（祭司们）为它举行神圣仪式，最后把它牵至普塔神庙直至其终老。神牛死后，人们还会为它举行隆重葬礼并把它献给死神奥西里斯，然后再寻找新的"接班牛"。

尽管信奉人化神的古希腊古罗马人有时觉得埃及的动物神既奇怪又原始，但他们还是很尊敬神牛阿比斯。在希罗多德的记载中，波斯国王冈比西斯在征服埃及后亵渎阿比斯：他傲慢地将匕首刺进神牛大腿，还命人鞭打神庙祭司，并以死罪逼迫他们不得庆祝任何节日。无人照管的阿比斯孤独地死去并被悄悄埋葬。不久后，众神令冈比西斯突然发狂，失去理智的他杀死了自己的兄妹与许多亲信。最后，当他试图反抗神意时又无意间刺伤了自己的大腿，其所伤部位与被刺神牛的正好吻合。惊恐万分的冈比西斯意识到自己已遭诅咒，后来伤口感染坏疽，很快就病逝了。

以色列人在出逃埃及时崇拜的金牛是神牛阿比斯的另一化身。希伯来人一直不断与古老的动物崇拜做斗争，摩西还为此残忍地杀死了两千人。今日的斗牛再现了古人对牛崇拜的抵制。但值得注意的是，在科学技术如此发达的今天，我们竟仍需这般仪式来确证"物制于人"。

以牛形象出现的古代神祇还包括希腊酒神狄俄尼索斯、腓尼基摩洛神和叙利亚的阿提斯。印度教中的创造之神湿婆常身骑白牛，因此，牛在印度大部分地区受人尊重。牛在远东的文化中也很重要，只是少了些敬畏多了点亲密。牛是中国十二生肖之一；圣人老子常骑在水牛背上，小孩们也会骑在水牛背上吹

亚述萨尔贡宫殿中的一头带翅公牛

笛子。牛在亚洲既受钦佩又得喜爱。

与其他很多动物（如猫和狗）一样，动物崇拜最终会发展为动物驯养。与之相似，宗教敬畏往往会演变成经济权力。钱币的价值最初是根据其牲畜购买力来衡量的，而最早的钱币上大都印有牲畜图案。在荷马时代，一金塔连特的价值相当于一头公牛。"pecuniary"（"与钱相关的"）一词源自拉丁语"pecus"（意为"家养动物"）。有关投资（investments）的许多表达，如增长（growth），也可回溯至以牛羊数量为主要财富衡量标准的时代。

奇怪的是，英语中并没有指代公牛和母牛的单数词语，最接近的一词或许是听上去有点学究的"bovine"（与牛有关的）。在提及"兔子"或"蜘蛛"时，我们可能不太确定所指之物的性别，但对公牛或母牛来讲，性别与它们的身份如此紧密相关以至连单个词语都少不了性别划分，这在其他语言如拉丁语中也如此。公牛和母牛在人类宗教史上极其重要，但象征意义的悬殊有时会让人觉得它们是两种不同的生物。公牛一般与生命力有关，而母牛则与母性相连。

母牛常因其产奶能力受人崇拜，且它们很少被当作祭品。在北欧神话中，母牛欧德姆布拉（Audhumbla）被从融化的霜冻中造出后创世才开始，是它用奶水河中的奶水喂养了巨人尤弥尔（Ymir）。欧德姆布拉舔食寒冰上的盐粒，在其舔舐下，冰中逐渐出现了诸神始祖布利（Buri）。

埃及女神哈托尔常以母牛现身。作为爱、音乐与丰饶之神的她备受世人喜爱，不过，哈托尔的内心有时也会充满仇恨因而变得极其凶险。在古希腊神话中，天神宙斯的妻子赫拉被诗人荷马称为"母牛眼"，或许在更遥远的古代她就与牛有关。宙斯常与凡人私通。在一则传说中，正与少女艾奥欢情的宙斯被赫拉撞见。为掩盖过错，宙斯将艾奥变成一头母牛。看穿丈夫把戏的赫拉派出一只苍蝇，追着变成母牛的、可怜的艾奥满世界地跑。

母牛形棺椁曾在古代埃及及其他一些地区出现过。据希罗多德记载，法老孟卡拉（Mycerinus）的女儿在临死前问法老，自己是否仍可一年见一次太阳。因失女之痛悲怆欲绝的法老命人用木头给公主打造了一座母牛形棺椁（表面贴金，内里中空，两支牛角间镶嵌一颗代表太阳的金球），棺椁旁常年摆放长明灯，人们每年还会把棺椁抬出墓穴，将其放到阳光下。

有价值的东西往往易引发争执。在古代，偷盗牛群时有发生，这种事甚至有可能引起战争。在希腊神话中，尚在襁褓的小赫尔墨斯（其后成为众神使者）偷

古埃及女神哈托尔化身母牛时的不同造型

了太阳神阿波罗的牛群，杀死其中两头后把剩下的牛藏进山洞。吃完牛肉的赫尔墨斯把牛肠绑到龟壳上制成了第一把弦乐器——里拉。能预知未来的阿波罗很快找到了偷牛者并要求归还牛群，赫尔墨斯的母亲袒护儿子说其还是个婴儿不会偷牛，但最后只得到里拉的阿波罗反而成了音乐的守护者。在人类历史发展的某一阶段，对财富的衡量大多以牛群数量而非钱财为准，但对从古希腊至今的巨富而言，有钱与否往往要看是否拥有珍贵的艺术收藏品，像托马斯·梅隆、安德鲁·卡内基、约翰·皮尔庞特·摩根、约翰·戴维森·洛克菲勒以及保罗·盖提这样的巨擘都非常热衷收藏。赫尔墨斯与阿波罗的这桩交易对比了两种财富：以牲畜形式存在的有形财富和以艺术品为载体的精神财富。

古凯尔特史诗中最重要的或许要属《夺牛长征记》（*Tain Bo Cuailnge*）。故事开始时，女王梅芙与丈夫艾利尔（Ailill）正互比财富，他们一件件细数了包括衣服、珠宝、羊群在内的财产。除一头长有白色牛角的神牛（Finnbennach）外，女王拥有的财富足以胜过丈夫，但爱尔兰全境又仅有阿尔斯特省的公牛唐·库利（Donn Cuailnge）能与神牛比肩。女王梅芙决定将库利收入囊中却遭拒绝，于是，她派军队去强取库利。英雄库·丘林（Cu Cuchulainn）英勇地保卫着阿尔斯特，可多次交战后女王还是夺走了库利。故事结尾，击败神牛的库利也因身负重伤倒地而亡。这则故事与许多美国西部片中的情节不无相似，在廉价简装书和早期电视节目中，曾经流行的那些西部故事里偷牛经常会引发流血冲突。

即使历经千年驯化，牛身上仍保留着某种超自然属性，至少在大众心里，那些与牛联系在一起的事物似乎都会多一份雄浑之力。例如，古代史诗里的英雄、阿根廷牛仔和美国西部牛仔。吃牛肉依然与力量、男子气概有关，身材健美的男性还被称为肌肉男"beefcake"（beef，牛肉；cake，饼。字面意思：牛肉饼）。

即使文化氛围不再认同于祖先模式，它们仍会顽强存留。尽管基督教严禁献祭动物，但中世纪的动物寓言里依然经常出现基督的象征形象——作为食物被杀的公牛。1522年，急于消除黑死病的教皇利奥十世允许在古罗马竞技场内献祭公牛——但无济于事。在英格兰的农场类似献祭仪式从未中断，甚至到20世纪，人们为阻止疾病或巫术还会这样做。那些被献祭的公牛有时死得很惨，如被倒置着活埋或被活活烧死。

西班牙国王查理五世为庆祝自己喜得贵子（其子后成为菲利浦二世）曾在集市上公开杀牛庆祝。在对动物祭仪的传承中，最值得注意的当属西班牙与拉美的斗牛表演。斗牛运动的盛行大约起始于16世纪，即人类刚迈入现代文明之

阿尔布雷特·丢勒为塞巴斯蒂安·勃兰特的《愚人船》所绘插画，表现了人们对金牛犊的崇拜

时，而其现存的烦琐而隆重的仪式可追溯至18世纪末前后。为激怒斗牛，人们会将它们禁闭在漆黑的室内，然后再将其暴露在圆形运动场的强光下。与此同时，马背上的斗牛士会不断刺激公牛，等它们筋疲力尽，斗牛士便会用剑向它们猛刺过去。英姿飒爽、技艺高超的斗牛士战胜野蛮公牛象征了"文明"对"野蛮"的胜利。尽管残忍，斗牛士却坚称他们尊重甚至热爱公牛。从更理智的角度出发，斗牛的魅力（与古代祭祀相似）或许基于这一认识，即由死亡释放的宇宙能量能滋养万物。

公鸡与母鸡

> 那鬼魂正是在鸡鸣之时隐去，
> 有人说，每当节日将至，
> 我们欢庆救世主的诞辰，
> 这报晓的鸟儿总会彻夜长鸣，
> 那时，他们说，没有鬼魂可以出外行走；
> 夜晚空气清新，没有一颗星星刺人耳目，
> 没有哪个仙女或巫婆可以施法用魔，
> 一切都如此圣洁如此美好。
>
> ——威廉·莎士比亚《哈姆莱特》（第一场，第一幕）

据伊良在公元2世纪记载，两座希腊神殿被一条河流分开，其中一座供奉赫拉克勒斯，另一座供奉他的妻子赫伯。供奉男神的神庙中饲有公鸡，母鸡被养在女神庙里。公鸡每年会渡河一次与母鸡相会并带走母鸡产下的小公鸡，留下小母鸡让母鸡喂养。这种安排貌似很不合理，因为公鸡在一起免不了互相争斗，所以一个仓院只有一只公鸡。不管怎样，这则故事展示了鸡的与众不同之处，即公鸡和母鸡更受性别限制，就好像它们不是同一种生物似的。从古埃及至古希腊，人们确实会为着祭祀的用途在神庙中饲养公鸡和母鸡。祭祀时，它们的内脏常被用来预测未来。

近代以前，城市居民还会依靠黎明时分的鸡鸣报晓。从古代到中世纪的大部分时间里，公鸡在特定时间啼鸣意味着士兵换岗。据说，它们有一枚胜利戒指可以吓跑黑暗之灵。《圣经》中，彼得拒绝承认认识耶稣，公鸡的鸣叫却唤起了他的良知，使他流下悔恨的泪水（《马太福音》26：75）。公鸡的红鸡冠使其与太阳紧密相连，人类时常称赞公鸡生性凶猛，就好像它们能主宰仓院一样。

在东亚，公鸡也与太阳有关。鸡在中国十二生肖中排名第十。在一则日本传说中，天照女神（Amaterasu）对风暴神的粗暴感到很气愤，愤懑地躲进一座

山洞，留给世间一片黑暗。当公鸡报晓时，她很好奇没了自己黎明是否会来到，于是便走到洞口探出脑袋看个究竟，却发现外面早已一片大亮。

与公鸡相比，母鸡象征居家生活与慈爱的照拂。特别是在孵小鸡的时候，母鸡心无旁骛，甚至不关心公鸡。《圣经》中，耶稣说："耶路撒冷啊，耶路撒冷啊！……我多次愿意聚集你的儿女，好像母鸡把小鸡聚集在翅膀底下，只是你们不愿意。"（《马太福音》23：37）

早在基督之前，公鸡就象征复活，它们也与希腊医药之神阿斯克勒庇俄斯相连。作为凡人医者，阿斯克勒庇俄斯曾使死人复活。柏拉图对话录《斐多篇》记录的苏格拉底最后的言辞："克里托，我们应该给阿斯克勒庇俄斯送去一只公鸡，千万别忘了。"苏格拉底或许是想在死前感谢神灵对他灵魂的抚慰。

由于斗鸡这项运动非常古老，且十分普遍——只要有公鸡存在的地方就有斗鸡——所以许多考古学家认为，人们饲养它们最初是为斗鸡而非食用目的的。斗鸡誓死战胜对手的意志使它们成了武士精神的代表。像在马拉松和萨拉米斯战役前，军队指挥官们会让战士观看斗鸡以鼓舞士气。执政官特米斯托克力曾下令每年在雅典举行斗鸡以纪念希腊战胜波斯。斗鸡也常被用来预测战争胜负，在《平家物语》中，一位地方幕府将军用斗鸡帮助自己决定到底应该和作战的哪一方联手。他让七只代表源氏的白鸡与七只代表平氏的红鸡相斗，当所有白

两只公鸡正为争夺母鸡而战（J.J.格朗维尔绘，选自《拉·封丹寓言故事》，1839）

在这则由拉·封丹重述的中世纪寓言中，公鸡智胜了狐狸（J.J.格朗维尔绘，选自《拉·封丹寓言故事》，1839）

鸡获胜后，他便知道源氏将得胜。

17世纪初，博洛尼亚博物学家乌利塞·阿尔德罗万迪曾记载两位友人围坐在桌边享用烤鸡的情景。其中一人无意间说道，即使耶稣基督也无法让烤鸡复活。话语一出，那盘中鸡立刻跳起，溅了两人一身调料，还把他们变成了麻风病人。这则故事的爱尔兰版本中，一群不信神者围坐篝火旁，火上正炖着公鸡，其中一人说："我们已埋葬了基督。跟锅里的鸡一样，他再无起死回生的力量。"话语未落那公鸡便瞬间跳起并鸣叫三次："圣母之子已得救。"《法老王》（*King Pharim*）和其他一些圣诞颂歌便有此类传说配乐合成的内容。

由阿尔昆（查理大帝时期一位博学的宫廷僧侣）创作的故事中，公鸡也经历了类似的重生：一只正在侃侃而谈的公鸡由于马虎大意，突然发现恶狼的血盆大口已扼住自己的脖颈。公鸡恳求狼放歌一曲好让自己在死前听听美妙的狼嚎。狼答应了公鸡的请求，正欲张嘴唱歌，公鸡立马飞上树梢并告诫狼："妄自尊大者饿肚皮。"对一部分生活在中世纪的人来说，故事中的狼口象征坟墓或地狱之门，公鸡之所以得救不仅依靠自身机智还仰仗上帝恩典。此后的故事中，公鸡的敌人成了狐狸。这一故事本为伊索寓言《狐狸与乌鸦》的变体，从中世纪至当下，玛丽·德·法兰西等无数寓言作家都重述过它。

14世纪末，杰弗雷·乔叟在他的《坎特伯雷故事集》中略带讽刺地借用了这一故事。他在其中融入纹章象征与华贵的中世纪末宫廷生活，可谓极尽铺陈。变成贵族骑士的雄鸡腔得克利（Chauntecleer）有七只母鸡妻妾，其中一只名叫帕特立特（Pertelote），最得其宠爱，地位相当于正妻。在日常生活中，腔得克利和妻妾们的言辞都非常典雅正式，不是引经（《圣经》）据典就是满口西塞罗、加图。但最后，拯救腔得克利的并不是他的学识而是急中生智。正如乔叟所揭示的：不要轻信谄媚之辞这样的道理，尤其在贵族小姐们身上适用。

以雄鸡象征法国的说法至少可追溯至中世纪，但直到1789年法国大革命才变得流行起来。这一象征符号最初源自对一个拉丁词"盖拉斯"（gallus，兼有"公鸡"与"高卢"之意）的有意曲解。革命者希望与本国君主制与基督教传统决裂，新的共和国应该从曾经的"高卢"中"重生"。

由于公鸡与母鸡的差别如此明显，因此，任何混淆二者的做法都被视为愚蠢邪恶。与现代社会生物学家观察的角度不同的是，古人会从动物的行为中为"男尊女卑"等传统习俗寻找理由。在中国18世纪小说《红楼梦》中，出身名门的王熙凤就用古训"嫁鸡随鸡"教导那些未出嫁的闺女要顺时应命。

在德国、伊朗的传统观念中，母鸡若如公鸡般鸣叫则预示厄运，应被即刻杀死。中世纪，曾有一批下蛋的公鸡被判处死刑。亚历山大·尼卡姆曾在12世纪末前后写道，老公鸡下的蛋若被癞蛤蟆孵化便会产出能用眼神杀人的鸡蛇（cockatrice）。

如今，悠闲自在的仓院生活已近消失。尽管作为象征符号的公鸡仍可在麦片包装袋和其他许多产品上找到，但很少有人能在超市和餐桌以外见到真正的活禽。在美国全境和欧洲大部分地区斗鸡现在也属非法活动，但拉美或加勒比地区的人们仍热衷斗鸡，那里的人们坚信他们正在保留属于英雄时代的价值观。

山羊与绵羊

> 我不太确定那些没有接触过牧羊人的人是否会理解牧羊人与其羊群间的紧密联系。对于牧羊人，羊群的安全是第一位的，其他身后事务都可置之不理。整年所做之事都以牧羊为中心，他们保护羊群的不懈努力和对危险的防范令人敬佩。对于那些饲养羊群之人而言，世界上似乎只有羊值得记挂，即使其他动物绝种，都不值一提。
>
> ——罗杰·卡拉斯《十全十美》

绵羊、山羊和狗是第一批在最后一次冰河纪结束期间被人类驯化的动物。历经百万年，它们所产生的象征意义以及激发的行为模式已深入人类文明。绵羊、山羊或许是唯一同时赋予人类以生产方式和生活方式的动物。牧羊人通常情况下必须以羊群为活动中心，定期迁居寻找草场。羊群也激发了人们强烈的保护心理，提示他们必须时刻防备狼群甚至邻人的侵害。羊群结伴并跟随头羊的行为为理解人类社会提供了很好的范式。

绵羊产出羊毛和羊肉，以草为主食，不过也可饲养于不适耕种的山区。山羊产肉少，但产奶量大。它们的食物源几乎包括所有植物，甚至可以爬树采食树叶。在远古时代相对稳定的社会里，饲养羊群是最安逸的经济收入方式，因此牧羊人可能是第一批中产阶级。

《圣经》中该隐和亚伯的故事记录了早期游牧者和耕种民之间的冲突。亚伯将畜群中的头生羊献给上帝，而该隐则奉上自己耕种所产。上帝偏爱羔羊的奉献，因此，该隐杀死了亚伯（《创世纪》4：1—8），或许亚伯在其中充当了人祭。畜牧需要比农耕更多的土地，人口的增长逐渐让很多人转向田间耕作。然而，牧羊人这一职业在古代仍备受推崇，尤其在那些怀念乡土田园的城市居民中间。这种生活给予人们安宁与恬静。《神谱》中，希腊神话家赫西俄德描述了他如何成为诗人：当他在赫利山坡上牧羊时，缪斯惠顾了他。

埃及的阿蒙神（Amun）常被塑造成长着公羊头的神。希腊人把阿蒙神和宙

上帝垂顾亚伯的奉献，一旁的该隐满心怒火（19世纪中叶由朱利叶·施诺尔·卡豪茨菲尔德绘）

斯联系在一起，并认为当众神临时逃至埃及与提坦作战时，宙斯就以公羊现身。为纪念自己死里逃生，宙斯后来将公羊设为十二星座之一：牧羊座。宙斯的身世也与家畜有关。宙斯之母瑞亚将婴儿宙斯藏在克里特岛以躲避其父克洛诺斯的怒火时，仙女羊阿马尔塞哺育了宙斯。不久，阿马尔塞的一只羊角折断了，宙斯就把它变成了聚宝盆。

或许是因为绵羊和山羊与险要地形如此适应，希腊人才经常将它们与飞翔、隐匿相连。据荷马描写，为躲避独眼巨人波吕斐摩斯，奥德修斯趴进绵羊肚皮上的羊毛里。当法瑞克斯和赫勒的继母要拿他们献祭时，宙斯派来的金羊从空中俯冲下来将他们带走。赫勒掉进了海中，而法瑞克斯被带到科尔契斯，在那里他又拿公羊献祭。龙守护着放在树上的金羊毛，直到被英雄伊阿宋在美狄亚公主的帮助下偷走，而今天人们用金羊毛象征神秘历险中所要达到的目标。

希伯来人大都曾为牧羊者，包括亚伯拉罕、摩西、雅各和大卫在内的许多以色列长老都曾放牧过。上帝指示亚伯拉罕献祭自己的儿子以撒，一位天使在最后关头制止了亚伯拉罕并带他来到草丛中一只挣扎的山羊前，最后亚伯拉罕杀了山羊以代替以撒（《创世纪》22章）。这则故事通常被理解为上帝对信仰的检测，但一些哲学家认为这是对人祭习俗的抑弃。无论如何，它显示了以色列人和家畜之间不可替代的密切关系。在犹太人传说中，摩西牧羊四十年而无损一羊，上帝奖励摩西命他领导以色列。

当摩西降灾埃及，宣告每家长子必被杀，耶和华晓谕以色列会众：每户人家取无残疾的一岁公羊，将羊羔血涂在门框和门楣上以避祸（《出埃及记》12章）。犹太人为纪念此事会在春季的逾越节上就着羊肉吃无酵饼和苦艾草。众人所说的基督的最后晚餐可能就是逾越节圣餐。当今美国，烤羊羔肉仍是复活节晚餐上的一道特色菜。

另一种可在人类宗教中与山羊、绵羊比肩的家畜是替罪羊。《利未记》中，耶和华命亚伦带来两只羊，一只献给耶和华，另一只替罪羊送到旷野归于阿撒泻勒（16：7—10）。这则故事可能反映了希伯来人残存的遭强烈反对的异教思想。《利未记》第17章第7节中声明："他们不可再献祭给他们行邪淫所随从的鬼魔（如山羊及其他神祇）。"阿撒泻勒的替罪羊象征那些为人类罪恶受苦的人们，比如纳粹时期德国的犹太人。

《圣经》全文经常使用与畜牧有关的隐喻来表达宗教意味。《诗篇》23章的《主祷文》开篇：

耶和华，我的牧者，

我无所缺乏。

他引我来到静静水边，

安于青青草地，

使我重生。（1—3）

当施洗约翰第一次见到耶稣，他高声说道："看哪，神的羔羊，除去（或作'背负'）世人罪孽的。"（《约翰福音》1：29）耶稣同样将上帝比作称职牧羊人（《约翰福音》10章），这一比喻体现在大主教的曲柄权杖上（代表牧羊人的曲柄牧羊棍）。《启示录》中，"羔羊"一词暗指重返世间与邪恶决战的基督。马太认为最后审判中人被判入天堂或地狱的场景与牧羊人区分绵羊、山羊类似（《马太福音》25：32—33）。

犹太基督教传统中对山羊渐长的厌恶反映在他们对古代其他文化的崇敬。

希腊酒神狄俄尼索斯奔赴埃及躲避蟒蛇堤丰时，曾装扮成一只山羊。后来每年酒神节都要杀一只山羊献祭，这种仪式后发展为古希腊悲剧。

据某些神话记载，自然精灵潘是赫尔墨斯与一只山羊所生，与其他希腊神祇相比，潘犹如乡巴佬。因为潘长相丑陋，众神将其从奥林巴斯山放逐。潘游荡田野山林间，当他从蟒蛇堤丰身边溜过时，试图变成鱼，但因紧张只变了一半。作为十二星座摩羯座的代表，潘的形象是羊身鱼尾。"恐惧"一词也来源于此。如果哪个路人惊扰了午睡中的潘，他就会让那个人的生活充满恐怖和远方的孤寂。希腊罗马神话中人身羊首或人身羊角的半人半羊兽是潘的林间伙伴，他们常追逐仙女，但鲜有成功，它们还会与动物交配。

在希腊历史学家希罗多德的记载中，埃及人眼中的潘（即他们的公羊神克奴姆）在众神中最年长。他还记载，埃及门德斯省的人们非常推崇公山羊和羊倌。令希罗多德反感的是，据说人们竟允许公羊与女人公开交配。

在北欧神话中，伴随雷神托尔的两只神羊，往往先被献祭、享用，后得重生。在北欧，山羊与说因它旺盛的繁殖力还不如说以对险峻山地的适应能力受到崇拜。然而，中世纪绘画者笔下的恶魔形象，头上总顶着两只山羊角。

总之，自远古时代，绵羊和山羊就越来越多地被用来指代各种两极对立：绵羊代表女性，山羊代表男性；绵羊代表文明，山羊代表自然本真；绵羊是基督教的，山羊是异端的。这些象征意义自中世纪至今几乎保持不变，但人们对它们的看法却在不断变化。18世纪的田园诗经常怀念赞美简单纯朴的放牧生活。19世纪浪漫主义崇尚原始野性的思想使潘神成为希腊诸神中最重要的一位。这一选择充满讽刺，因为山羊啃食树木幼苗的习性确实给森林造成了极大破坏。不过，在从狩猎到开发探索的众多实践中，人们往往在破坏自然中，才仿佛开始对自然表示出最崇高的敬意。

与西方不同，中国从未对绵羊、山羊有如此明显的区分。事实上，它们经常是不分彼此。绵羊被引入东亚的时间晚于山羊。在东方艺术中，二者经常在同一幅画中一起吃草。中国十二生肖中的第八位有时被刻画成山羊，有时则是绵羊。山羊以它对孤寂远方的向往成为隐士的代名词，中国圣人很多也有如山羊胡那样的胡子。生活于公元4世纪的得道仙人黄楚平在隐世前就是一个牧羊人。他的兄弟找到他时，黄楚平已在山中静修了四十年。寒暄之后兄弟问他之前所牧山羊如何，黄指指散落山洞里的白石。当他用手杖触碰到白石时，它们一个个从地上跳起变成了山羊。

第九章

人类最好的朋友

宠物（养在家中仅用以陪伴人类的动物）是现代西方文化中的一个普遍现象。在此以前，人类只在居住地或其周边豢养动物。虽然人类饲养动物是为宗教祭祀或其他实用目的，但通过这一行为人与动物间却建立起了紧密联系。在古罗马，人们有时会在家中养蛇，并将其视为祖先之灵，这一习俗在今意大利和东欧部分地区仍有保留。笼中鸟为我们带来美妙音乐。在中世纪，狗是贵族府邸外出狩猎和看家护院的得力助手。猫和狗可以抓老鼠，鹰则能为我们捕捉兔子和其他小型猎物。矛盾的是，当机械工具逐渐取代动物的实用功能后，养宠物的人反而大幅增加了。据美国动物保护协会2011年统计数据显示，39%的美国家庭至少饲养一条狗，而另外33%的家庭至少饲养一只猫。某种程度上，这些动物是大自然的使者。不过，狗从20世纪中叶以来就密切地融入人类社会生活，以至它们能在多大程度上履行使者之职是存在疑问的。狗早已脱离了院中狗舍而移居家中，受到精心调教，吃狗粮，也很少能随意活动。今天，在各类广告和通俗文章里，拥有宠物的人被称为"宠物父母"而不是主人，宠物则变成了主人的"男孩"或"女孩"。20世纪末21世纪初，现代宠物饲养的新质逐渐引起学者们越来越多的关注，研究"人与宠物关系"的学术成果大量出现。学者们有时会用由唐娜·哈拉维创造的"伴生种"这一概念，因为它不仅包含了现代宠物饲养，还有在人与动物共同进化过程中曾经出现的人与动物的关系形式。

猫

> 猫是唯一成功驯服人类的动物。
>
> ——马塞尔·莫斯

蒙田在《向雷蒙德·塞朋德辩护》中写道："当我与猫咪玩耍时，谁能知比起我对她，她更把我当成了一件玩物？"接触或爱抚猫可能被电到！因为它们总爱到处乱蹭以至于皮毛产生静电。猫从高树或建筑物上掉落总能幸免，这令人深感神秘，也难怪它们在人们眼中神奇无比。猫硕大的眼睛在夜色笼罩下闪耀，而身体其他部分则笼罩在黑暗中，因此光束分外夺目。由于猫的两只瞳孔能伸缩以适应不同光线，所以它们似乎更像盈亏变化的月亮。

猫在许多方面看似很听话，但其行动中总涌动着力量与信心。让·谷克多称猫是"可见的家庭灵魂"。至少在大多数传统文化中，它们对家庭产生的强烈依恋是阴性的。猫与狗在许多家庭中的麻烦关系很像男人与女人的关系。我们可将家中的猫比作个人在公众生活以外保留的内心狂野，猫自信的举止代表人们向往但同时畏惧的神秘领域。

猫科动物的身材曲线和富于节奏的步伐很有女人味，所以许多古代女神都与它们关系密切。希腊月神阿尔忒弥斯为躲避蟒蛇堤丰逃至埃及并把自己变成了一只猫。黑豹是女神阿斯塔蒂（相当于希腊神话中的阿芙洛狄忒）的坐骑，画中她常直立在黑豹上。猫是印度生产女神莎诗蒂（Shasti，音译）的坐骑，北欧爱神弗蕾娅（Freya）则有一辆猫拉的四轮车。

在与猫有关的女神中最重要的或许是长着猫头女子身的埃及神祇巴斯特（Bastet）。我们所说的"puss/pussy"来源于巴斯特的别称"Pasht"。每年秋季的巴斯特女神节是埃及全境最隆重盛大的节日。每到那天人们载歌载舞，成千上万的人会乘船前往巴斯特神庙献祭，然后大吃大喝好几天。

埃及人会动用死刑惩罚那些未经许可的杀猫行为。据狄奥多罗斯·西库鲁斯报道，公元前1世纪中期，在罗马派往亚历山大的代表团中有个人不小心杀了一只猫，随后，一群不怕罗马当局惩罚的暴徒洗劫了那人的家。关于猫的很多迷信可追溯至古埃及时代，现在仍有很多人相信杀猫会带来厄运。

据希罗多德记载，在古埃及当家猫死去时全家人都会为之奉丧，全家人会刮掉眉毛以示悲伤。猫的尸体还会被带到布巴斯提斯（Bubastis），在那里经过防腐处理后，再举行仪式埋葬。如今，人们已从埃及古墓中发掘出成千上万具木乃伊猫。

传说由伊索创作的《少女猫》记录了用女性技巧战胜男性力量的故事。英国民俗学家约瑟夫·雅各布斯生动形象地重述了这一故事：

众神为事物能否改变其本性进行着激烈讨论。雷电之神宙斯说："对我来说，没有什么不可能，等着瞧吧。"说着，他抓起一只满身

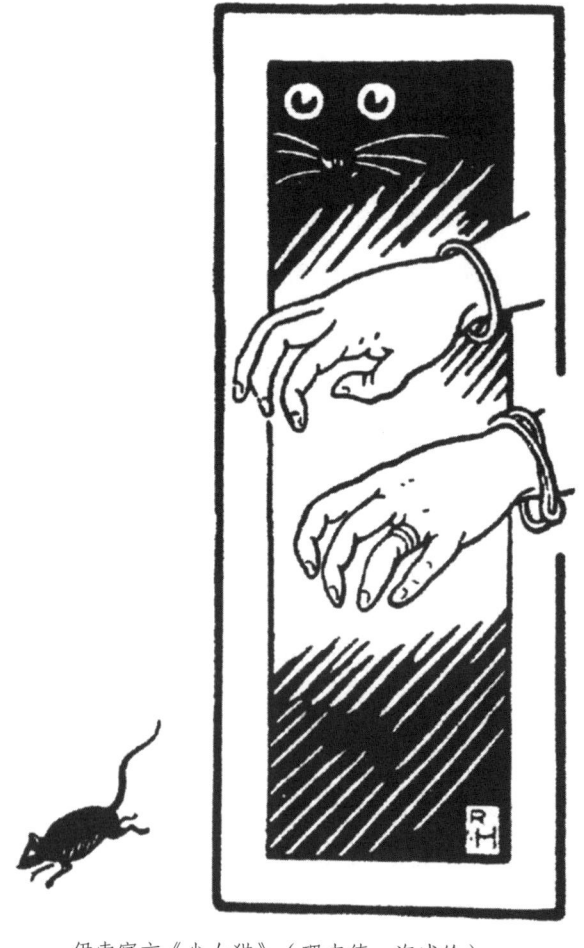

伊索寓言《少女猫》（理查德·海威绘）

疥癣的流浪猫，将其变成一位穿着优雅举止端庄的可爱少女，并安排她次日结婚。喜宴当天，隐身的众神默默地望着少女，宙斯自豪地说："看她多美多端庄，谁能想到昨天她还是只猫！""稍等！"爱神阿芙洛狄忒说着放出一只老鼠。少女看见老鼠就立刻猛扑上去用牙撕咬起来。

这则寓言有多个版本，有些可追溯至公元前5世纪的希腊。

我们可从《迪克·惠廷顿与他的猫》这则中世纪英格兰故事中了解早期商人如何看待猫。主人公迪克·惠廷顿是伦敦的贫苦少年，他努力工作赚钱买了只猫，后来把它借给船长，船长以高价将猫出售给一个为鼠疫所困的摩尔人国王。迪克变成了富人，还在13世纪末14世纪初当上了伦敦市长。这则故事很久后才被人记录下来。

猫一般被当作吉祥物养在船上并用于捕鼠。几乎所有水手都是男人，有时，水手们会认为船上有女人或只提提女人的名字便会带来厄运。而拥有阴性力量能调和大海与天气的猫经常是船上唯一的"女性"。水手们会通过观察猫的举动来预测天气：猫洗脸预示下雨，猫到处乱窜代表强风可能来袭，猫还知道船是否要沉。在航海中猫的每个举动都不是无中生有。

有关猫的迷信可谓不胜枚举。例如，黑猫代表坏运气，白猫代表好运气，有时或者反过来。在英格兰，水手们的老婆都会养黑猫，因为这可保佑丈夫平安返家，但在其他地区这一做法可能被误解为巫术。

欧洲文艺复兴时期猫通常被当作女巫的同伙，特别是在审判女巫时黑猫常被冠以此名。1620年，在沃苏勒被烧死的女巫让·布瓦尔（Jean Boille）曾声称，她在女巫安息日眼见魔鬼和众猫一同参加性交狂欢。与魔鬼所定契约就隐藏在女巫身上的猫爪印中，而黑暗女巫芙兰丹（Fraddan）会在夜晚身骑巨猫到处飞。13世纪初，巴黎主教纪尧姆·德·奥弗涅（Guillaume d'Auvergne）称，撒旦在其追随者面前以一只黑猫现身后，那些信奉魔鬼的人必须亲吻黑猫的屁股。

与魔鬼同样邪恶且有时几乎令人同样恐惧的还有爱尔兰民间传说里的猫王。猫王有时是一只带银链子的黑猫，但人们并不一定总能认出它。珍·怀尔德的《古爱尔兰传说》中有这样一则故事：有个人曾因一时气恼砍下了自家猫的头颅并将之扔进火里，结果，猫眼透过火苗死死盯住主人并发誓报仇。不久后，当那人正和一只宠物小猫玩耍时，小猫突然猛扑过来，咬住他的喉咙并将其咬死。

人们会将自己喜爱的动物献祭给神明以期众神同样喜爱之。古埃及人也许会判处寺庙之外的杀猫行为以死刑，但他们也会扭断猫的脖子将成千上万只死猫献给女神巴斯特。基督教向来反对献祭动物，杀猫献祭的仪式却持续了数千年。在中世纪的梅斯和其他欧洲大陆城市，人们会在圣灰星期三那天焚烧活猫以获得弥撒所用的灰。在英格兰，每年被焚烧的盖伊·福克斯（Guy Fawkes）塑像中有时会装一只猫，伴随熊熊火焰人们能听到其中猫的惨叫。因封闭窒息而亡的猫的尸身曾在包括伦敦塔在内的若干中世纪建筑房基中被发现。埃德加·爱伦·坡的著名惊悚故事《黑猫》就沿用了这一主题：因恐惧自己的妻子是女巫、猫是魔鬼，叙述者杀死了妻子和猫并将其埋进墙里，可墙中猫连续不断的叫声却引来了警察。

　　欧洲的猫到中世纪末期所剩无几，这导致了老鼠数量大幅增加和鼠疫（其中最著名的是黑死病）的泛滥。于是，幸免迫害的少量猫被人类推崇备至，欧洲人第一次意识到猫不仅有用还忠诚友爱。尽管仍有点恼人的小毛病，但和蔼仁慈的猫形象开始在童话世界里出现。在奥诺伊公爵夫人的《白猫》中，一只神奇的白猫帮助主人公渡过各种磨难，最后，褪去皮毛变身成一位女子，并在嫁给主人公后烧毁了猫皮。毕竟，有哪个男人真的希望自己的老婆会变身、会魔法呢？《白猫》中的魔法也许是伴随个人成长成熟而远去的青春之爱。

　　在夏尔·佩罗的《穿靴子的猫》中，猫极尽忠诚地帮助了一位年轻人。为了让年轻人变富有，他们不得不合起伙来骗人。猫先给年轻人冠了个"卡拉巴侯爵"的头衔，然后告诉收庄稼的农夫：如果他们不告诉国王土地属于侯爵，他们就会被剁成肉酱。当真正拥有土地的食人怪在接受猫的挑战而变成老鼠后，立即就被猫扑咬吞噬。食人怪的城堡也被猫接手。最后，年轻人拥有了足以迎娶国王女儿的财富。如果这个故事从另一个角度来讲述——比如从食人怪的角度——那么读者便很容易将猫视作魔鬼。但无论怎样，能有这样一只猫伴你左右是很棒的！

　　在民间传说中，家养动物经常会形成一个属于自己的小世界，这有点类似缩小版的人类社会。其中，狗当然是最驯顺的，老鼠是最野性难驯的，而猫则在两者之间。故事里的猫狗总吵吵和和，它们有时会齐心帮助主人，但旧矛盾一触即发。猫与鼠不共戴天，尽管老鼠经常设法逃脱可还是斗不过猫。这一情况有点像人类社会里的问题家庭——父母吵架，孩子遭殃。

　　佛教徒虽不像西方宗教徒那般走极端但他们也不怎么喜欢猫。在佛教寓言集《本生经》中，其他动物都集聚在佛祖圆寂榻前向他致敬，猫却因打盹没来。在另一则传统故事中，玛雅派老鼠给一个生病的佛陀送药，猫却杀了送药的老鼠导致佛陀圆寂。猫通常被当作捕鼠工具饲养在中国、日本及其他远东国家的家庭中。艺术家常被其机灵和对细微响动的敏感吸引。作为如此普通的动物，猫却不在中国十二生肖之列，部分原因或许是它们与土地的紧密联系。

尽管基督教和佛教千差万别，但二者都对古老魔法持怀疑态度，这或许就部分地解释了为什么在围绕这两种宗教发展起来的文明中，人们不信任猫这种魔性十足的动物。伊斯兰教教规森严，他们却对夸张的超自然传说情有独钟。因此，猫一直受穆斯林青睐。传说有一次，穆罕默德发现自己的猫妙查（Meuzza）躺在袍服上睡觉，为了不打扰宠物休息，先知割断一条衣袖后才穿上袍服出门。等穆罕默德回来，猫感激地向主人鞠躬。先知还赐福自己的猫妙查与其后代从高处落下时能四足着地。猫进出清真寺会给周边带来好运。源自阿曼并由伊尼·布施纳克（Inea Bushnaq）讲述的一个故事中，抓住老鼠的猫正准备美餐一顿，老鼠却请求猫让它在死前祈祷，猫欣然应允。老鼠又建议猫与其一起祷告，结果就在猫举爪的瞬间老鼠跑了。故事结尾，猫抓抹着自己的脸，回味着爪上残留的老鼠气味。

19世纪初，德国作家E.T.A.霍夫曼在《雄猫穆尔的生活观》（1820）中试图完成一项艰巨的任务——与猫感同身受。霍夫曼满怀激情甚至有些浪漫地认为猫与诗人画家相似。猫与艺术家一样具有神秘的洞察力，它们又常如艺术家那样虚荣且不切实际；猫与艺术家的内心既有纯真又存狡诈。作为故事叙述者的公猫穆尔极力嘲笑主人，它也曾冒险攀爬市镇的房屋顶。在前言中，穆尔提醒读者："如果有人胆敢对这本非凡之书的价值产生疑问，他应该想到他将面对的是一只有灵魂、善理解、有利爪的公猫。"

诗人喜欢神秘，因此他们也喜欢猫。叶芝和艾略特与许多人一样在猫身上找到了灵感，但有关猫的诗歌中最著名的当属克里斯托弗·斯马特的《我的猫咪杰弗瑞》（My Cat Jeoffry）。其中，作者准确地捕捉了猫身上的魔鬼特征并借此使猫成了基督的象征：

  因为在黑夜它替上帝监视魔鬼；
  因为它用带电皮毛与闪亮双睛对抗黑暗之力；
  因为它用勃勃生机阻挡死亡魔鬼。

在斯马特眼中，那些环绕猫的悖论正是其神性的明证。

二战后几十年，美国与欧洲人倾心于将疏离感浪漫化。在"垮掉的一代"运动中产生的俚语里，猫代表了美国社会那些较主流生活方式更喜欢街头流浪生活的人们。20世纪后几十年，猫临时取代狗成为最受美国人欢迎的宠物，其部分原因来自实际需要：猫比狗的体积更小，吃的也更少，养猫不需要像养狗那样需要太多空间、人力与金钱。对那些不喜欢与狗过分亲近的人，他们可从猫那里获得更礼貌得体的情感支持。人与猫的关系是温馨中有尊重，亲密间含神秘。

然而，欧洲与北美的猫每年都会猎杀数以亿计的小型鸟类与哺乳动物。当哲学家雅克·德里达的猫突然出现在全身赤裸的主人面前时，德里达深感羞愧但也顿觉醍醐灌顶，由此产生了《动物故我在》(*The Animal That I Therefore Am*)这本书。德里达在书中说，当他自身存在尚不确定时，猫的存在却毫无疑问。或许，德里达的羞愧感是另一种形式的恐惧，而他的经历则折射出人类的远古记忆，即猫科动物曾是强大的捕食者，而那时人类只是它们的盘中餐。

狗

> 嗯,按理,你们也算是人,正像家狗、野狗、猎狗、巴儿狗、狮子狗、杂种狗、癞皮狗,统称为狗一样……
> ——威廉·莎士比亚《麦克白》(第三幕,第一场)[①]

一些理论家认为,在公元前一万二千年左右或更早的欧亚大陆上,狗是第一种被人类驯化的动物。那时,养在家中客厅的猫仍然野性难驯;即使有人类

赫克托与狗(选自《美国圣诞书》,2007)

[①] 参见莎士比亚:《莎士比亚悲剧集》,朱生豪译,中央编译出版社2015年版,第476页。——译者注

从旁指导，牛羊还是集群而居。在人与自然的持久战中，只有狗与我们并肩同行。在特维尔切人的传说中，太阳神在造出第一对男女后立即造了一条狗陪伴他们。从感情出发，狗似乎是我们的近亲。一些人相信狗是除人类以外唯一能感知罪责的动物，另一些人则反驳说，这种观点是一种拟人化的幻觉，甚至有虚伪之嫌。人类眼中的狗时而忠诚时而谄媚，它们是文化与自然王国中不可缺少的一分子。神话中的狗通常是生死间的使者。

古埃及时猫与狗已是人们最爱的宠物。据希罗多德记载，当家里有狗死亡时，每个家庭成员都要剃掉全身包括头发在内的体毛以示哀悼。在许多传世的埃及绘画上都保留有人们爱抚狗或用狗打猎的场景。猫与太阳神拉、女神巴斯特相关，而狗与阴司、死亡相连。天狼星（Sirius）的出现意味着人们需要防范尼罗河水上涨（将狗与天狼星联系在一起的做法从埃及一直传到了中国）。然而，普鲁塔克在他的《伊西斯和奥西里斯》（Isis and Osiris）中写到，当来自波斯的、亵渎神明的征服者冈比西斯杀死神牛阿比斯后，只有狗吃了神牛的尸体，因此狗失去了其在埃及文化中的尊贵地位。

在古代印欧大陆、非洲部分地区以及前哥伦布时期的美洲大陆，狗主人与其狗（狗塑像或狗尸）的合葬墓随处可见。正如狗在野外引导猎人寻迹猎物一样，人们也期待它们能引导之灵往生。

良好的嗅觉使狗能引导猎人打猎。狗能发现远处肉眼尚不可见的猎物位置，捕猎后，狗还会引导人们穿越丛林回到驻地。人们须明白，当时距罗盘甚或远程精密地图的使用还很早。即使当下，人们也会认为此种能力神奇无比。难怪狗在全世界很多种文化中都被当作亡灵世界的引路人！

狗虽偶尔被视作与太阳有关，但人们通常还是将其与月亮相联系。这或许是因为它们会在夜晚如它们的近亲狼、土狼、豺那样对着月亮嚎叫。在许多文化中，狗的嚎叫预示死亡。在犹太传统中，狗是可以看到死亡天使的；在希腊神话中，狗是月神阿尔忒弥斯和赫卡特的小伙伴；在维吉尔《埃涅阿斯纪》中，当与狗为伴，拥有更强法力的女神赫卡特靠近时，狗就会嚎叫；在一些文化传统中，狗还是冥界守护者，而其中最著名的当属希腊罗马神话中的冥府看门狗刻耳柏洛斯（Cerberus）。据赫西俄德记载，刻耳柏洛斯有五十个头，但在后世作家笔下它只有三个头。

在北欧神话中，亡灵居所由加姆（Garm，北欧神话中的一只巨犬）看护，当末日之战来临时，加姆会吞噬月亮。最后，它将与战神蒂儿决战，二者同归于尽。

印度教与佛教中的阎罗王（Yama）有两条长着四只眼的狗相伴，它们会为主人搜罗即将离世的人。阿兹特克神话里，亡灵坠落到地府后会来到一条被一只黄狗守护的河边。欧洲民间传说中，恶魔狗会和孤魂猎者一起寻找天空中的孤魂，甚至听到狗叫都意味着人将不久于世。英格兰西部的传说中，魔鬼的忠犬们会在暴风中穿过荒野，从鼻息中喷出熊熊大火，把倒霉的异乡人撕成碎片。

在阿兹特克人的宗教信仰里，犬神索托（Xolotl）与死亡世界紧密相连。阿兹特克传说中，人类曾绝迹于地球，但诸神又想让其重获生机，便派犬神索托到阴间收集死人尸骨。这激怒了死神，愤怒的死神对索托紧追不舍，致使其绊倒在地，收集的尸骨也碎落四处。后来，索托将尸骨捡回并把它们带上地面。诸神在碎骨上播洒他们的鲜血，那些碎骨即刻就变成了身材各异的男女。

狗与死亡相关的另一个深层原因是，在整个古代世界，野狗会成群结队到处搜寻包括人尸在内的腐肉。在大多数地中海文化中，个体最大的耻辱或许是死后被狗吃。在荷马史诗《伊利亚特》中，特洛伊人就担心如此命运会降临在被阿喀琉斯杀死的赫克托耳身上；在索福克勒斯的《安提戈涅》中，女主人公也害怕如果自己死去的哥哥没有得到好生安葬也会遭此下场；奥维德《变形记》中的亚克提安就经历了如此卑下的死亡：女神狄安娜将他变成一只雄鹿后，他被自己的猎犬所杀；因为以色列王亚哈之妻耶洗别传播对巴力的崇拜，先知以利亚预言狗会吞噬耶洗别。后来，耶户命人将耶洗别从窗户扔下，那些去埋葬她的人只发现了她的头骨、脚和手掌。

怀尔德爵士夫人曾这样描写过爱尔兰狗："佃农们相信家畜（尤其是猫和狗）非常了解人类，它们听人说话，察言观色。据爱尔兰人的说法，最好不要向狗提问，因为它可能会回答，这样提问的人就死定了。"狗确实比其他动物更深入地与人分享社会生活，这点让人感到不舒服。人类既爱狗又看不起狗，既想控制它们又害怕它们。

凯尔特神话中有位广为人知的英雄库·丘林，其名字的字面意思是"库兰的猎犬"。库·丘林杀死了一名铁匠的猎犬，因此他不得不代替死去的猎犬之职。当库·丘林被激怒发起攻击时，一道似月的光芒会从他额头上升起，他的眼睛会突出或凹陷，下颚会像狗那样张开。三个女巫化作乌鸦骗他吃狗肉并触犯其他禁忌，库·丘林就这样很快被害死。

狗在波斯则特别受人崇敬。据传，波斯帝国的建立者赛勒斯出生时遭遗弃，是一条母狗救了他并哺育了他。在起源于波斯的拜火教中，葬礼进程中必须有

这则20世纪初的广告巧妙地利用了狗的忠诚（由美国无线电公司提供）

一条狗，以确保死者在去往来生世界的路上平静安详。拜火教信徒相信，狗能眼见魂灵，保护家人免遭无法被人察觉的邪恶力量侵害。为表达谢意，家人会用仪式后的食物喂养饿狗，在狗进食时家人还会在一旁祷告。狗守卫着通向来生世界的裁判之桥（Cinvat Bridge），保护好人，而将坏人留给魔鬼。在密特拉教（罗马帝国后期基督教的主要竞争对手）中，为了使世界回春，密特拉神会献祭一头巨大的公牛，狗是众多陪伴密特拉神献祭的动物之一。献祭后，它们会舔干净洒在各处的鲜血。

正如现代狗能看家护院一样，在古代人们还相信它们能防止恶魔或疾病近身。在两河流域，狗是巴比伦治愈女神古拉的圣物。古拉时常以母狗哺育幼崽的形象现身，当她现身人形时，狗则伴其左右。古拉神庙里有许多狗塑像，人们会用这些塑像抵御疾病。在希腊，曾使人起死回生的传奇医者阿斯克勒庇俄斯身边常有一条狗。

在古希腊罗马，狗同样受人喜爱。在许多人心中，荷马史诗《奥德赛》最感人的场景是，当奥德赛最终返家时，只有他的猎犬阿尔戈斯认出了主人，但可怜的狗摇了摇尾巴就死了。古希腊罗马人有时会为他们的爱犬写深情款款的碑文。

与亚历山大大帝同时代的哲学家第欧根尼就自称"猎犬"，他的学派成员以"犬儒主义者"（"cynics"，来自希腊语，意为"像狗一样"）为世人熟知。

他们像狗一样生活在社会中但并不完全融入。从那时起，狗经常被用来象征异化或疏离。第欧根尼不仅赞赏狗的真诚及其适度的需求，也钦佩它们的寡廉鲜耻，因为它们能毫不犹豫地在公共场合小便或交配。

像克特西亚斯（Ctesias）和老普林尼这样的古代作家都记载过有关长着狗头人身的塞诺斐利（cynocephali，音译）的故事。塞诺斐利的形象源自长有豺头的埃及神祇阿努比斯。在亚历山大大帝征服埃及后，他的部下将阿努比斯与马其顿的亡灵守护神赫尔墨斯合并，称之赫曼努比斯（Hermanubis），并在亚历山大港为其建造神庙，赫曼努比斯神庙是古代声名显赫的寺庙之一。随着时间的推移，对赫曼努比斯的崇拜最终被基督教吸纳，赫曼努比斯变成了狗头人身的圣克利斯朵夫（Saint Christopher）。

在中世纪，呼吁抵御疾病的圣洛克也经常和狗一道出现在画里。这位圣徒曾医治黑死病病患，有一天他也身患鼠疫。圣洛克来到森林等死，一只狗竟跑到他身边舔他身上的溃疡并给他带去面包。在狗的帮助下，圣洛克奇迹般地康复了。

狗作为来生世界守护者的传统在中世纪的丧葬习俗中仍可见其踪迹。男女主人殁后常与狗长眠地下，墓穴之上的精致雕塑或浅浮雕凸显出逝者脚下忠诚的伴侣。如今，狗常被葬入宠物公墓，很少与其主人合葬，但许多人还是希望能在来生与自己的宠物团聚。

整个中世纪，四处漂泊的游者不断传播着有关远方狗人的故事，特别是在印度由祭司王约翰统治的神话王国。传说中，圣克利斯朵夫是来自蛮族塞诺斐利的食人者，而塞诺斐利族人又只会狗吠不懂人言，不过，为了回应圣克利斯朵夫内心的祈祷，上帝赐予了他人类语言。另一则传说对圣克利斯朵夫的奇特外表是这样表述的：圣克利斯朵夫曾相当帅气，但他祈求上帝赐给他狗头，这样女人们就不来打扰。

中国也有类似狗人的传说。传说，一只狗迎娶了一位公主。在西部蛮族入侵之际，绝望的皇帝承诺，谁能击退敌军就把女儿嫁给谁。一只狗听得许诺，悄悄潜入敌后杀死敌军统帅，然后咬断统帅的头颅，把它带给皇帝。蛮族发现自己的统帅已死便撤军不战。之后，通晓人类语言的狗要求皇帝兑现诺言，皇帝却反驳说人与动物通婚是不可能的事，狗回答说只要让它在钟里静修二百八十天，且中途无人打扰，它就能变成人形。皇帝照办，可到了最后一天，皇帝还是忍不住好奇心的驱使抬起大钟，却发现一个狗头人身的怪物。狗人与公主的婚礼按计划进行。如今一个名为"福州坊"（Fong of Fuzhou）的部族称他们的祖先就是那对夫妇。

与人类亲近绝不意味着能给狗带来任何好处。我们常以己度狗，这时常有失公允。我们将它们纳入人类等级，但在此它们处于或接近金字塔的最底部。"狗"的绰号历来代表了蔑视与猜疑，正如奴隶主看待奴隶那样。我们用"马屁精"（源自狗的摇尾动作）一词来指称曲意逢迎之人，而"母狗"（bitch）一词则是对跋扈的女子或嗲声嗲气的男子的贬低。

与其他文明，特别是与埃及文明相反的是，希伯来人极其厌恶狗。《旧约》中狗不仅是"不洁净的"动物，而且对狗的厌恶也在一些非常形象的措辞中不断出现："愚昧人行愚妄事，行了又行，就如狗转过来吃它所吐的。"（《箴言》26：11）。《新约》中的说法也好不到哪儿去，《启示录》将"狗"（或许是以狗作比）与那些不得进入天国的"算命人""淫乱者""杀人者""拜偶像者"，以及"一切说谎和生活不检点者"相提并论。（22：15）

《旧约》中，狗常被类比为以色列的敌人：

  耶和华，万军之神，以色列的神，
  现在，求你兴起，惩治那异教徒，
  不要怜悯行诡诈的恶人！
  他们晚上转回，
  嚎叫如狗，
  围城绕行。（《诗篇》59：5—6）

希伯来人对食材的准备非常谨慎，他们坚持宰杀动物时应按规定仪式进行。大部分以色列人除鄙夷狩猎外，还认为被猎狗碰过的肉是不洁净的。

伊斯兰教也不喜欢狗，不过也有值得注意的例外。在穆斯林传统中，有九只动物位列天国，其中就有两条狗。一条是《次经》中先知托比特的狗，另一条是由基督教传说传到穆斯林的卡斯米尔（Kasmir），它的主人是以弗所的七位沉睡者。在德西乌斯统治时期，七个年轻的基督徒为躲避罗马士兵迫害逃进山洞，一觉睡去便过了二百年。苏醒后，其中一人来到城镇购买日常必需品，却惊奇地发现几乎所有人都信仰了基督。据《古兰经》记载，卡斯米尔不吃不喝不睡，自始至终都守护在洞外。

即使在欧洲，狗在市民阶级和下层百姓中间完全被接纳为宠物也经过了一段时间。据说1613年的一个夜晚，苏格兰女巫玛格丽特·巴克莱在另一位妇女伊泽贝尔·伊什的帮助与一条黑色哈巴狗的陪伴下，用泥土造了些水手和一条船只的模型。随后，她与狗来到海岸边将泥塑抛进水里，海水颜色立刻变得通红且肆虐起来。与此同时，一条恰好驶进海港的船只因此覆没，所有船员中只有两人幸免于难。伊泽贝尔·伊什八岁的女儿被传唤做证，她声称自己目睹了巫术的全过程，并表示母亲仅参与了制作泥塑而没有实施魔法。孩子还说，当时那条陪伴在玛格丽特·巴克莱身边的狗从爪子和口中射出火焰照亮了现场。玛格丽特·巴克莱在重刑之下招了供，虽然她后来反悔，但还是被人们处决了。

在古代与封建社会，狗对主人的绝对忠诚是最核心的美德。世上流传着无数有关主人死后其狗绝食而亡的故事，老普林尼曾讲述了一条名叫胡肯奴（Hyrcanus）的狗在其主人火葬仪式上投身火堆的故事。不过，最有名的当属忠犬八公（一条秋田犬）。八公每天都会在靠近东京的涩谷车站等候下班的主人上野教授，但1925年的一个春日，上野教授意外离世，再也没能返回。八公坚持十年往返车站等候主人归来。现在，涩谷车站立着一块纪念八公的碑石，八公也被用来当作教育日本儿童对家庭忠诚的榜样。

极少有人能通过对狗的忠诚度测试，例外之一就是印度神话中的坚战（Yudhishthira）。当坚战升入天国时，他的狗并没有在他身边，适时雷电交加，坚战看到神祇因陀罗正在圣车上等他。在被邀请进入天国时，坚战站在一旁以便让自己的狗先进。因陀罗反对坚战的做法，认为此举会玷污天国。坚战反驳说没什么比丢弃一条忠犬罪过更大。话音刚落，狗瞬间变成了正义之神达摩。原来，因陀罗的话是对坚战的最后考验，通过对伙伴的忠诚坚战彰显了自身的品行。

一些故事赞扬忠狗，而另一些则哀叹人类对忠狗的背叛。几内福尔（Guinefort）的故事就是一个很好的例子。几内福尔是一只灵缇，它与主人住在法国里昂附近的维拉尔。一天，骑士（主人）将孩子交予几内福尔看护，稍后返回家中时却不见婴儿只见房里有一片血泊，几内福尔的爪子上也满是血迹。气急之下，骑士杀死了几内福尔。后来，骑士隐约听到孩子的哭声，并发现一条被砸烂的蛇身，这才意识到是几内福尔将孩子从凶猛的毒蛇口中救出。几内福尔的墓现已成为朝圣之地，家长们会把病弱或畸形的小孩带去膜拜以求得愈。乡间妇人们举行如异教仪式（向狗祷告，并把襁褓挂在周围的灌木丛中）的祈祷时，附近修道院的教士也会惊惧地从旁观看。

狗的境遇不仅可以反映一个社会的基本准则，还能经常使之得到彰显。在贵族社会，人的价值很大程度上取决于他的出身。如国王、王后和贵族，贵族府邸里的纯种狗系可以往前回溯几代，而杂交狗常常能追溯到更悠远的所罗门王甚至亚当时代。有些讽刺的是，当18世纪至20世纪中产阶级崛起、贵族血统失去意义之时，狗的种系才得到人们的重视。

伴随着维多利亚时代中产阶级的崛起，狗的绝对忠诚变成了理想化色彩浓重的中世纪的怀旧符码。既然再也不能如此要求同类，人们便在猎犬身上加注更多期待。《蒙塔日之狗》（故事主人公是法皇查理五世的宠臣奥布雷·德·蒙特迪耶）就是一则脍炙人口的故事。1371年，在蒙塔日靠近奥尔良的一个树林里，奥布雷·德·蒙特迪耶被谋杀。作为唯一的目击者，蒙特迪耶的狗四处跟踪凶手罗伯特·马凯尔并不时向其狂吠。最终，人们安排了一场人与狗的决斗。在被彻底击败后，马凯尔招了供并被处死。

纳粹在狗身上找到了对无条件忠诚与服从的最佳诠释，并对之大肆宣扬。希特勒曾表示，除了他的狗布隆迪和女友爱娃外他不信任任何人。此后，当人类社会完全工业化后，狗又被用来缅怀逝去的田园生活。特别是19世纪50年代和60年代初，电视里莱西和任丁丁的狗形象，是极受欢迎的。

人类有关嗜食同类的禁忌仅在有限的范围内延伸到了狗的身上。曾经，狗肉经常被各地生活穷困或缺乏食物的人食用，还有专门宰杀狗的屠宰场，一些熟食店和餐馆也提供狗肉。比如，在一战爆发前十年，德国人每年都要消耗约八十四吨或更多的狗肉，这一数字在一战期间增加了近三倍。此后，在短暂降低后又在30年代大萧条时期暴涨。"狗咬狗"这一源自美国大萧条时期的说法喻指残忍而无约束的竞争，或许它最初指的是人吃狗这一事实。

至少在20世纪下半叶以前，捕狗人在西方国家的日常生活中还是不可缺少的。有时，那些遭捕获的野狗不但会被杀死还会被吃掉。仅自二战结束后，欧洲和北美各地的狗肉消耗量才变得微乎其微，屠狗和捕狗方面的行家里手也才消失（尽管我们仍有职责更广泛的动物管理员）。北非及东亚人仍在食用狗肉，而通常，西方人会认为此举极其野蛮，政府也尽量打压这样的野蛮行径。

尽管动物收容所的工作人员仍在为是否或何时给予狗安乐死而痛心纠结，西方野生狗的数量还是变得相对稀少了，这与世界多数地区的情况类似。并且，在非洲的多数村落，收养狗的人不会把狗带回家而只是给予其食物或友好待之。

在最初的宇宙探索中，狗经常充当人类的替身。1957年，随着苏联卫星的发射，一只名叫莱卡的萨莫耶德犬作为第一个活体生物被送上了太空轨道。六天后氧气耗尽，莱卡便死了，不过它在轨道中的遗体却保存至今。莱卡的死引发了广泛抗议，它已成为科学探索时代中脆弱生命的象征。然而，在接下来的数十年里，随着计算机的极大完善，在外太空，计算机很大程度上代替了狗和其他动物，甚至在某些情况下代替了人类。

当狗在人类日常生活中的实用价值逐渐减少时，其象征意义反而增加了。在电子保安系统时代，狗在保卫家园方面相对不那么有用了，但大多数人还是熟悉身着短风衣、头戴宽檐帽，在电视中告诫人们要"咬出罪恶"的卡通狗格拉夫。狗的形象还被用来兜售从报警器到杀毒软件等各类保安产品。

今天，狗差不多已完全融入欧洲和北美的消费文化。现在，狗有专属的健身房、流行时装、美食、美容院、首饰、五星酒店、电台节目、理疗师，以及差不多其他人所拥有的一切。但就像人一样，狗因此失去了自由。20世纪最后几十年，大部分的城镇社区，甚至市区公园已禁止狗的自由进出。

并不是所有人都喜欢狗，但那些喜欢狗的人却对之非常着迷。狗常显得无助，可它们通常能很好地照顾自己。这种脆弱与坚强的混合使得狗不论好歹都显得非常"人性化"。

第十章

负重的动物

要使用动物就得将它们驯服，那些肩负重担的动物就是一例。人们（特别是体力劳动者）很容易与马、驴或无峰驼产生共鸣，因为它们肩负的重担象征着人类在生存发展中面临的挑战，我们也有"经济负担""情感负担"或"生理负担"等说法。依负重物的差异，人类将动物分为三六九等，载人的马就比驮物的骡子高出一等。传说中英雄们的坐骑，如驮穆罕默德上天堂的马（Al-Borak），当然地位最显赫。

驴、骆驼、羊驼与骡子

> 自东方,
> 一只驴儿走来,
> 欢快且强壮,
> 它是出色的力畜。(原文法语,译者注)
> ——中世纪法国博韦地区在毛驴节上的教堂颂歌

和平时期驴和骆驼通常帮助人类劳作,而马则用于战时。驴和骆驼不像马那样跑得快,但却更具耐力。骆驼尤能适应干燥炎热的气候,而驴在山地行走如履平地。古美索不达米亚人发现母马与公驴杂交后会产下具备这两种生物优点的骡子,不过有时骡子会被侮蔑为一种"非自然"结合的产物。

拜火教典籍《波斯古经》中有一头三足六眼九口单角的驴。这头驴大如山,能站在一片永远清澈的大海中央。这只早期独角兽象征了世界新生时的原始无邪,同时也显示了驴曾在人类心中引发的惊叹。

公元前3000年左右,古埃及人首次驯服了野驴,这比驯服马早了一千年。《圣经》中,上帝曾嘱咐约伯注意野驴与家驴的区别:

> 谁放野驴出去自由?
> 谁解开快驴的绳索?
> 我使旷野做它的住处,
> 使咸地当它的居所。
> 它嗤笑城内的喧嚷,
> 不听赶牲口的喝声。
> 遍山是它的草场,
> 它寻找各样青绿之物。(《约伯记》39:5—8)

今天,野驴的生存环境依然险恶,而大多数人也认为它们野性难驯。人类在驯化驴的过程中使其原有的象征意义不断累积而变得丰富多彩,直到它们的

驴素有圣愚之名，时而智慧时而愚蠢。一个江湖骗子正在集市上展示一头所谓的驴博士（J.J.格朗维尔绘，选自《拉·封丹寓言故事》，1839）

象征意味在所有动物中成为最复杂的一个。

因其无限的付出，希伯来人对驴有着如阿拉伯人对骆驼般的特殊好感。在《利未记》中，驴是"不洁净"的动物，但与猪不同，以色列人并不讨厌驴。在驴驮着以色列人逃出埃及摆脱奴役后，耶和华命令用羊羔为头生驴代赎。

摩押王曾召巴兰诅咒以色列人。巴兰骑着一头母驴正走在路上，一个手持匕首的天使挡住了他的去路。驴为了避让就绕进岔道，巴兰抽打驴叫它回转原路，这样来来回回二三次，这时，巴兰愤怒地用棍子猛打驴身，驴责备巴兰说："我不是你从小所骑的驴吗？以前我有过不听指挥吗？你现在为什么要打我？"巴兰抬头看见天使，天使对他说："你很幸运，虽然你没看见我，但你的驴看到我从我前面绕过去，你若继续前行我就把你杀了，留你的驴存活。"这则出自旧约（《民数记》22：22—35）的故事是古代最早最直接反对虐待动物的故事之一。但对我们来说，这个故事还有另一个启示：如果我们对人类文化中有关驴的辉煌历史再多一点了解，就会认为一个人若被称作驴或许是一种赞美而非侮辱。

驴曾在葡萄园种植中被大量使用，因此它对酒神狄俄尼索斯来说是神圣之物。不过，希腊人常将驴与自己的宿敌弗里吉亚人相提并论。传说中，弗里吉亚国王迈达斯（狄俄尼索斯的追随者）未能欣赏阿波罗的高超乐技，太阳神生气地说："你长了一对驴耳朵。"迈达斯来到溪边，果然发现自己耳朵变成了长且毛茸茸的驴耳，驴耳便成了愚蠢的代名词。欧洲中世纪宫廷小丑所戴的"小丑帽"上系有铃铛的两角代表驴耳。在卡洛·科洛迪的《木偶奇遇记》（1882）中，淘气的主人公小木偶想变成真正的男孩。就在他即将达成心愿之际，小木偶却选择了逃学。与其他懒小孩一样，逃学后的他很快长出了驴耳朵，后来又完完全全变成了一头驴。小木偶不得不经历一些苦难才能最终变成人。

在《伊索寓言》中，驴经常以失败者现身。在一则故事中，披上狮子皮的驴到处游荡吓唬人类与其他野兽，狐狸听到驴的嘶叫，说："原来是你呀，要不是听到你的驴叫我还真会被吓到呢。"在柏拉图对话录《斐多篇》中，苏格拉底说，一个过于注重肉体苦乐的人会在死后转世为驴。

卢修斯·阿普列乌斯的《金驴记》（成书于公元1世纪罗马）尽力发挥，却不只限于驴的傻瓜角色。主人公卢修斯与一位大女巫的侍女偷情，夜晚，二人看见女巫变作猫头鹰飞走，卢修斯也想变成猫头鹰，于是，侍女给他找来魔水，可误饮魔水的卢修斯竟变成了一头驴。情人告诉他只有吃玫瑰才能变回人形，但每当变成驴的卢修斯要接近圣坛玫瑰时马夫就会将他赶走。卢修斯开始了悲惨之旅，他被打过，被迫扛过麻袋，甚至还遭受过性虐待，在变成动物的过程中他学会了谦卑与智慧。当卢修斯最终完成严酷考验后，伊西斯女神的祭司赐给了他玫瑰，使他得以恢复人形，还成了埃及神话人物。对《金驴记》的一种阐释是：驴身代表了既禁锢又挑战人之灵魂的肉体凡身。

常见的基督教通俗画里有一头驴和一头牛共同拜访马槽中圣婴耶稣的场景，但《圣经》中并没有相关描写。这一场景或许源自先知以赛亚的话："牛认识主人，驴认识主人的槽。"（《以赛亚书》1：3）驴把圣母玛利亚一家安全地驮到了埃及，后来也是它将耶稣带进了耶路撒冷。在驴渐失声望遭人践踏时，耶稣选驴为坐骑的举动在基督徒眼中代表了他的谦卑。而对耶稣同时代的人来说，身骑毛驴象征王权，因为那时国王也骑驴。中世纪中晚期乃至文艺复兴，教士们都愿意模仿耶稣骑驴而不骑马。传说中背负黑色十字架的驴象征耶稣受难。

驴深得自相矛盾的中世纪人喜爱，在时人眼中，一件看起来愚蠢的事物有时也可能是神圣纯洁甚至是智慧的。异教节日毛驴节曾是欧洲西北部地区的一大盛会。在法国博韦，盛装扮作圣母玛利亚怀抱耶稣像的少女会骑在驴背上从主教堂游行到圣斯蒂芬教堂。唱诗班会为毛驴吟唱圣歌并在仪式最后模仿驴叫

12世纪法国绘画中吟游诗人的驴形象，此图与古代近东的绘画作品相似

（"hee-haw,hee-haw,hee-haw"）而非颂唱"感谢主"（Deo gratias）。牧师自然经常抱怨，说这种做法是对典仪的公然亵渎。不过，毛驴节还是以宗教传统与民间取乐的名义被保留了下来。

西方传统中，许多动物的通俗象征意义基本上是基督教与异教等差异悬殊习俗的结合，驴就是其中最好的例子。驴在异教中主要是人们嘲弄的对象，但其中又夹杂了喜爱之情。驴很少像马那样被当作巫师的化身或在中世纪宗教法庭上受审。

在古代两河流域的艺术品中，经常能看见后蹄站立弹奏竖琴唱歌的驴形象。这一母题是由中世纪时期十字军带回欧洲的，它象征了"神圣而愚蠢的爱"（the divine folly of love）。威廉·莎士比亚在《仲夏夜之梦》中运用了这一寓意：顽皮的精灵普克把商人博盾的头变成了驴脑袋，在魔水的作用下，泰坦尼亚与博盾共度良宵。魔法消失后泰坦尼亚深感羞愧，从此再也不敢违背自己丈夫的意愿。

与之相对的是出现在夏尔·佩罗《驴皮》和其他欧洲童话里会拉金驴粪的

莎士比亚《仲夏夜之梦》中的商人博盾与仙女泰坦尼亚（亚瑟·拉克姆绘）

小驴，其中的驴形象又一次集奇妙和荒诞于一身。格林童话《魔法桌子》《金驴》与《麻袋中的俱乐部》中的驴就干净多了。当有人口念"Bricklebrit!"时，驴子就会从嘴里吐金子，这是对当今 ATM 机的奇特预见。

东西方有关驴的传说故事充满了神奇与幽默。道家神仙张果老每天都要骑着毛驴赶路，每当完成旅程时他就会像折纸一样把驴折起来收好。

驴的结实坚韧在有关美国钢铁工人乔·马加拉（Joe Magarac）的著名故事中得到了赞扬。马加拉在斯洛伐克语中意为"笨蛋"，但铁人乔说："我所做的与一头笨驴没什么区别，同样是吃喝与劳作。"马加拉出生在大山里，且具有超人之力，当矿山无矿可采时，乔便走进熔炉将自己融化成钢铁。一般人都认为这是民间传说，但其实际人物形象是欧文·弗朗西斯塑造的，故事原文刊于 1931 年 11 月号的《斯克里布纳》杂志。

现在，驴是美国民主党的标志。它部分来源于内战后不久伊格内修斯·唐纳利（Ignatius Donnelly）对明尼苏达州立法机构的讲话：民主党就像骡子一样后继乏人。托马斯·纳斯特（Thomas Nast）又在政治卡通画中普及了这个象征。这一比喻起初可能带有侮辱性，但民主党竟毫不介意。事实上，民主党在1874年正式采用了驴形象的党徽，或许他们意识到驴的象征内涵是丰富多层的。如果驴耳代表愚蠢，那驴牙则是强大的武器，驴身体强壮并且能猛踢对手。驴或许还很固执，但在政治中这难道不常常是优点么？

赞扬动物最富文采的名篇包括胡安·拉蒙·希梅内斯的《小毛驴与我》（Platero and I，1957）。全书由作者对一头名叫柏拉特罗的柔顺小毛驴（"如孩童般温柔可爱，如石头般强壮"）的讲话组成，小毛驴不仅是帮手还是理想的听众。故事中的"我"与小毛驴共赏蝶舞、嬉闹戏水，尽享西班牙自然怡人的偏远乡村生活。

既然马已经有了给武士当坐骑的光鲜职位，所以像驴一样，骆驼是人们运送货物的好帮手。尽管人们有时会称赞骆驼的谦虚，但它们也有好色之名。耶利米用骆驼代指那些与异教徒做生意的以色列人。

　　你是雌驼惯在旷野，

　　欲心发动就吸风，

　　起性的时候谁能使它转去呢？（《耶利米书》2：23—24）

尽管《圣经》中没有详细说明，但在东方三博士前去拜访圣婴耶稣的图景中他们骑的就是骆驼，这或许是为了凸显他们的异国身份。不过，在乔叟的《坎特伯雷故事集》中，巴斯的妻子曾劝导女人要像骆驼那样与自己的丈夫斗争。

骆驼不仅有驴一样蠢笨的坏名声，还在欧洲文化中被认为是一种肮脏丑陋、身体畸形的马。在中世纪的动物寓言中，骆驼是如此喜爱淤泥以至会放弃干净水源而选择污水。这坏名声甚至让优雅的长颈鹿躺着也能中枪[①]。至少自老普林尼起，整个中世纪人们都认为长颈鹿是带斑点的骆驼或"驼豹"（cameleopard）。

20世纪中期，广告商曾利用骆驼的丑陋外表创造出驼脸人身、代表强悍蓝领工人的卡通人物骆驼老乔。人们还利用老乔兜售驼牌香烟，其标志是一头伫立在金字塔前的骆驼，两个驼峰都代表孕妇肚子——这证明了老乔的男性能力。骆驼老乔的广告效应如此成功以至禁烟人士都把它排除在抵制之外，但凡是以它为主角的广告到90年代末就已被认定为不合法。今天，阿拉伯地区的骆驼和西方的驴、骡子一样，代表了一种正在消失的生活。

[①] 躺着也能中枪，网络流行语，原指什么也没做而遭到他人非议，此处指长颈鹿被当作骆驼而受到不公允的评价。——译者注

在拉丁美洲，羊驼大约在五千年前被人类驯化充当驮运工具，这与毛驴在西方的驯化时间基本相同。羊驼的小塑像在今天秘鲁境内的莫奇卡人与印加人墓穴中都有发现，前哥伦布时代的雕塑往往栩栩如生独具个性。从这些塑像中我们能感知时人对羊驼溢于言表的喜爱。不过，从当时的文字记载来看，它们还不具备超自然的神圣力量。羊驼穿梭于高耸入云的安第斯山脉，为古代印第安人驮运货物。高山上的它们如鱼得水，而在低海拔地区，许多个体工作者如小贩更愿用骡子做帮手。时至今日，在许多村庄里，羊驼和骡子仍在运送邮件，它们与其主人之间似有某种不可言说的默契。

马

> 马的勇敢是你所赋的吗？
> 它颈项上摩挲的鬃是你给它披上的吗？
> 是你叫它跳跃像蝗虫吗？
> 它喷气之威使人惊惶。
> 它在谷中刨地自喜其力，
> 它出去迎接佩带兵器的人。
>
> ——《约伯记》（39：19—21）

　　骑马或许是人与动物最亲近的接触方式。骑手掌握行进方向，马决定节奏快慢。伴随马快跑前进，马背上来回颠簸的骑手也坠入某种迷幻状态。人与动物的这般结合在有关半人马（腰部以上是人形、腰部以下是马体的怪物）的神话中得到了表现。

　　在大多数情况下，半人马受动物本能支配。半人马传说的源起或许受欧亚大草原上凶猛骑兵形象的启示：未知骑马为何事的异族人远远瞧见骑在马上似人首马身的骑兵形象。半人马因其嗜酒好色而声名狼藉。传说，拉庇泰人的国王庇里托俄斯与公主希波达弥亚大婚，肯陶洛斯人（半人马）受邀赴宴，结果，醉酒后的半人马竟掳走了新娘。经过一场恶战，拉庇泰人最终打败了肯陶洛斯人，这场胜利通常被解释为文明对野蛮的胜利。拉庇泰与肯陶洛斯之战是文艺复兴时期画家最爱的主题。

　　关于半人马的起源还有几个生动有趣的故事。例如，拉比斯（Lapithea）国王伊克西翁（Ixion）被邀请到奥林匹斯山与宙斯共餐，但来到仙界的他却企图勾引宙斯之妻赫拉。结果，自以为好事得逞的伊克西翁其实只是与一朵云彩共度了良宵，半人马就在这样的结合下出生了。这个故事或许与想象力有关，而半人马从此即象征想象力。伊克西翁结局凄惨：宙斯最后将他绑到了地狱永不停转的火轮上。

智慧的半人马喀戎正在教导年轻的阿喀琉斯（威利·波加尼绘，1918）

在罗德岛的阿波罗尼奥斯笔下，天神克洛诺斯曾与大海之女菲吕拉偷情，恰好被自己的妻子瑞亚抓个正着。丑事败露的克洛诺斯从床上跃起，变成一匹公马飞奔而去，菲吕拉也在羞愧中逃走，不过后来产下了半人马喀戎。在半人马中，只有喀戎拥有超群的智慧，他的学生包括阿喀琉斯和医神阿斯克勒庇俄斯。

有时，半人马的野蛮比文明的力量更强大。奥维德曾记载过一个名叫卡娜（Canus）的少女故事。卡娜是海神的情人，海神向她许诺实现其任何愿望。卡娜让海神将自己变成男子以便参加战争，海神便答应了她的请求，但又怕情人受伤，于是便让她刀枪不入，任何金属武器都伤不到她。变成男人的卡娜在战斗中所向披靡，直到遇见一群半人马。半人马不懂熔制金器，可他们却用石头、树枝等最原始的武器杀死了卡娜。

在北欧神话中，巨马史瓦帝法利（Svadilfari）也是一种半人马。北欧诸神曾命巨人法夫纳（Fafner）修建阿斯格特（Asgard）的城墙。如果法夫纳能在春天到来前完工，他就能娶女神弗蕾娅为妻，并得到太阳和月亮；如果不能完工，他便什么也得不到。巨马史瓦帝法利不仅帮法夫纳拉石头还帮他筑墙，可顽皮淘气的火神洛基却把自己变成一匹母马前去勾引史瓦帝法利。巨马追着洛基到处跑，致使城墙没有修成。史瓦帝法利与洛基结合后，八足神驹斯雷普尼尔（Sleipnir）诞生了。奥丁就是骑着八足神驹穿梭在天界地狱间的。

在荷马时代，马供拉车而非骑乘。特洛伊战争僵持十年后，假装撤退的希腊联军在海岸边留下一座巨型木马。特洛伊人误将木马当战利品拉回城内准备献给诸神，但希腊联军只是暂时退到附近一座岛屿，巨型木马中藏有希腊士兵。夜幕降临时，希腊人从木马中溜出，里应外合为城外的自己人打开城门。据阿波罗多洛斯记载，特洛伊的海伦曾在木马周围来回走动，并模仿希腊将士妻子们的声音发出召唤，有个士兵想呼喊回复，但奥德修斯用手捂住了他的嘴。这个故事或许是对农业生产祭仪的不完整记录，一次对马神的祭献——因为希腊人认为是马神赐予他们胜利。

随葬马在法国、乌克兰、斯堪的纳维亚半岛、中国与其他许多地方的墓葬中都有发现，时人相信它们能载着主人去往来生。萨满人（特别是生活在北极圈的萨满人）在神游不同世界前会杀马祭祀，让那些献祭的马匹陪伴他们。太阳神阿波罗的四轮车是马拉的，波斯密特拉神的车也是马拉的。生有双翼的神马珀加索斯或许在今天最能代表超凡脱俗、卓尔不群的禀赋，它也是最为大众熟悉的象征物。珀加索斯是从被斩首的美杜莎掉落的一滴血中生出的。

马虽以食草为主，但它们一直与战争紧密相连。普鲁塔克在《伊西斯与奥西里斯》里记载过一则埃及传说：死神奥西里斯正在教导自己的儿子荷鲁斯（Horus）。身为父亲的奥西里斯问荷鲁斯什么动物在战斗中最有用，荷鲁斯回答说马最有用。奥西里斯又问为什么不选狮子，荷鲁斯答道："狮子对需要帮助的人是有用的，但马在切断敌人进攻与消灭敌人方面最得力。"听到这话，奥西里斯意识到儿子已准备好了成为一名真正的武士。

希腊神话中的海神波塞冬是众马之神，第一匹马的诞生因他而来。在一则神话中，波塞冬以自己的精液（即由海浪而生的泡沫）滋养一块石头，大地因此同得滋养，马赛菲尔斯（Scyphius）就从受滋养的大地里跳出。在另一则神话中，变成马的波塞冬强暴了谷物女神德墨忒耳，由此生下了伊利昂（Arion）。波塞冬的战车由长有马头蛇躯鱼尾的海马（Hippocamps）驾驭。当马奔跑时它们的身体起伏如波浪，鬃毛像泡沫。当成群的马奔腾时，它们的节奏似流水。

海神波塞冬曾与智慧女神雅典娜竞争充当阿提卡地区最大城市的守护神，众神商定谁能拿出最好的礼物谁就能成为守护神。海神用他的三叉戟敲打地面，瞬间从中蹦出一匹骏马，雅典娜则创造了一棵橄榄树。众神都觉得雅典娜的礼物更好，于是，阿提卡地区最大城市就被命名为智慧女神的名字"雅典"（Athens）。这场竞争记录了以马为绝对核心的游牧生活和农耕定居生活间的冲突。

在希腊神话中，每个途经色雷斯国王狄俄墨得斯领地的外乡人都会被抓去给一群母马当口粮。不过，迈肯尼国王欧律斯透斯交给赫拉克勒斯的第九项任务就是捕获那些食人怪兽。这位大力神在一场激战中杀死了狄俄墨得斯，并把他的尸体丢进马圈。那些母马在吞噬主人尸体后就不再吃人，又恢复了马的正常饮食习惯。这个故事反映了那些没被完全驯服的野马在野外游荡时带给人的恐惧。马在罗马人眼中驯顺听话，但他们更欣赏马在服务人类的同时能保持本色。

公元前4世纪后期，希腊雇佣兵色诺芬写下第一本流传至今的有关马术的书。在色诺芬心中，马并非高大上①，而是需要人们的无限关怀与尊敬。他认为马是工兵战斗中的伙伴并与其同甘共苦。书中论述大部分集中在诸如如何将缰绳套在马脖子上等细节描写，其中最紧要的一条是：永远不要忽略马的感受，不要在生气时训马。

罗马皇帝卡利古拉（Caligula）曾说要将自己的爱马英西塔土斯（Incitatus）任命为元老院议员。最受古罗马人欢迎的比赛是马拉战车赛，每年10月中旬的玛尔斯节都会举行这一赛事。比赛时，每两匹马拉一辆战车，战车两两相争。在规定赛道内跑完全程拔得头筹的马匹会被献给战神玛尔斯（Mars），而它的头和尾巴将被砍下来，精心装饰。有时，获胜马匹的头会被赏给有名望的农场主或公民，让他们挂在家中。

马是唯一一种能影响并促成一个社会阶层形成的动物，这一阶层就是古罗马"骑手"（equestrians）。在骑马还是罗马军官特权的时代，这群将士精英最终形成了欧洲中世纪的骑士阶层。然而，罗马军官精湛的骑术却没能阻挡蛮族征服罗马。与只有上等人懂骑术的古罗马不同，那些蛮族人个个会骑马。据历史学家阿米阿努斯·马尔切利努斯（Ammianus Marcellinus）在公元4世纪记载，原始野蛮的匈奴人几乎与马匹不分你我，他们甚至能在马背上吃喝睡觉。

在两次世界大战以前，战争胜负经常由骑兵是否英勇而决定。《圣经》里的先知以利亚是乘坐马拉的满车生火的战车上天的（《列王纪下》2：11）。马

---

①高大上，网络流行语，全称为"高端、大气、上档次"，这里指在色诺芬的笔下，马并不是高高在上的。——译者注

还是中国十二生肖之一。当毗湿奴拯救世界时，他的最后一个化身是白马卡尔基（Kalki）。穆罕默德身骑马阿伯拉克（Al-Borak）从麦加到麦地那再上天堂，画中的阿伯拉克通常有一张能预知危险、看见死人的女人脸。

俄国童话中可怕的老巫婆芭芭雅嘎（Baba Yaga）最初可能是一位与马有关的女神。芭芭雅嘎居住在密林深处，她的房屋建在鸡腿上，围绕房屋的栅栏由人骨做成，栅栏立柱上还扣着人头骨。她吃人如吃鸡，但为了获得芭芭雅嘎的魔法帮助或智慧言辞，童话里的英雄们仍经常冒生命危险去拜访她。芭芭雅嘎有一群母马，它们是她的女儿。有时，芭芭雅嘎自己也会变成母马。

在亚历山大·阿法纳西耶夫的《玛利亚·马列夫娜》（*Maria Morevna*）中，伊万王子前去拜访芭芭雅嘎，希望得到一匹快马助其躲避死神克舍伊（Koschei），因为克舍伊掳走了他的新娘。王子在一些善良动物的帮助下用三天时间照料芭芭雅嘎的马，从而得偿所愿。骑着芭芭雅嘎的快马，伊万王子救出了至爱的新娘。原来，伊万的新娘玛利亚·马列夫娜是植物精灵，每年都要在地下待一段时间，这与希腊冥后珀耳塞福涅（Persephone）很像。克舍伊是冥界之主，与希腊神话中的哈迪斯或罗马神话里的普鲁托类似。芭芭雅嘎虽不怎么慈善，但其某些品质却与珀耳塞福涅的母亲——同为马之女主人的德墨忒尔相同。

在英国，家喻户晓的戈戴娃夫人的故事可能源自相似的神话传说。利奥夫里克伯爵曾向人民施加远远超出其承受能力的重税，伯爵美丽的妻子戈戴娃为百姓进言，利奥夫里克说若戈戴娃能同意全身赤裸地骑在马上游街，他就削减税负。于是，戈戴娃身披长发一丝不挂地来到大街，街市上看到此景的人纷纷将头背转过去，只有叫汤姆的家伙贪恋美色，可就在偷窥的瞬间他的眼睛便失明了。羞愧难当的利奥夫里克伯爵削减了除马税外的所有苛捐杂税。

马在北欧的生育与爱之女神弗蕾娅那儿同样神圣，戈戴娃的故事或许源自弗蕾娅。以前每到春季，人们都会让马驮着女神弗蕾娅的画像游街。戈戴娃或许如珀耳塞福涅、玛利亚·马列夫娜和弗蕾娅一样是植物的人形化身，而利奥夫里克则是冬日精灵。"偷窥者汤姆"最初可能是人们献给弗蕾娅的祭品。

人们常将马与生殖繁育相连，因此正如戈戴娃夫人的故事所展现的，骑手与马的亲密关系似乎也有性的一面。人们担心马夫可能会与马交配生下天知道为何物的可怕后代。在中世纪晚期和文艺复兴时期，这类人兽结合的当事者经常被判处死刑。

由于马尤与男性力量相连，因此，女性对此必须特别注意。在人们眼里，谦逊稳重的女子不应两腿叉开跨坐在马背上，就连古罗马钱币上的凯尔特女马神

（Epona）也是横骑母马。大名鼎鼎的托马斯·莫尔既有圣洁的一面也有言语粗俗之时。他的女儿曾不愿接受所谓的适合女性的横骑姿势，莫尔这样训斥女儿："好吧，我的女儿，没人否认你已适龄婚嫁，因为你的双腿都能跨过高头大马了。"在莎翁的《奥赛罗》中，苔丝狄蒙娜与奥赛罗私奔后，邪恶的伊阿古对她的父亲说："……宁愿让您的女儿给一头黑马骑了，替您生下一些马子马孙，攀一些马亲马眷。"俄罗斯女皇叶卡捷琳娜的敌人曾散布女皇与其马交媾的谣言，这些谣言至今尚未烟消云散。马还常被当作乔装后的魔鬼或女巫的同伴。

马的性欲在独角兽那儿得到了圣化。在漫长而错综复杂的历史演变中，独角兽这一神奇动物还吸收了驴、犀牛、独角鲸、山羊等其他许多动物的特征。中世纪欧洲，独角兽起初被认为是一匹长独角的马。它隆起的犄角清晰明了，似乎吸收和转化了马身上的所有性欲，从而使自身变得圣洁起来。据传说记载，人类无法通过蛮力抓获独角兽，但当它来到某个处子身边，将自己的犄角放在其大腿间时，人们倒可以轻而易举地逮到它。这个故事反映了关于神圣狩猎的古代神话，其中，年轻女孩象征圣母玛利亚，独角兽代表基督。在中世纪的挂毯和绘画中，捕捉并杀死独角兽寓意耶稣受难，其中展现的并非恶意怨恨而是庄重严肃。无人能完全重现这则精巧寓言的意味，但它可能讲的是马的驯化。像独角兽一样，我们的性欲不能单靠蛮力压抑，但却能被驯服。

有关马的古代信仰经常出现在欧洲童话里。在格林童话《忠实的约翰》中，约翰从渡鸦那儿得知年轻的国王将被突然跑来的马带到天上，而唯一能救他的方法是有人跳上马背并迅速用匕首刺死马。这一情节可能暗指伴随许多"萨满之旅"的古老马祭仪式。在另一则童话《牧鹅姑娘》里，落难公主向自己被杀爱马的头颅诉苦，可除了安慰公主外马并没有帮她出主意，这表明古老魔法在现代已不再管用。

许多天主教圣徒都是马的庇护人（而这毫无疑问是异教时代遗留下来的传统），其中之一有圣埃洛伊（Saint Eloy）。圣埃洛伊在法兰克时代是名铁匠，他曾被要求给魔鬼的马钉马掌。于是，他先为马祈祷祝福，然后卸下马腿将马掌钉在四蹄上，最后把马腿安回原位。马的另一个保护人是基督教会首位殉道者圣斯蒂芬（Saint Stephen）。每年12月26日的圣斯蒂芬日上，波兰的天主教徒会往牧师身上撒燕麦，作为马送给他们的礼物。但如大多数曾被奉为神明的动物一样，马在中世纪晚期和文艺复兴时期常被妖魔化。马与生殖、死亡和女神的长期联系并不总能帮它们讨人欢心。

马成了女巫的密友，有时甚至是乔装后的魔鬼。13世纪早期的英国浪漫传奇《寻找圣杯》（*The Quest of the Holy Grail*）中，亚瑟王传说里的圣愚骑士珀西瓦尔发现自己独自一人身处一片巨大的森林中。突然，一个女子神秘现身，愿意以一匹马换取他的效劳，珀西瓦尔欣然接受。女子走进密林深处片刻后牵着一匹硕大无比的黑马走来，眼见巨马的珀西瓦尔心中充满恐惧，但他还是跨上马背飞奔而去，直到黑马奔出森林，来到一条宽阔的河流前。河上没桥，但马继续前进没有停下来的意思，无奈的珀西瓦尔只得在胸前画十字祷告。就在他祷告瞬间，马即刻把他拽在地上，跳进河里，火焰从水中喷出，水里传来阵阵咆哮尖叫声。原来神秘女人和巨马都是魔鬼。

骑马或骑士传统在美洲大陆的延续时间最长，因为那里有大片开阔草原，成群的野马也能驰骋在美国和阿根廷的平原上。美国"老西部"故事里的流浪牛仔有点像欧洲中世纪到处周游的骑士，他们为了收获财富、体验惊险刺激从一个城镇转到另一个城镇。但伴随工业社会的到来，马在战争中的重要性已不复从前。二战初期，英勇的波兰骑兵对抗德军坦克时所付出的惨痛代价象征了其对工业世界的浪漫抵抗。

马越来越多地与娱乐消遣而非工作相连，也越来越多地与女性而非男性相关。安娜·塞维尔（Anna Sewell）的小说《黑骏马》（1877）开创了为小女孩讲述马故事的传统。小说中虚构的拉车马叙述了自己的经历：童年时在辽阔牧场上的生活，后被转卖多次，最后在一家农场安度晚年。现在，马代表了男性能力的温柔面，这与大众媒体上经常出现的夸张的男子气概非常不同。

如今，马时常令我们想起过去。古罗马人最喜爱的赛马场如今已成为某种程度上被现代社会忽略之人的聚会场所，其中不乏贵族和黑手党。不过，在没有多少道路的偏远地区，马依然是常见的交通工具，它们的机动灵活也令其成为警察的好帮手。在城市，马甚至接受了进入室内或上楼梯的训练。不过，罕见的城市马每次出现时都能引发旁观者驻足赞叹。

虽然马的速度和力量都比不上今天的马达，但它们依然是机车、汽车、火箭等一切快速且光滑的物体的终极标准，"马力"一词仍是发动机功率的计量单位。"特洛伊木马"或许是运用范围最广的古代比喻意象，它可以指代从颠覆政权到计算机病毒等几乎一切事物。20世纪70年代末的一家核能公司就叫"特洛伊"。不仅如此，这家公司还选用马作为自己的标志。反核示威者曾在加州建造了一匹巨型木马，在游行途中，一个装扮成死神、手握镰刀的人突然从木马中蹦出。

第十一章

高贵的对手

欧洲旧石器时代洞穴壁画及其他文明（以狩猎为基础）中各类手工艺品展示了人与动物时至今日的紧密关联。然而，滋润这些艺术品的土壤已不复存在。比如，我们无从得知，晓得古人是否视杀戮有违道德从而需要仪式来缓解内心愧疚，我们也不清楚狩猎是否伴随"罪责"这一现代提法。无论如何，部分神话学家已将宗教和叙述的起源追溯至狩猎行为。当今，许多运动员仍沿袭某些烦琐仪式，可他们同样苦恼于外人的不理解。猎人与猎物间自相矛盾的认同是紧密而深刻的，在有些情形下——例如大平原的印第安人——图腾纽带足可构建文化基石。

雄鹿与雌鹿

> 啊世界！你是这头鹿栖息的森林，他是这一座森林中的骄子；你现在躺在这儿，多么像一头中箭的鹿，被许多王子贵人把你射死！
> ——威廉·莎士比亚《裘力斯·凯撒》[①]

每每提到雄狮我们首先会想到它那华丽的鬃毛，而当说起雄鹿时，其巨大高耸的鹿角则会映入脑海。我们可根据有无鹿角来辨别鹿的雌雄，不过，有些品种的母鹿也有角，只是相对雄鹿的要小一些。雄鹿与雌鹿极好地代表了最原始的雌雄分类，此外，它们也与栖居的森林关系密切。小鹿们悄无声息地穿梭于丛林，与之自然相融，来无影去无踪。这些特点赋予它们森林精灵的品质。

在大多数情况下，我们用"deer"（鹿）这一复数名词兼指雄鹿和雌鹿，这表明当我们说起鹿时首先会想到雌鹿。"deer"最初指代普遍意义上的与人类相对的"动物"，正像与德语"tier"和荷兰语"dier"现代仍发挥的功能。英语单词"deer"的现代含义是在15世纪才被确立下来的，其来龙去脉表明：在人们心中，鹿是野生动物之灵长——是"另一个"我们。

为什么鹿没有像绵羊、山羊、猪和鸡那样在新石器时代被驯化？鹿在很早以前就是人类的主要食物来源，而且它们很容易驯养。人类学家勃兰特·海勒（Betrand Hell）给出的答案是：如果不是出于下意识，那么，让鹿在森林中自由驰骋则是人类在建构家养与野生王国时有意而为的。鹿使森林王国充满神奇、惊险、魔力与冒险。人类需要猎鹿，但鹿与动物世界的神秘联系又让人类不仅仅将它们当作食物。

法国三兄弟洞窟里据说绘于公元1000年前、被称为"巫师"、头顶鹿角、脸长胡须的人类形象或许是最早的神话创造物之一。其中的"巫师"身材瘦削，头却出奇的大，或许他还正在跳舞。这一形象可能是自然精灵，也可能是头戴鹿角与面具的萨满巫师。对于创造出它的人来讲，自然之灵与萨满巫师也许不

[①] 参见莎士比亚：《莎士比亚悲剧喜剧全集 悲剧I》，朱生豪译，群言出版社2015年版，第166页。——译者注

身骑雄鹿的中国寿星

分彼此，因为鹿的灵魂能附身于跳萨满舞的巫师体内。

宽阔的肩膀、巨大的体型、雄健的步伐以及好斗的习性使雄鹿比任何其他动物更阳刚，而母鹿相对娇小的身材和谨慎而细碎的步履似乎令它们更阴柔。此外，母鹿更愿待在鹿群中，这与传统观念中持家女性的角色相似。雄鹿正好相反，除交配时节，它们更喜独处。有人或许认为这种比较"常见"或"老套"，但雄鹿与雌鹿的特征、习性的巨大差异不得不令我们联想到许多人类社会中对性别的划分。

人们因雄鹿的独居生活而将其与圣洁的隐士相关联。例如，圣休伯特（Saint Hubert）曾是法兰克国王佩平的一名有趣但浅薄的弄臣，他酷爱打猎，甚至为了打猎不去参加受难节的教堂礼拜。有一次，当他终于一睹雄鹿的身影时，竟在鹿角间看到耶稣被钉十字架的幻影，并听到耶稣警告他要么接受上帝要么下地狱。休伯特为自己的无知浅薄惭愧不已，从此放弃了打猎，并成为一名隐士，潜心敬奉上帝。休伯特现在是猎人的保护人，法国森林地区每年还会举行圣休伯特节活动。

圣帕西达斯（Saint Pacidus）与圣尤斯达斯（Saint Eustace）也亲眼见过化作雄鹿的耶稣，二人的经历与圣休伯特相似。隐者圣吉尔斯（Saint Giles）曾在查理曼大帝围猎期间，为一头雄鹿以身挡箭。那头被救的雄鹿为感激吉尔斯每天都给他带牛奶，而查理曼大帝则以吉尔斯之名建造了一座大教堂。（圣帕特里克的早期门徒）圣西亚朗（Saint Ciaran）在爱尔兰传教时，最早招收的门徒里就有几头雄鹿。一头雄鹿不仅陪伴爱尔兰隐士圣卡尼克（Saint Canice），还献出自己的鹿角给他做书架。

雄鹿通常不仅象征耶稣以及上帝的复活，还代表整个自然界的生发、成长、死亡、衰败与重生。与大多数动物不同，鹿的外表变化能清晰反映四时更替，这点很像植物。鹿的毛色在夏季更炫彩夺目，更重要的一点是：许多品种的雄鹿鹿角每年都会脱落。上溯至伊丽莎白时代，人们仍相信雄鹿的生殖器每到夏季都会脱落并再生。人们认为有些树木的长寿也是公鹿的功劳。在一则流传甚广的中世纪传说中，亚历山大大帝（其他版本中主人公可能是凯撒、查理曼大帝和阿尔弗雷德大帝）曾将一个金项圈赐给一头雄鹿，据说几百年后那头鹿的雄姿依然不减当年。

在亚洲传统中，鹿的寿命更长。中国传说里的鹿如不被杀可活到二千五百岁甚至更长。在其生命周期的前两千年，鹿皮会逐渐变白；后五百年，鹿角会慢慢变黑；此后，鹿不再生长变化，不过到那时，它只能靠山间的清溪与苔藓为生。

雄鹿与森林的关系如此密切，以至到 18 世纪末之前，这种关系还影响着人们的科学认知。在整个中世纪，鹿角一直被认为是树枝，鹿皮则是树皮。18 世纪著名博物学家乔治·路易·勒克莱尔·德·布封推断，由于鹿经常啃食树木，它们头上才长出了树枝样的角。

与森林相关联，雄鹿在民间传说中获得了另一个重要特征。地球通常被视作阴性，（除极个别外）树木则是阳性。白蜡树是奥丁神的圣物，而橡木是宙斯与雷神托尔的圣物。在古代美索不达米亚和其他一些地区的艺术品上，生命之树树基周围常有小鹿的身影。在北欧神话中，雄鹿就啃食着世界之树尤克特拉希尔（Yggdrasil）的树基。

在民间传说与神话中，许多极具阳刚之气的英雄与男神都头戴鹿角，如凯尔特神话中的"有角者"科尔努诺斯（Cernunnos）。雄鹿有时还是酒神狄俄尼索斯的"驭马"。今天的新异教主义者用雄鹿代表男性力量，并进而推及指上帝。在欧洲民间传说中，雄鹿的性行为激烈奔放，但同时又是绝对圣洁的。较之于其他动物和人类，雄鹿的性行为既不浪漫也不淫逸，它们的行为更接近植物王国的无可挑剔式匹配。

大约到查理曼大帝时期，猎杀雄鹿已是王侯贵族们专属的"运动"。农民不得参与其中，违令者会被处死或被截肢。考究的服饰、精致的言辞、繁复的仪式使猎鹿这项运动远离平常世界：宰杀雄鹿后会举行庄严的仪式以纪念耶稣圣餐（Holy Communion）；从猎犬到骑手，所有参与者都能分到鹿肉，而鹿头则会被献给领主。

狩猎女神与动物保护者阿尔忒弥斯身边通常有雌鹿相伴。特洛伊战争中的希腊联军统帅阿伽门农曾杀死本该献祭给阿耳忒弥斯的母鹿，并吹嘘自己比女神更善狩猎。结果，阿尔忒弥斯停止了海风，使希腊船队滞留港口。神谕晓谕希腊人，阿伽门农只有将自己的女儿伊披盖涅娅（Iphigenia）献给阿尔忒弥斯，海风才会吹来。阿伽门农迫于希腊众王子的压力不得不照神谕行事。在伊披盖涅娅被带到祭坛的路上，阿尔忒弥斯用一头母鹿代替了她，并用一朵云彩将女孩带到克里米亚岛，伊披盖涅娅在那儿成了一名女祭司。

在奥维德的《变形记》中，年轻的猎人阿克泰翁偶遇狄安娜与仙女在溪中沐浴。阿克泰翁被眼前的情景震慑，一动不动地立在原地，结果被狄安娜察觉。愤怒的女神向他泼水并大喊："去告诉别人你看到了赤裸的狄安娜！如果你敢你就去说呀！"被吓破胆的阿克泰翁望向水中，却发现自己已变成一头雄鹿。不久后，他就被自己的猎犬撕得粉碎。有人解释说故事中的狄安娜影射奥古斯都的女儿朱莉娅，而阿克泰翁则代表因撞见朱莉娅私通被处罚的奥维德本人。阿克泰翁这个不幸的猎人也可能是某个闯入女性秘密世界的男人。在文艺复兴时期炼金术士的心中，阿克泰翁代表了那些谙熟世事又不得不赴死以求重生的人。

鹿在包括美索不达米亚女神宁胡尔萨格、埃及女神伊西斯与希腊女神阿芙洛狄忒在内的许多古代女神那儿都是神圣的，其哺育本能在有关忒勒福斯（Telephus，赫拉克勒斯与雅典娜女祭司奥革之子）的神话中得到了体现。奥革为隐瞒私情，将还是婴儿的忒勒福斯藏进雅典娜神庙，导致当地庄稼不得丰收。当一切真相大白后，奥革的父亲（阿耳卡狄亚国王阿琉斯）下令将婴儿遗弃山间，不过后来，忒勒福斯被一只母鹿救起并哺育长大。

《圣经·旧约》中经常以雌鹿作为象征，称赞女性美德：

> 要跟少年你所娶的妻子同享快乐，
> 她高贵美丽，宛如母鹿。
> 愿她温柔的怀抱使你心满意足，

在伊索寓言中，一头以鹿角引以为荣的雄鹿发现自己因为双角被卡树丛而不能逃脱猎人的追捕（J.J.格朗维尔绘，选自《拉·封丹寓言故事》，1839）

愿她的爱使你不断地恋慕。（《箴言》5：19）

《诗篇》42章开头写道："上帝啊，我的心切慕你，如母鹿切慕溪水。"

在大部分欧洲国家，雄鹿与雌鹿都扮演着神之信使这一重要角色。在数不胜数的史诗和童话中，是鹿引导着男女英雄穿越丛林。亚瑟王的骑士们是跟随一头白色雄鹿走入森林从而开启了寻找圣杯的旅程。据传说记载，查理曼大帝之子虔诚者路易（Louis the Pious）曾执意追捕一头雄鹿，以至掉队落单，并在穿越溪流时从马上摔落，迷失在广阔的丛林中。第二天清晨，当他的随从找到他时，熹微光线映衬出皑皑白雪中盛开的灌木或是玫瑰，此神迹显示路易应在此建造教堂。

在凯尔特神话中，鹿是来生世界的"引路人"；而在爱尔兰传说中，鹿有时也是仙女养的家畜。在中世纪与文艺复兴时期的文化中，猎鹿常喻指求爱。猎鹿情景中的意象往往被借用表达男女情事中的担忧、渴望、遮掩与紧张。在莎士比亚的《第十二夜》中，丘里奥试着为忧郁的奥西诺公爵谴闷：

丘里奥：殿下，您要不要去打猎？

公爵：什么，丘里奥？

丘里奥：去打鹿。

公爵：啊，一点儿不错，我的心就像是一头鹿呢。唉！当我第一

> 眼瞧见奥丽维娅的时候，我觉得好像空气给她澄清了。那时我就变成了一头鹿；从此我的情欲像凶暴残酷的猎犬一样，永远追逐着我。①

女人经常被视作狩猎人追逐的小鹿，而鹿角则代表通奸。私通这一主题可谓被伊丽莎白一世时代文人钟爱。

不过，在下层社会，鹿往往代表压迫欺凌，因而受人们厌恶。在有关罗宾汉故事中，生活在舍伍德森林里的人们就经常对"国王的鹿"大快朵颐，以示对诺丁汉郡长的公然反抗。当禁止农民猎鹿的法令最终被废除后，许多普通人通过更残忍的猎鹿行为来确证自己的自由。英国牧师吉尔伯特·怀特（Gilbert White）抱怨道："除非像他们吹嘘的那样成为猎人，否则年轻人都不知道怎样成为勇敢的男子汉了。"

在《小鹿斑比》（1928）中，菲利克斯·沙顿就抗议自己热爱的维也纳森林中的滥杀行为。小说讲述了森林中一只名叫斑比的小鹿自出生以来的经历。斑比在成长中学会了森林生存法则，打败了敌人，并赢得了母鹿法琳的欢心。故事以斑比爸爸死亡结尾，斑比也从此走上了一条守护森林的道路。故事中杀死斑比妈妈的偷猎者恐怖狰狞，搅得整个鹿群不得安宁。作为狂热的运动员，沙顿在他后来的续集中试图在偷猎者与合法猎人间划清界限。不过，在以小说为蓝本、由迪士尼制作的电影中，斑比与法琳的形象变得更像人了，而其中只知开枪杀戮的人类好似野蛮罪恶的自然之力。

在美洲印第安文化中，鹿与大自然同样密切相关。墨西哥与美国西南部地区的一些印第安部族（这其中包括阿芝特克人、祖尼人与霍皮人）为了获得丰收，通常会用跳鹿舞的方式以期影响自然。如今信奉天主教的雅基人会将他们的部落传统信仰融入天主教。在每年的复活节仪式上，他们都会跳鹿舞。其中，领舞者会头戴鹿头或鹿角，模仿鹿在穿越丛林时小心谨慎的动作。

伴随着欧洲与北美的城市化发展，许多鹿开始不再害怕人类。栖息在森林周边、以食草为生的北美白尾鹿现在比哥伦布时代更常见。许多郊区居民认为鹿是"害虫"或"生长过快的老鼠"，抱怨它们造成交通事故、破坏花园，或许更严重的是，它们会啃食植被幼苗，造成森林停止生长。或许只有在遥远的北方，仍可频繁找到已为数不多的荒野之所；只有在那里，鹿，尤其是驼鹿——作为森林守护者的原始象征意义才能活灵活现地表现出来。

---

① 参见莎士比亚：《第十二夜：汉英对照》，朱生豪译，译林出版社 2014 年版，第 1 页。——译者注

美洲野牛

"生命是什么?它是萤火虫夜晚的闪光,它是(美洲)野牛在冬天的鼻息。"

——克劳福特

在《灵魂动物》(Animals of the Soul)中,约瑟夫·艾普斯·布朗(Joseph Eppes Brown)写到,对于沃格拉拉人,"野牛是动物之首,代表地球法则,并能引发一切生命"。向布朗启蒙苏族人世界的巫师布莱克·埃尔克(Black Elk)告诉他,狩猎是"对终极真理的寻求"。在北美大平原印第安人的文化中,美洲野牛的重要性在许多方面与鹿在欧洲人心中的地位相对等。人们在捕杀这两种动物时都要举行繁复的宗教祭仪,其中还经常伴有对未来的预测。美洲野牛之于北美草原正如鹿之于欧洲森林。虽然森林常给人以原始蛮荒之感,但中世纪欧洲,人们会精心维护森林使其满足野鹿生存所需,从而保障权贵猎鹿。与之相似,印第安人也会围绕野牛打理草原,其中包括故意纵火、毁坏树木幼苗以及培育草场。

但这些相似点并没引起多少同感,反而造成了诸多误解。在现代早期欧洲人的认识里,猎鹿向来是世袭权贵的特权,其他想要参与其中的人都会受到重罚。他们无法理解既把狩猎当营生又将其当作宗教行为的印第安人。而对于向往自由的纽约客来讲,印第安猎人似乎生活懒散,这与他们曾经鄙夷的君主贵族很像。

在哥伦布发现新大陆以前,在大草原上狩猎野牛是非常危险的。印第安人偶尔会将受惊吓的野牛群赶到悬崖边,迫使它们跳崖;但大多数时候,他们会穿上野牛皮或狼皮,模仿野牛的动作与声音,等待吉时出击。从欧洲引进马匹后,猎杀野牛变得更安全有效,但狩猎的宗教意义并没有减弱。也许是由于大草原上飞奔驰骋的共同经历使印第安人与其猎杀的野牛关系更密切。据布莱克·埃尔克在20世纪早期所说,化作美女的野牛女神(White Buffalo Calf Woman,沃格拉拉人宗教信仰的核心)曾来到他的族人中,并赐予沃格拉拉人一支刻有牛

创作这幅画时，像这样的狩猎场面早已消失，但不论是殖民者还是印第安人都对此怀念不已（捕猎野牛，由威廉·R.利绘，1947）

犊形象的圣笛。在苏族人与波尼族人的信仰里，有一头大神牛（cosmic buffalo）站在所有动物生死必经的大门前。

美国内战后，大批欧洲移民向西迁居，所到之处经常强占印第安人的领地。无法完全战胜印第安人的政府军开始故意摧毁野牛群，这不仅剥夺了印第安人的食物来源，还冲击了他们的宗教信仰。1850年，大平原上大约分布着五千万头野牛，但到1900年，仅剩全美的二十三头与加拿大的约五百头。因此，印第安人不得不放弃曾经属于他们的大片土地，"改头换面"的草原也成了欧洲奶牛的乐园。许多印第安人相信，野牛是牺牲自我代印第安人受死的。

进入20世纪，人们开始想方设法保护野牛。黄石公园中分布着种群数量最多的野牛（有几千头），而其中的一些现已被转移到印第安人保护区。许多印第安人仍将美洲野牛视作祖先。对大多数美国人（不管是不是印第安人）来讲，美洲野牛代表神话时代民族纯真遗失前广阔自由的大平原。从1920年到1938年，美国财政部每年都会发行野牛镍币，币面一侧是野牛，另一侧是印第安人侧脸头像、发行日期与"自由"字样。1994年，一只名叫"奇迹"的白色小野牛在威斯康星州的简斯维尔出生，许多年长的苏族人将小牛的出生看作野牛女神的回归，这预示着一个新纪元的开始。

第十二章

皮实的家伙

在我们的观念中,城市适合人居,正如自然之于动物。因此,我们就认为那些能在城镇繁衍生息的动物(如耗子和信鸽)的确很皮实,这有点像那些生活在城市高犯罪率区域的人们。这点并不全错,不过,我们必须明白一点,即这些"城市动物"的历史与城市的历史,当然也与人类的城镇居住史是齐头并进的。大多数"城市动物"靠食物垃圾生存,它们和人类一样彻底适应了城市环境。我们时常视它们为"寄生虫"而对之厌恶不已,但如此看法并不公允。因为除大老鼠、耗子及其他少数昆虫外,大多数"城镇生物"与人类共栖共生,并通过降解有可能腐败变质的各种有机物而完成了自己重要的职责。

獾、貂、土拨鼠与松鼠

> 快来和我玩，
> 为什么要穿过树枝，
> 轻轻跑掉呢，
> 好像我手里有枪，
> 要打你似的？
> 我想做的一切，
> 就是挠挠你的小脑袋，
> 然后放你走。
>
> ——威廉·巴特勒·叶芝《致凯尔纳诺的一只松鼠》

尽管身材矮小，可鼬鼠还是会毫不犹豫地与老鼠或蛇作战。据老普林尼记载，鼬鼠是唯一一种能战胜巴兹里斯克蛇（basilisk，古代传说中类似蛇的怪物，其目光可致其他生物死亡）的动物。这样以小（生物）胜大（怪物），后来成了基督战胜魔鬼的象征。现代，随着鼬鼠曾经拥有的"军事优势"被人们渐忘，其声誉也下降了。比如，在肯尼思·格雷厄姆的《柳林风声》（1906）中，鼬鼠就变成了邪恶而懦弱的强盗。

貂（另一种体型稍大的鼬属）在拜火教中是圣物。因其拥有的白色毛皮，貂常被用来象征上帝卫士的忠贞品质，画中的玛丽抹大拉（Mary Magdalene）若身着貂皮大衣则表明她已改过自新。广为流传的欧洲传说中，面对猎人追捕的貂宁愿赴死也不愿自己一身华美的皮毛被泥土弄脏。貂皮是奢华的代名词，法王路易十四与其他古代君王都喜欢穿它。

另一种在民间传说中至为重要的动物是獾。獾拥有强壮有力的前腿和适于挖掘的长爪，其挖掘能力与昼伏夜出的习性使其成为神秘的动物。在中国与日本（特别是在日本），獾可以变换形体。许多故事里出没古宅、荒野或河畔的幽灵其实是獾，其中京都附近爱宕山上一位苦行僧的故事就很有代表性。故事

獾与鼹鼠（亚瑟·拉克姆绘，选自《柳林风声》）

中的猎人每天都会给住在山上的隐者带吃食。一天傍晚，苦行僧向猎人坦言，普贤菩萨每晚都会骑着白象拜访他。受邀请的猎人留宿在和尚那儿以便能目睹菩萨。起初，猎人被眼前所见弄晕了头，但随着观察的深入，他开始怀疑起来。最后，随着他射出一箭，那菩萨立马不见了踪影，接着，树丛中发出"嗖嗖"的声响。"如果真是普贤菩萨，"猎人对和尚说，"箭绝不会伤到他，所以，一定是怪兽。"第二天清晨，二人寻着血迹找到了一只胸部中箭的巨獾。

本为鼬鼠类的獾常被当成小熊，它与许多动物一样能代替熊预告春天的到来。随着德国全境与英国大部分地区熊等大型动物的锐减，獾取代了它们春日"预报员"的位置。据传统说法，獾会在罗马天主教徒与东正教徒共同庆祝的圣烛节那天（2月2日）爬出洞穴，而圣烛节是为纪念圣母玛利亚产后四十天带耶稣（即"世界之光"）前往耶路撒冷教堂祈祷这一重要事件。在一则德国谚语中，"獾会在圣烛节那天从洞口向外观望，若它望见闪烁的阳光就会爬回洞中"。

在美国，为人们预告春暖花开的是土拨鼠。据说，每年2月2日圣烛节（现在美国人更愿将它称作"土拨鼠日"）土拨鼠会从洞里探出脑袋，各路记者会聚集在明星土拨鼠（如宾夕法尼亚州土拨鼠费尔）的洞外来记录这一时刻。不过，这种场景是人为操纵的结果，人们会在地下放置加热器促使土拨鼠出洞。

没人把土拨鼠出洞这种事当真，但它却在农业社会的历史与神话中有着很深的根源，过去的农夫正是通过鸟儿迁徙或动物结束冬眠重新出现这类细微的自然变化来决定耕种与收获的时间。与土拨鼠日有关的稍显尴尬的笑话或许最初源自新教徒对天主教仪式的嘲讽。但具有讽刺意义的是，我们现在已不记得土拨鼠日所庆祝的乡村生活是什么样了，只能时不时地怀念一下。节日能体现我们对过往的看重，看似无关紧要的土拨鼠日或许与其他节日一样古老而含义丰富。

松鼠在北半球极受人喜爱，毛茸茸的长尾巴使其与老鼠相区别，而就这一点造成二者在人类眼中是多么不同呀！人们恐惧并鄙视老鼠，但松鼠却是使花园与公园充满生机不可缺少的一部分。并且，松鼠也是众多传说的主角。或许因为松鼠嗖嗖的"步履"，在日本阿伊努人眼中，它们代表了艾丽娜神（Aioina）遗失了的永不腐坏的木屐。马来西亚人曾认为松鼠和蝴蝶一样是破茧而出，还以为风干的雄鼠阴茎是壮阳猛药。在北欧神话中，掌管雨雪的松鼠拉塔托斯克为了激起天鹰与地蛇的冲突不停地上下摇晃世界树尤克特拉希尔。在爱尔兰神话中，女神美伊芙（Maeve）左右肩上各有一只鸟和一只松鼠作为她上天入地的信使。松鼠收集坚果的习性让它们在一些中世纪动物寓言中成了贪婪的代名词，但维多利亚时期的自然史却赞扬它们节俭。

如今，树木间与电线杆上来回攀爬跳跃的松鼠给城市居民带来了无尽欢乐。在碧雅翠丝·波特的《小松鼠金坚果的故事》中，主人公小松鼠金坚果毫不畏惧地不断嘲笑奚落猫头鹰，结果被猫头鹰捉住差点活剥，不过它最后还是逃脱了厄运，只是少了一截尾巴。

受北美灰松鼠携带疾病的侵扰，英国本土红松鼠现已岌岌可危。对许多英国人来说，消灭灰松鼠成了一种民族主义行为，即抵抗来自彼岸大国的文化帝国主义，维护英国文化完整。由于大部分红松鼠分布在苏格兰，因此，它们有时也就代表苏格兰民族。红松鼠是一种非常独特而吸引人的小动物，其双耳上长长的红色绒毛与鲜艳的红棕色毛发煞是可爱。不过，以上人类纷争对红松鼠和北美灰松鼠都不公平，因为它们根本与之无关。

充满好奇毫不畏惧的小松鼠会不时望向人类，它们一点儿也不在意有人存在，这种和睦使我们确信或许人类并没有与大自然相隔太远。

跳蚤、苍蝇与虱子

> 小苍蝇,
> 你夏天的游戏,
> 给我的手,
> 无心地抹去,
> 我岂不像你,
> 是只苍蝇?
> 你岂不像我,
> 是个人?
>
> ——威廉·布莱克《苍蝇》

在古代,尽管体态微小的各种昆虫带给人无尽烦扰,但作家们并没有将其严格地区分,"苍蝇"(fly)是这类小虫的统称。《圣经·出埃及记》中,当法老拒绝放以色列人离开时,耶和华降下的第四灾便是让牛虻充满法老的宫殿。这是非常具有侮辱性的惩罚,因为牛虻通常喜欢待在牛身边。不过,埃及人倒是很欣赏家蝇的外表,各种装饰性别针上经常出现家蝇的形象;蝇形金吊坠会奖给英勇的士兵。

在悲剧作家埃斯库罗斯的《被缚的普罗米修斯》中,作为与宙斯偷情的惩罚,赫拉将少女艾奥变成了一头小母牛,然后派一只牛虻追逐那不幸者跑遍欧亚大陆。相似但含义积极的形象在柏拉图的《申辩篇》中也有,其中,苏格拉底将自己比作上帝派来督促雅典人摆脱阿谀逢迎恶习的牛虻。同样,希腊诗人迈勒格洛斯(Melegros)邀请一只牛虻到心上人的耳边嗡嗡叫以提醒女方自己的爱意。在许多文化中(尤其在东亚)小虫代表灵魂。在中国明代作家吴承恩所著的《西游记》里,孙悟空有时会化成苍蝇从恶魔手中逃脱或躲避侦查。

在越南山地原住民的传统认识中,萤火虫是死去英雄的亡灵;在中国和日本,萤火虫陪伴了那些夜间苦读的贫穷书生。写在扇子或丝绢上、表现瞬间灵感的短诗也被称为"萤头小诗"①。

鬼王（其最初为腓尼基神祇）的名字字面意为"万蝇之神"或"万蝇之主"。在《旧约》中，他曾引诱以色列王亚哈谢背叛耶和华（《列王纪下》1：2—6），马太和马可后来称他为"鬼王子"。中世纪时期，人们经常将魔鬼画成苍蝇状，因此那时以虫类为食的燕子等鸟都被认为是神圣的。在一些故事中，魔鬼会化作小虫从人嘴进到身体里。据一则地方志记载，1559年在哈尔茨山脉靠近约阿希姆斯塔尔的地方，有位少女喝啤酒时不小心吞下了伪装成苍蝇的恶灵，恶灵瞬间附身少女并通过她讲话，最后，教区牧师为少女驱除了恶灵。

在现代卫生条件得以改善之前，虱子可以在上至王侯下至百姓的头上和身上被找到。尽管烦恼多多，但它们也增进了人与人的社交联系。摘虱子成了父母对子女、仆人对主人的一项服务，甚至成为夫妻间彼此传达爱意的方式。泛滥成灾的虱子代表行为粗野或苦行者的不顾人间疾苦，因此那位试图复兴异教信仰的罗马皇帝尤里安曾将其胡子里自由自在的虱子比作林中野兽。

虽然跳蚤在所有昆虫中最具危险性，但人们还是以亲近甚至喜爱的方式看待它们。直到19世纪末，人们才意识到跳蚤是包括黑死病在内的多种疾病的携带传播者。文艺复兴时期，对跳蚤的描写成为诗歌措辞中的幽默表达，著名篇目有约翰·多恩的《跳蚤》，诗中主人公在向一位妇女恳求肌肤之亲时展示了他们的血液如何在一只跳蚤身上融为一体：

> 哦，且住，一只跳蚤可容三条生命，
> 而我们几乎，甚至，还未成婚。
> 它是你和我，也是
> 我们的婚床，结婚的礼堂。
> 虽然双亲反对，你也不愿，可我们相遇了，
> 在这些活着的黑色躯体内。

当年轻女子杀死那跳蚤时，叙述者说道：

> 当你顺从我，何等荣耀，
> 也不枉那死跳蚤从你身上采撷的生命。

不过，今天看来这些文字着实讽刺，因为就在这首诗被写下的17世纪早期，携带黑死病的跳蚤足以毁灭整个村庄。

现在，像老鼠这样的小动物经常会被用于医学药物实验。除人类自身以及

---

① 此处应为"蝇头小诗"，原文为"fireflies"。——译者注

啮齿类动物外，果蝇（droposphila）已成为世界上被研究最多的动物。科学家发现果蝇的基因密码易于改造且与人类基因有诸多相似之处。为了使二者在部分基因组上匹配得当，人们对果蝇的生活习性进行了从身体构造到求偶舞的全面精细研究。《纽约时报》记者尼克拉尔·韦德（Nicholar Wade）发现，那些果蝇研究者们"易于承认在他们眼中人类就像没有翅膀的大苍蝇"。

刺　猬

> 不是凤凰，不是老鹰，而是刺猬，行动缓慢，身材矮小，亲近大地。
> ——雅克·德里达《什么是诗》①

古希腊诗人阿尔齐洛科斯（Archilochus）在公元前 7 世纪后期写道："狐狸诡计多端，而刺猬只懂一项技能，但是绝技。"所有人都明白阿尔齐洛科斯指的是刺猬在遇到捕食者时能蜷缩成球，使其全身的刺朝向四面八方，不过他这话更宽泛的含义却令读者困惑了一千年。阿尔齐洛科斯曾参加过战斗，因此当他写下这句话时脑中或许正想着自己手拿枪矛与战友背向而立抵御外敌的情景。刺猬也可能指涉诗人以军事著称的故乡斯巴达，而狐狸则代表像雅典那样更具国际性的城市。但不管怎样，至少在诗人心中，刺猬的防御能力与狐狸的阴谋诡计是不相上下的。20 世纪英国哲学家以赛亚·伯林（Isaiah Berlin）将思想家分成两类，一类是像托尔斯泰那样以思想广度著称的狐狸，另一类是如陀思妥耶夫斯基般深刻的刺猬。

毫无疑问，非凡奇特的刺猬同样令这些思想家着迷不已。与其他动物迥异的刺猬看上去倒有点像缩微版的豪猪：二者的体形都很小，都在夜间出来觅食小虫，在洞穴中生活，且浑身长刺。当地上食物不足时，刺猬会长时间在地下休眠，然后重出地面，这一习性使古埃及人将它们与生命的重生联系起来。与咬人的蛇和蜇人的蝎子不断做斗争的埃及人同样羡慕刺猬的抗毒能力，因此他们会经常佩戴刺猬形护身符保护自己免受有毒生物侵袭。

不过，人们在羡慕刺猬的同时也畏惧这个小家伙。在现代早期欧洲人眼里，刺猬是女巫的同伙。在中国，刺猬同样与招魂术有关。不仅如此，人们还认为藏身路边的刺猬会向毫无防备的路人施法。

人类与刺猬一样，在众动物中独一无二，因此，我们很容易与它们休戚与共。据亚里士多德《动物史》（*Historia Animalia*）记载，刺猬交配时会像人一样采

---

① *Che cos' è la poesia?*——法语原文，译者注

取面对面的姿势,因为母刺猬身上的刺使雄刺猬无法骑到它背上。亚里士多德、普林尼与伊良都提到,刺猬可以预见风向变化并据此封闭或打开洞穴入口。拜占庭帝国时期,人们有时会通过观察刺猬挖洞来预测天气。

欧洲童话里的主人公经常是"傻瓜",即起初古怪异常无法融入正常生活的孩子。格林童话中有一则名为《刺猬汉斯》的故事。故事中,一位农夫抱怨道:"我想有个孩子,哪怕他是只刺猬也行。"结果不久后,农夫的老婆真的生下了上身刺猬下身人形的汉斯。汉斯的行为和其长相一样古怪。他以公鸡为坐骑,吹风笛,在森林中养猪。尽管遭人挖苦与虐待,汉斯最终还是娶到了美丽的公主并完全变成了人形。

刺猬常被描写成众所周知的弱者,但这样的弱者却能击败看似不可战胜的对手。在另一则格林童话中,刺猬向傲慢的野兔提出挑战,展开赛跑。比赛开始后,没跑几步的刺猬就钻进地里,而它的妻子则装扮成丈夫的模样等在终点。当望见野兔靠近终点时,母刺猬就先声夺人说自己是第一。故事结尾劝告人们:"任何人,无论自认为多优越,都不应取笑他人,即便对方只是一只刺猬。"

在碧雅翠丝·波特的《刺猬温迪琪的故事》中,主人公身上宽容、慈善、勤劳的美好品质使人不禁联想到工业革命前田园牧歌式的英国乡村生活。曾以强大防御能力著称的刺猬如今成了科技时代下脆弱自然的象征。在欧洲各地的公路上,被车碾压或受伤的刺猬随处可见,这些场景令人非常惋惜。英格兰东南部靠近埃克塞特的刺球农场(The Prickly Ball Farm)已建立起一家专门救治受伤刺猬的医院,并成立一支志愿者团队。

法国当代著名哲学家雅克·德里达在他的文章《什么是诗》中,将诗歌比喻成一只被扔到街上蜷缩成球的刺猬。他还说,自为自在的诗歌却处于非常危险的境地。虽然常被指责为唯我论者,但德里达似乎与刺猬很投缘,这点估计连他自己都不得不承认。

信　　鸽

信鸽在草地上，哎。

——格特鲁德·斯泰因

查尔斯·达尔文曾首次推断出欧亚海岸线各处信鸽的祖先是原鸽，这一推断最近已被基因分析证实。当新石器时代的人们开始发展农业时，原鸽被农作物吸引，拓展了生活空间，从而开启了它们与人类共栖繁衍的历史。很久以来，信鸽就被人类驯化传递信息，荷马时代的希腊人还用它们传送奥林匹克运动会上的捷报。至少从古罗马时期直到一战，信鸽被用以传递军事机密。16世纪，因为偏爱其外形，蒙兀儿帝王阿克巴还饲养了大量信鸽。

在世人眼里，和平鸽神圣，信鸽实用，但在和平鸽取代信鸽作为传信者（来自上帝的使者）的基督教传统中，二者却多少合二为一了。《圣母领报》画中的鸽子有时会被画成一只长着扇形尾巴的白原鸽，而不是斑鸠或其他鸽类。信鸽在古代是人们的日常食物，但这一饮食传统后来部分地融入了宗教象征意味，现在除了饥荒和战争时期，鸽肉很少被人们当作主食。

曾经数量庞大遮天蔽日的北美候鸽在20世纪初已濒临绝迹。现在，人们将其视作人性贪婪与新大陆失落的象征。当诗人华莱士·史蒂文斯在1915年写下《星期天早晨》时，他的心中或许至少还有候鸽。诗的结尾写道：

　　在孤绝昏暗的天际，
　　一群群展翅的信鸽
　　划出隐隐起伏的波浪，
　　向下坠入一片黑暗。

不过信鸽却能极好地融入城市生活，以至我们大多数人都不会注意到它们，而那些关注信鸽的少数群体则会被它们丰富多彩的外形和野性警觉的叫声吸引。城市建设的门面结构与信鸽原初石质地貌的栖息地相似，因此，它们能够在城市繁衍生息。

给信鸽以及其他鸟类喂食的做法由来已久，或许还可追溯到某种献祭行为。二战后随着经济的复苏，给鸽子喂食成了威尼斯圣马可广场和伦敦特拉法加广场上游客们（以及他们的孩子）的保留节目，这是表达友善的象征性行为，也是对富足生活的庆祝。不过两座城市却在2010年末因卫生原因禁止了这一行为。

　　今天，人们常常轻蔑地将信鸽称作"带翅膀的老鼠"。也有一群小众信鸽迷会在秀场上用信鸽相互比拼。很多动物爱好者，如爱马者和爱猫者，都以女性和社会上层人士为主，但信鸽狂热者们却基本上是男性蓝领。他们赞赏信鸽的"吃苦耐劳"——它们能在最荒凉的海岸和最恶劣的环境中自如生存。

老鼠与耗子

> 老鼠们！与狗激战、枪杀猫咪，
> 咬噬襁褓婴儿，
> 偷吃瓦罐奶酪，
> 舔舔厨勺开胃汤，
> 扯开盐鱼桶，
> 在人们的礼帽中建窝，
> 甚至用五十种不同音调的吱呀、尖叫，
> 淹没女人们的窃窃私语。
>
> ——罗伯特·布朗宁《哈梅林的魔笛》

在大多数情况下，老鼠与人类互为对手或敌人，然而二者之间的关系又很矛盾，这有点像一对见不得离不得的夫妻。老鼠和耗子能适应不同环境，脱离人类生存无忧，但在城镇它们更能找到得天独厚的条件，人类在不知不觉中为其提供了大量食物和"避难所"。作为传播瘟疫的跳蚤的宿主，历史上，老鼠使成千上万人丧命。至今，我们所拥有的技术仍无法阻止老鼠破坏大约四分之一的农作物。在西方，老鼠常出现在噩梦中，令人恐惧厌恶。但它们强大的生存力却赢得人们不由自主的尊崇。在东方，老鼠还与富有联系在一起，因为只要食物富足的地方就有老鼠聚集。一则日本谚语道："富有意味着招鼠。"

老鼠和耗子在文艺复兴及文艺复兴之前的大部分民间传说中区别不大。在希腊语和拉丁语中，两种动物都以"mus"（鼠）命名，这也是单词"mouse"（老鼠）的最初来源。"耗子"一词起源于中世纪前后的通俗拉丁语"rattus"。就像对其他相近动物（如老虎和狮子）所做的那样，人们将老鼠和耗子置于相反的两极，因此在西方，人们喜爱老鼠而厌恶耗子。在古代文献中，对"mus"一词的翻译常视其体积大小与是否具有攻击性而定为老鼠或耗子。

直到19世纪，新的建筑技术才使人类免受老鼠之害。在此以前，从仓房到皇宫的任何建筑中都能找到老鼠的身影。这种亲密关系也缓解了人们对其所造成破坏的愤怒。老鼠的确搞砸了许多饭菜,甚至毁坏了房屋,然而古人并不将其视为"魔鬼",这确实令人惊奇。人们很少目睹老鼠和耗子,但当夜晚入睡时却总能听到它们。人们心生同感,不由自主地想象在墙洞另一边的秘密世界里发生着什么。

围绕这一想象的最早出处是罗马诗人贺拉斯《讽刺Ⅱ》里《城里老鼠和乡下老鼠》的寓言故事。故事中,一只乡下鼠在自己的寒舍接待一只城里鼠,给它少许熏肉和一点剩菜,城里鼠却无法接受这样的食物。城里鼠向它的乡下同伴解释说,因为生命短暂,所以它应该尽量在更舒适的环境中度过光阴。不久后,乡下鼠接到了城里鼠共赴晚餐的邀请。"主人"一个接一个地献上前一天宴会剩下的美食,"客人"享受着它的好运气。突然,有人开始敲门,整个房子回荡着两条猛犬的吠叫。吓破胆的乡下鼠赶紧逃跑,说它宁可生活在平静中也不愿为奢华享受而冒险。这则寓言作为"城市老油"与乡巴佬的经典对比被现代大都市(如纽约或伦敦)中的人们广为传诵。

一直令我们惊奇的是,无论人类采取何种方法藏匿,老鼠总能找到食物。

寓言故事《城里老鼠和乡下老鼠》(理查德·海威绘,1910)

19世纪至今，人们用不计其数充满羡慕之情而少憎恶之意的逸闻趣事来表现这一现象。在许多作者笔下，老鼠或耗子能四脚朝天地将鸡蛋放在肚子上，让它的同伴像拉雪橇那样拉它。在另一些人的描绘中，为了够着桌上的食物，老鼠能站在各自的肩膀上组成"鼠梯"。不少知名作家甚至认为老鼠也有诸如安葬死去同胞的诸多繁文缛节。

不过，对老鼠的任何偏爱或对机灵耗子的赞美都不能阻挡现实中对它们数量的必要控制。埃及人在描画老鼠时常带喜爱，但他们也会在家中养猫和獴来捉鼠。

据希罗多德记载，一位名叫塞索斯（Sethos）的古埃及国王曾因征用士兵祖地而冒犯武士阶层。当亚述国王萨纳沙瑞普（Sennacherib，音译）以太阳神拉的祭司身份入侵埃及时，武士们拒绝支持国王。塞索斯在神庙内殿祈祷，哭泣，直至睡着。太阳神拉显现在他梦中，告诉塞索斯不要担心，即便只剩商人和艺人，他也应尽力组织兵力出面迎敌。战斗前一夜两军对阵，一群老鼠溜进亚述人的营地，咬坏弓弦、弓箭，使敌人无寸铁寸兵可用。不久后，一尊塞索斯的雕像耸立在拉的神殿中，雕像中的国王手捧一只老鼠，上面的题词写道："眼看我，敬畏众神。"

狮子一向被认为是王权的象征，因此以上故事可能是《狮子与老鼠》这则被罗马自由民菲德拉斯与其他人不断讲述的伊索寓言的最初来源。在《狮子与老鼠》中，狮子捉到一只老鼠，老鼠恳求狮子放过自己并承诺以后报恩。狮子觉得一只小虫能帮到百兽之王的想法很好笑，于是它大度地举起爪子放了老鼠。过了一段时间，狮子掉进猎人的陷阱，恰好老鼠经过看到狮子的不幸挣扎，就咬断绳子解救了狮子。从伊索寓言到20世纪美国卡通片《汤姆和杰瑞》，猫鼠间的永恒敌对关系是作家们最爱的主题。在一则广为流传的中世纪寓言中，老鼠们相聚"议会"讨论如何对付猫，并一致认为，猫最大的威胁是走起路来总是悄无声息。其中一只"鼠议员"提议应该把铃铛绑到猫脖子上，这样当猫靠近时就可以提醒所有老鼠。"议会"中的所有成员都对这一提议拍手称快。这时，一只刚睡醒的"元老"问："那谁去给猫戴铃铛呢？"

C.S.刘易斯在他的小说《狮子、女巫与魔衣橱》中也用了老鼠解救百兽之王的桥段，其中，众老鼠咬断了绑在狮王阿斯兰（这一形象代表耶稣基督）身上的绳索。日本故事里，中世纪有个名叫雪舟的画家，因为儿时曾浪费时间画画而被人绑起来。他用脚在沙地上画老鼠，老鼠突然活了过来，咬断了绑在他身上的绳子。

这一故事的现代版有埃德加·爱伦·坡的《陷坑和钟摆》：老鼠折磨一个被宗教裁判所绑在地牢里的人，但最终它们还是咬断了绳子使那人得以逃脱。所有关于老鼠救人的故事也可能与对亡灵的解放有关。因为对人类居所的偏爱，老鼠常被视作死人的化身；又由于与来生世界的关联，它们通常被冠以"千里眼"之名。有一种盛行的迷信说法：老鼠知晓何时沉船，若老鼠逃离船只则预示大祸临头。"像老鼠一样离开沉船"这句话是对那些稍遇危险便逃之夭夭之人的强烈谴责与蔑视。

在另一则据说由伊索创作的古希腊罗马寓言中，一个农夫发现山摇地动，山灰迸发，他想大山一定是要生产了，于是叫来同伴一起观察它会生出什么。就在他们又惊又喜地等待时，一只小老鼠从山口冒出，滚下山来。这则故事最初可能与人类生产有关。有时，在人恍惚或熟睡时，老鼠也代表灵魂出窍。在歌德《浮士德》第一部"五朔节之夜"一节中，浮士德在与一位年轻女巫夜舞狂欢时被从女巫嘴里跳出的一只老鼠吓跑。不过，今天"大山阵痛并生出一只老鼠"则指巨大努力付出后得到令人失望的结果。

将老鼠视作人类亡灵的观点大概源自哈梅林的范衣魔笛手故事，这个故事在中世纪有多个版本。1284年，德国哈梅林镇老鼠成灾，镇议会雇请一位衣着光鲜的吹笛人治理鼠害。他吹奏了一支神秘曲子，老鼠们纷纷跟随他来到威悉河边跳入河中。那个吹笛人消失了一段时间后在圣约翰节那天返回村镇索要报酬。当人们拒绝付给他报酬时，他又一次吹奏笛子。这次，镇里所有的孩子跟随他，山体洞开并吞噬了所有孩子。这则故事随着格林兄弟的故事集走进千家万户，也被罗伯特·布朗宁、歌德等人不断讲述。很多学者将这个故事与淋巴腺鼠疫、中世纪童子十字军东征或波西米亚南迁联系在一起。无论如何，风笛手与孩子或老鼠的形象很大程度上代表着中世纪死神通过舞蹈为亡灵引路。

在有关德国美因茨大主教哈托的传说中，老鼠与亡魂同样联系紧密。哈托在一场饥荒中奢侈享受并拒绝降价售卖教会食品店里的粮食；不仅如此，当他厌倦灾民的抱怨后还将那些面临饥荒的人聚集在一间大仓房里放火把他们全部烧死，并不屑地将他们比作老鼠。第二天早晨醒来，大主教发现老鼠已将他的画像吃掉。仆人告诉他老鼠吃光了粮仓里所有的东西。他向自己的领地放眼望去，却发现黑压压的老鼠大军正降临在教堂附近。恐惧中，他逃到莱茵河的一个岛上，并把自己锁在今天被称为"鼠塔"的地方。老鼠一路跟踪，咬开大门最终将其活噬。

在东亚，老鼠同样"友善"。传说中，当佛陀涅槃时，所有的动物都去拜见。牛领队，老鼠则骑在牛的背上。当众动物快到时，老鼠跳下牛背，抢在其他动物前跑到佛陀所在的亭子。作为对它虔诚的奖励，佛陀许诺老鼠居中国十二生肖的首位。

当佛教财神大黑天（Daikoku）出现时，他的手里总有一大包被老鼠啃咬的大米，那些老鼠也是他的信使。老鼠以其惊人的繁育力象征生财有道，然而有时甚至是大黑天也要保护自己的店铺免受老鼠的侵害。

在中世纪，耗子有时被认为是女巫的近亲或巫师的夜间化身。而几个世纪后爆发的严重腺鼠疫又使人们逐渐将疾病的发生与老鼠联系在一起，并由此开始憎恶它们。

19世纪后期，法国传教士保罗·路易斯·西蒙发现腺鼠疫是由跳蚤身上的杆菌引起，老鼠带以传播。从此，老鼠声名急转直下。这意味着在没有实证的情况下，老鼠背负了人类有史以来除战争外最大的"命案"。腺鼠疫可能伴随人类产生，但对它的描述则最先出现在《圣经》中。公元前11世纪初，非利士打败希伯来人并夺走神的约柜，"耶和华的手重重加在亚实突（非利士）人身上，败坏他们，使他们生疮"（《撒母耳记上》5：6）。罗马统治时期，商业繁荣与人口剧增使疫情变得更加普遍，灾害更加严重。公元531年至532年，东罗马帝国数以千万的人在鼠疫中丧命，疾病使整个城镇人口锐减。1348年至1350年，最严重的一次鼠疫爆发，欧洲三分之一的人口为此丧命。不过，21世纪初流行病学家的新研究却对老鼠是致命病菌的主要携带传播者这一论断产生了质疑，因为腺鼠疫也可能通过田鼠或直接的人体接触等方式传播。

中世纪，人们有时也将瘟疫归罪于犹太人，数以千计的犹太人因此被活活烧死。19—20世纪后期，老鼠常出现在反犹宣传中，卡通画者也将著名的"犹太鼻"画成老鼠的鼻子。由弗里茨·希普勒（Fritz Hippler）导演的纳粹宣传片《永恒的犹太人》将犹太人在世界范围内的迁徙与老鼠的泛滥相提并论。物理学家汉斯·辛瑟在观察比较了欧亚大陆本地黄鼠与由十字军船只引进的黑鼠后，坚信人类两次世界大战与这两种鼠类间的冲突如出一辙。乔治·奥威尔的小说《1984》中，主人公威斯顿最惨的遭遇是被一群老鼠咬噬。

大概是因着耗子被贬低的缘故，作为补偿，老鼠逐渐受到大众的喜爱。1928年，艰苦创业的沃尔特·迪士尼制作了第一部有声动画影片，将米老鼠塑造成一个手舞足蹈、大声狂笑的"汽船威利号"船长。随着迪士尼工作室成长为大型企业，米老鼠变得越来越沉默，在它的反对者眼里，甚至变得无聊。作为电视《米老鼠在线》的一部分，米老鼠俱乐部的成立可使孩子们戴着"鼠耳"唱歌跳舞并进行各种冒险游戏。

与此同时，越来越多的人类医学实验开始使用老鼠。1988年该领域首个专利颁发给动物领域（非微生物领域）的专利"哈佛老鼠"通过基因工程培养癌细胞，并将其用于研究。美国每年至少有两千万只老鼠命丧实验室，而这一数字很可能还在不断增加。为了找到针对个体病患的最佳治疗方案，医生们现在会用老鼠当替身，在其身上培育出与患者最接近的生理状况。在一些案例中，来自病人胃部的病菌会被转移到老鼠身上，以便医生尝试不同的治疗方案。相关实验人员甚至期望那些实验鼠体内最终能产出可移植的私人定制的免疫细胞，而这将在患者与实验鼠间建立起空前的亲密关系，因为它们是为自己的"人类双生子"而死的。这样的人鼠之间如此直接、如此切近，绝不容忽视。

普通的蝰与游蛇

第十三章

地下的动物

森林地表以下几米是有机物腐坏之地,同时又是新生命再生的乐土,因此,我们很难在此处区分生死。这片尺寸之地也是各种自然神祇的栖居所,如纳瓦霍和霍皮族神话传说里的蜘蛛女。在许多形式正规的宗教(如亚伯拉罕诸教)中,地下王国即是地狱,罪人在那里会受到魔鬼的折磨、烹煮、吞噬和处置。在"现代医学之父"帕拉塞尔苏斯的眼中,土壤中的生物(又称"土壤元素")是"地精",我们的大地是它们的空气,它们能在其中眼观一切、任意活动;体型微小的昆虫们拥有人形,也和人类一样会生出各样畸形儿。这些异想天开的见解反映了表层土生物生活习性的某些特点,如甲壳虫和蜈蚣就能在表层土中自由穿梭,如人类行走地表。

蚂　　蚁

在蚂蚁的房子里，露水就是一场洪水。

——波斯谚语

在希腊神话中，一场毁灭人口的瘟疫之后国王埃阿科斯（Aeacus）向至高无上的天神宙斯祈求赐予他如圣树上的蚂蚁那样多的臣民。于是，宙斯就将树上的蚂蚁变成勇士，那些勇士就是后来为阿喀琉斯而战的密耳弥多涅斯人。蚂蚁很像勇士：它们列队行进并表现得无比英勇；无论敌人多强大它们都会进攻；无论死伤多少它们都不会投降或撤退；失去脑袋的蚂蚁还会继续撕咬对手。就它们的体积而言，蚂蚁是世界上最强大的生物，他们能搬运比自己大好几倍的物体。

在另一则神话中，宙斯变身为一只蚂蚁与塞萨利少女欧津墨杜萨私会，欧津墨杜萨随后生下一个名叫密耳弥多涅斯的男孩，那个孩子就是那些尚武民族的祖先。行事高效的密耳弥多涅斯人不仅能在战争中得胜还能促进和平。像蚂蚁一样，他们也会勤劳耕种。

蚂蚁经常能深入神秘的地球深处，在其中发现各种金属和珠宝。希罗多德曾认为印度的蚂蚁比狐狸大。当蚂蚁在地下挖洞时，它们会向地面抛出一堆堆含金的沙子，在不远处静候的印度人会迅速将沙子装入袋中用骆驼运走。寻宝者不得不依赖于这种突然袭击，因为蚂蚁追过来也是极其敏捷的。[①]

在伊索寓言《蚂蚁与蚱蜢》（见本书第五章"蝉、蚂蚱与蟋蟀"一节）中，勤劳的蚂蚁变得如在战斗时一样冷酷无情。《圣经》中所罗门就有这样一句话："懒惰的人哪，你去察看蚂蚁的动作，就可得智慧！"（《箴言》6：6）蚂蚁的勤勉在全世界是出了名的。

生活在地底、与亡灵世界接近的生物是令人恐惧且充满神秘的。在亡灵节那天，耄那教教徒与某些印度教徒会给蚂蚁喂食。在西非部落的传统观念中，

[①] 希罗多德：《历史》，王以铸译，商务印书馆，1985年，第241页。

放哨的蚂蚁士兵（路德维格·贝克尔绘）

蚂蚁是诸神的信使。在古希腊和古罗马时期，蚂蚁有时会出现在预示性的梦中。当麦得斯国王（King Midas）还是个孩子时，他曾梦见蚂蚁将谷粒放在自己唇边，这预示着有一天他将获得巨大财富。

据普鲁塔克记载，希腊指挥官西蒙在与波斯人交战时向狄俄尼索斯献祭了一头山羊，蚂蚁爬满山羊全身并把羊血涂在西蒙的大脚趾上，这预示了他即将面临死亡。人们在占卜中使用蚂蚁：脚踩蚂蚁会带来雨水，家门附近若有一窝蚂蚁意味着你将变得富有。

虽然蚂蚁有冷酷的名声，可它们在民间传说中却时常保护弱小。在公元1世纪罗马作家卢修斯·阿普列乌斯的小说《金驴记》中有则名为《丘比特与塞克》（Cupid and Psyche）的故事。故事中，少女塞克爱上了丘比特，但丘比特的母

在梨树中集合的蚂蚁（路德维格·贝克尔绘）

亲维纳斯却不同意。她抓住塞克，将她关进一间存放多种谷物垛的房子，要求她在傍晚前将谷物分好。同情塞克的蚂蚁帮她一根根地分好了。

在康沃尔人的传说中，蚂蚁是在几个世纪的生长中逐渐变小几近消失的仙子；而在其他传说中，它们是那些天堂地狱都不接纳的未受洗孩子的灵魂。所有这些传说都揭示了人与蚂蚁的亲近感。这其中部分原因可能来自人体与蚁体的相似，即大头大臀和细腰；另一种可能的原因是它们弱小的身体引起了我们的同情。

蚂蚁在许多欧洲故事中是懂得感恩的动物。在拉·封丹的一则寓言中，鸽子用一片草救了落水的蚂蚁，后来，猎人想射杀那鸽子，是蚂蚁咬了猎人的脚后跟而使他的箭偏离目标的。

拉·封丹版《蝗虫和蚂蚁》（J.J.格朗维尔绘，选自《拉·封丹寓言故事》，1839）

在美洲阿芝特克人的神话中，玉米种子曾被红蚁藏在山上。羽蛇神变身成一只黑蚁为人类盗取了种子。与很多欧洲神话相同，谷物联系着人与蚂蚁。在霍皮人的传统观念中，人类最初是由蚂蚁变来的。

亨利·梭罗在他的《瓦尔登湖》里记述了柴堆中两队蚂蚁在"横尸遍野"下激战的情形：一边是"红色共和党"，一边是"黑色保皇派"。"两边都投入到激战中……人类军队从没有如此决绝地战斗过"，当红队英勇的阿喀琉斯为阵亡同伴复仇杀死一只黑色赫克托耳之际，敌人的骑兵包围了它。温文尔雅的瓦尔登湖隐士如此激动地描写了这场厮杀，那些不相信今天仍有英雄存在的人或许应当多花些时间去参观蚁穴。蚂蚁生活的世界有点类似古罗曼语族的世界，其中充满了各种怪物（即白蚁、蜘蛛、啄木鸟或人类），蚁穴周围也充斥着拥有神秘力量的王国，因此它们为了生存必须不断战斗。

也许当世界大部分地区还处在君主制统治之下时，我们倒很容易理解蚂蚁。蚁穴是看似完美的专制主义国家，每只身处其中的蚂蚁都要接受自己的命运。不过，当政府变得越来越民主时，我们就很难认同甚至相信蚁群的组织状态了。艺术家和作家都曾试图赋予蚂蚁个性，但那绝非易事。

人们仔细观察蚂蚁时并不确定会发现什么。据米歇尔·德·蒙田在《为雷蒙德·塞朋德辩护》中写道，哲学家克里安西斯（Cleanthes）曾观察过两个对立蚁群间的谈判，在一番讨价还价后，一方用一条蠕虫换得了一只蚂蚁的尸体。

J.G.伍德（Rev.J.G.Wood）在其著名的有关动物逸事的作品集《人与兽》（1875）中记载了一位女士消灭几只蚂蚁的故事："过了一会儿，另一只出窝蚂蚁发现了它那些死去的同伴，于是，它返回洞中叫来更多的蚂蚁，它们每四只抬一具蚁尸，两个在前两个在后，并不时相互替代以免太累，蚂蚁们最终抵达一座沙丘，在那儿埋葬了死者。不过，大约六只蚂蚁拒绝帮忙挖坟墓，它们被其他蚂蚁处决，其尸首在没有举行任何仪式的情况下被扔进乱葬岗。"

蚁冢犹如大都会或庞大军队，人们在其中很难区分个体。但即便如此，蚂蚁中也有离经叛道者。迪士尼电影《蚁哥正传》里就有只名叫Z的不像其他蚂蚁那样劳作跳舞的蚂蚁。Z渐渐使其他蚂蚁像它一样思考，它拯救王国于洪水并与公主结了婚。它们此后的生活幸福吗？成千上万的蚂蚁出生了，但蚂蚁王国似乎没有多少变化。这部电影或许反映了60年代后期西方社会限制的放松，它似乎在告诉我们："革命可能充满乐趣，但别期望太多！像蚂蚁一样，我们的本性是不会变的。"

我们关于蚂蚁的说法都不甚准确。它们并非真正的共产主义或独裁主义，它们也没有工人、士兵、奴隶或女王之分。随着科学家对其生活的更多发现，蚂蚁们的经历变得越来越难被人理解。法国作家柏纳·韦柏（Bernard Werber）在其小说《蚂蚁王国》中解释说，蚂蚁主要靠气味、外激素传递信息，所以它们就像一个散布在地球上的巨大整体。一只年轻的并从群体中分离的母蚁会寻找一个新的蚁冢，她会在满布甲壳虫、白蚁和鸟的庭院世界探索并最终成为一个足以挑战人类的蚁群女王。

其实，蚂蚁并不能真的威胁人类，它们的历史也比人类历史久远。蚂蚁遍布世界，从巴西雨林到纽约人行道中狭小的缝隙无处不在。尽管它们看起来脆弱不堪，但蚂蚁却能在经历核试验后生存下来。文艺复兴时期画中的蚂蚁有时会吞食大象，这显示了万物的变化无常。

甲　虫

被我们践踏的可怜甲虫

肉体承受剧痛

好像一个巨人逝去

——威廉·莎士比亚《以牙还牙》

甲虫经常出没于垃圾堆、粪便周围或阴湿的区域，人们经常将它们与污秽、肮脏、腐坏联系在一起，不过，我们可将甲虫的生活环境理解为孕育生命的"肥堆儿"。在古代地中海地区，人们相信生命（尤其是昆虫的生命）自发产生于那些腐烂的东西中，一些种类的甲虫还被奉为神明。

而其中最重要的当属出现在各种护身符与木乃伊裹尸布上的粪金龟或"屎壳郎"。粪金龟以粪便为生，出没于农场周围。它们会在消耗掉一大块粪便前先将粪球推入地下洞穴。对古埃及人来说，粪球的运动象征太阳横越天际，粪金龟也被神化为太阳神拉，创造与不朽之神科佩拉（Khepera）也长着粪金龟头。雌性粪金龟会把卵产入洞里提前裹好的粪球中，不认可此种繁衍方式的埃及人相信从球中孵出的卵是自发产生于土壤中的。

另一些甲虫在埃及人眼中也是神圣的。一种经常出现在护身符和象形文字中的身形纤长的磕头虫（Agypus notodonta）与生育及战争女神奈斯同等神圣。在埃及文明后期及托勒密、罗马时期，人们会将甲虫的尸体制成木乃伊并安放在微型石棺里以期它们可以转世。根据沙博诺·拉塞（Charbonneau-Lassay）的说法，对特定甲虫的崇拜最终是由埃及传至地中海大部分地区，并向南到达非洲、霍屯督和卡菲尔。撒哈拉沙漠以南非洲地区的人们直到18世纪还对金色的玫瑰金龟子崇拜不已。

有一种被称为"ladybug"或"ladybird"的色彩亮丽全身橘底黑点的瓢虫，其中"lady"代表处女玛利亚。法国人有时将这种昆虫称作"poulette à Dieu"（"上帝的小宝贝"），这些将名称与古代宗教圣徒相关联的说法至今无法得到确证。

一种说法是：甲虫曾被尊为北欧的爱与美之神弗蕾娅。将瓢虫与太阳联系在一起表明：人们对它的崇拜可能与埃及甲虫相关。

当衣服上飞落一只瓢虫时你千万不能伤害它或将它碾死，因为瓢虫会带来好运，你应该让它自己慢悠悠地飞走或轻轻吹走它。英国就流传着如下小诗：

瓢虫，瓢虫，

飞回家中，

家中着火，

孩子被烧。

这首诗可能指涉瓢虫与太阳的关联，其原因或许源自瓢虫背部鲜亮的红色。另一种说法则认为这首诗描绘的是人们在丰收后火烧啤酒花藤清理田地的场景。有时，人们也认为如若续写此诗，瓢虫将会飞上爱人的心田，代人传情达意。

在传统乡土社会，生命的衰败与重生会在给土地施肥这类年复一年的劳作中显现，但今天的西方文化却很少与之相联系。有时，作为"害虫"的甲虫象征不可救赎的污秽。在德国犹太作家弗兰茨·卡夫卡的《变形记》（1915）中，一个受家庭工作压榨的销售员格里高尔·萨姆沙一天早晨醒来发现自己变成了一只大虫子。小说没有说得很明白，因此一部分读者认为主人公变成了一只蟑螂，但从文中虫子四脚朝天无助地躺在硬壳上的描写可以看出它应该是一只甲虫。虽然受到家人厌弃、死后被扔进垃圾桶，但格里高尔毫无怨言，这使他成了类似殉道者耶稣基督式的人物。

蝎　子

> 不要忘记耶和华，你的神，将你从埃及地为奴之家领出来，引领你经过那大而可怕的旷野，那里有火蛇、蝎子、干旱……
> ——《申命记》（8：15）

蝎子出没于缝隙、地洞或一些角落，因此人们常将其与神秘力量相联系。蝎子能像蛇那样突然出击，令被咬之人疼痛难忍，有时甚至丧命。虽象征邪恶，但它们也是神用来惩罚人类的工具。

这种双重象征在古埃及时代就有表现。奥西里斯邪恶的兄弟、神祇赛特化成蝎子袭击圣婴荷鲁斯——这毫无疑问源自古埃及人的常识：孩童特别容易受到蝎子叮咬——后来智慧神托司的灵丹妙药救了圣婴。不过，负责婚姻、繁育、冥界的女神赛勒凯特（Selket）也能用蝎子与邪恶力量做斗争。画中的赛特通常为蝎身人头的蝎人或一只手持埃及安可十字的蝎子。此外，她还被描绘成一位头上或手中有蝎子的女人，罗马人最终用这一形象寓意非洲大陆。

赛勒凯特，古埃及蝎子女神

在赫梯人与巴比伦人那儿，与赛勒凯特相当的是女神艾莎拉（Ishara），她是爱与母性的化身。在她的光辉下，蝎子首次被美索不达米亚的闪族认定为十二星座之一，蝎形人的身影也常出现在他们的艺术品与文学中。蝎形人通常长着人头、鸟翅、鸟爪、如蟒蛇般的阴茎和蝎尾，它们有时与邪恶母神提亚玛特（Tiamat）相关，但蝎形人也是太阳神沙玛什（Shamash）的随从和卫兵。在史诗《吉尔伽美什》中，蝎男与蝎女共同守卫着太阳初生的山峦。

在古希腊罗马神话中，技艺高超的猎户夸口将杀死所有动物，听到此话的地母盖亚派出一只蝎子咬掉了猎户的脚后跟并杀死了他。圣医阿斯克勒庇俄斯令猎户起死回生，可宙斯却觉得这样扰乱了生死秩序，于是，他又用一道闪电劈死了猎户。如今，在十二星座中，象征生死的天蝎座与猎户座伴随太阳升起

乌尔地区考古发掘出的嵌在竖琴上的蝎形人，约公元前 2600 年

降落，不断上演着生死之战。

　　蝎子在中国是五毒之一，但其形象可以用来避邪、除病。拜火教认为蝎子是恶神阿里曼（Ahriman）创造的；但在密特拉教中，当密特拉献祭公牛重新创世时，蝎子是其中一个陪伴他的动物。

　　在基督教中，蝎子常代表暗中埋伏等待不期旅者的魔鬼。耶稣对他的门徒说："是的，我已经给你们权柄可以践踏蛇和蝎子……"（《路加福音》10：19）中世纪晚期及文艺复兴时期，伊甸园中的引诱者有时会被描绘成一个具有女人面孔与蝎尾的动物（这一形象可追溯至赛勒凯特），而非蟒蛇。一些厌恶女人的卫道士还将蝎子穴居与女人利用美貌隐藏邪恶目的相类比。

蛇与蜥蜴

> 耶和华神所造的,唯有蛇比田野一切的活物更狡猾。
> ——《创世纪》(3:1)

蛇能一次繁育多条小蛇,因此常象征丰饶。它们的外形和棕色皮肤与植物根茎尤为相似,其缓缓起伏摇摆的样子也代表了河流。蛇体肌肉瞬间收缩带动身体前驱的样子就像无始无终岁月中起伏的一瞬。正如时间本身一样,蛇看似前行实则静止;不仅如此,蛇身也像那些我们用钢笔、毛笔或圆珠笔写下的用以组成文字的符号。古时凯尔特人与其他民族的装饰性字母常被描画成卷曲的蛇身,蛇爬过沙地留下的痕迹甚至可能启发了字母的发明,蛇身卷曲起来形成球体的样子使人们将其与太阳联系在一起。

在一则有关释迦牟尼(佛祖)的传说中,一次当释迦牟尼沿悬崖前行,俯视望见一条智慧巨龙。求道者释迦牟尼向巨龙询问了许多问题,巨龙一一解答。最后,释迦牟尼询问巨龙生死何意,巨龙却说自己得先填饱肚子才能解答。释迦牟尼允诺献出己躯,巨龙遂揭晓了至理。之后,释迦牟尼屈身投入巨龙张开的大嘴中,可龙嘴突然变成了一朵莲花并把他送回了悬崖边。蛇(在这个故事中是龙)是相反事物间永恒的使者:善与恶、创造与毁灭、女人与男人、天与地、水与火、爱与恐惧。

蛇的性器官没有暴露在外,人们很难区分它们的雌雄,因此,蛇常象征性别分开前雌雄同体的原初状态。不过在古代,蛇却与众多女神有关,其中包括希腊女神雅典娜、美索不达米亚女神伊什塔尔、埃及女神布托(Buto)以及其他等等。蛇形神祇中有巴比伦原始女神提亚玛特,世界正是自她的血液中创造而来。古埃及法老会在头上佩戴有"神圣毒蛇"(ureaus)的王冠,而"神圣毒蛇"是守护女神吉玛特幻化成眼镜蛇的样子。对于生活在澳大利亚北部海岸线上的原住民来说,彩虹蛇在所有神灵中最重要。人们能在蜿蜒的河流、山谷、岩石以及洞穴中看到彩虹蛇的痕迹。

随着更多的人转向具有排他性的宗族神祇，出现了对蛇崇拜的大规模抵制，这就是为什么从早期城市文明开始，神话中的蛇往往具有破坏性。埃及人相信，每晚当太阳神拉的船通过全地时，巨蛇阿佩普都会试图吞噬它。在古时，几乎每个主要神祇或英雄都杀过蛇，杀蛇之事在中世纪也很多。巴比伦主神马杜克杀了蛇女神提亚玛特，宙斯杀了巨蛇堤丰，宙斯之子阿波罗为得到位于特尔斐供奉女神盖亚的神殿杀死了巨蟒皮同，还在摇篮里的赫克勒斯勒死了两条蛇。传说中希腊文明的创造者卡德摩斯杀死了一条大蛇后种下蛇牙，从中生出很多武士，他们是底比斯众贵族的祖先。北欧神话中的英雄西格尔德杀死了巨龙法夫纳，英格兰、俄罗斯和威尼斯的守护神圣乔治杀过一条龙，而圣帕特里克则把蛇赶出了爱尔兰。甚至在今天的德克萨斯，一些社区每年还会举办"响尾蛇围捕"，活动中人们欢快地将响尾蛇收集在一起，挑逗它们，最后将它们杀死吃掉。

在那些极少或从不与外界联系的文明中，蛇的形象通常大同小异。在阿兹特克神话里，地母科亚特利库埃（Coatlicue）是生活在一片原始海中的雌蛇，阿兹特克人为其雕塑的一尊可追溯至14世纪的纪念石雕令她举世瞩目。这尊雕像现馆藏于墨西哥城中的国家人类学博物馆中，它也是迄今为止人类所创造的雕塑中最骇人的一个：两个相互对视的响尾蛇头，由群蛇编就的裙装，脖子上有人心和人头骨串成的项链。据阿兹特克神话记载，科亚特利库埃在没有交配的情况下生出了许多神祇，其中包括太阳神维齐洛波奇特利和智慧神魁札尔科亚特尔。在一则故事中，科亚特利库埃的大女儿柯约莎克（Coyolxauhqui）为其兄弟姐妹的出生深感愤怒，与母亲反目。全副武装出生的太阳神维齐洛波奇特利砍去了她的头颅并将之抛向天空，头颅瞬间变成了月亮，而柯约莎克的其他兄弟姐妹则变成了天上的星辰。地母科亚特利库埃与蛇女神提亚玛特有很多相似之处，包括骇人的外表、与蛇的紧密联系以及在无交配情况下繁育后代的能力，二者可能都来自人类从欧亚大陆迁徙到美洲以前的同一个神话源头。

亚当夏娃偷吃禁果被赶出伊甸园后，耶和华便诅咒蛇从此爬地而行，但正如《圣经》中的上帝常常会愤怒、嫉妒、武断，似乎并不总是好的那样，伊甸园中的蛇也并不总是邪恶的。在中世纪和文艺复兴时期的画中，伊甸园里的蛇经常有一颗人头（通常是女人头）。《失乐园》中，弥尔顿是这样描写蛇的：

> 上半身是女人，十分妖艳美丽，
>
> 下半身巨大，盘蜷，满是鳞甲，

一条海蛇画像，据报道 1743 年曾有人见过它

是一条长着致命毒刺的大蛇。

有时，蛇是夏娃的水中影镜中花。即便画中的蛇头一副凶残相，夏娃似乎也会时常与之眉目传情，而一旁的亚当则是一脸困惑。夏娃与蛇共享女性智慧，伊甸园中的蛇也被视为亚当的第一位妻子、苏美尔的魔鬼女神莉莉斯。

蛇眼大而尖锐，看上去很神秘。老普林尼和其之后的无数作家都曾记载说，只要被蛇盯上一眼就会昏睡或毙命。据说，长有头冠、翅膀的蛇怪和美国响尾蛇都有这样的能力。很多记者、小说家以及严谨的自然科学家们都描写过天上的飞鸟在蛇的仰视下坠落地面之事。有时，蛇也会将它们的超自然力量实施到人身上。

蛇常常被诺斯替教徒和炼金术士顶礼膜拜，奉若神明。在古代，蛇象征康复。在美索不达米亚史诗《吉尔伽美什》中，蛇盗取永生仙草（plant of immortality）后蜕去蛇皮得以长生不死。从古希腊到古中国的医者都知晓某些特定的蛇毒可用来治疗如麻痹、瘫痪这类病痛。

蛇与起死回生的希腊神医阿斯克勒庇俄斯有关。古希腊医生（或"Asclepiads"）对蛇的医疗功效信心十足，有时，他们会将其放到高烧病人的床上。作为一种安慰，冰凉的蛇身使病患相信自己能够康复。两蛇盘旋缠绕而成的墨丘利节杖（The Caduceus）被阿斯克勒庇俄斯之女许革亚（Hygeia）和赫尔墨斯所持，今天，它仍象征医学职业。

炼金术士认为，宇宙正是从蛇和四元素中形成的。在所有动物中，蛇与地

众蛙环绕下的一条蛇（河锅晓斋翁伝绘）

球的关系最紧密，这进一步带出了蛇与火的联系，因为火是从火山里蹿出来的。蛇吐出的红信子也会使人联想到火焰。（尤其）欧洲传统中龙可以喷火，而蛇则经常出没于水中，其充满韵律的运动代表了水中波浪。画中的龙和其他蛇形生物都带有翅膀。

最受炼金术士欢迎的形象中有一条象征太初合一、口含其尾的大蛇（ouroboros），这一形象至少可追溯至古埃及《亡灵书》（成书于公元前1500年左右），而后又被古希腊宗教中的神秘主义继承。类似的形象还有北欧神话中盘绕地球的巨蛇米德加德（Midgard）。中国人曾用V形蛇牙象征生命本质，而V形蛇牙倒过来的样子则代表逝去祖先的魂灵。

尽管大多数（而非所有）蜥蜴长有四肢，但在民俗学中它们通常会被当成蛇。由于蜥蜴常静立在烈日下的沙漠里，它们有时也与物我两忘的冥思之境相连。老普林尼曾不无怀疑地记载说，在欧洲南部出没、肤色黄黑的火蜥蜴能够凭借身体的冰凉扑灭火焰。文艺复兴时期颇具影响力的炼金术士、医者帕拉塞尔苏斯曾认为火蜥蜴浑身是火。静坐于窑炉中的火蜥蜴形象代表深奥的知识，它还被比作被巴比伦王扔进烈火窑但却毫发无损的三位希伯来青年（《但以理书》3：22—97）以及坠落地狱的耶稣基督。

即使是强烈反对古老蛇崇拜的希伯来人也会偶尔赋予蛇上帝般的超自然力。在《出埃及记》中，摩西和亚伦要求法老放走全境的以色列人，为了展现上帝的神力，亚伦把自己的杖丢到法老和他的臣仆面前，杖立刻变成了一条蛇。在法老的指示下，宫廷魔术师各自丢下他们的杖，杖也变成蛇，但亚伦变的蛇吞了他们所变的蛇。（7：9—13）后来，在动身前往迦南的途中，希伯来人被火蛇所伤，摩西指导以色列人制造了一条挂在杆上的铜蛇，凡被火蛇咬的，一望那铜蛇，就活了（《民数记》21：4—9）。若不是经文中允许出现这样的故事，希伯来人还以为这是巫魔之术和拜偶。最令人惊奇的龙要数《圣经·启示录》中与圣米迦勒争战的那条蛇，它有七个头（每个头上都长有一个头冠、十只犄角）和一条足以遮蔽三分之一星空的尾巴。

民间文化中对蛇的看法通常是积极的。特洛伊城被攻破后，埃涅阿斯漫游期间，其父安喀塞斯逝世。登上西西里岛，埃涅阿斯便开始为其父举行葬礼：泼洒美酒、鲜奶以及献祭动物的鲜血，然后向坟堆上抛撒鲜花，吟唱挽歌。正在他准备诉说之时，维吉尔写道：

> 一条油亮的大蛇从墓穴深处爬出，盘了七盘，弯了七道弯，安详地抱住坟墓，又游过祭坛；它的脊背布满了蓝色的斑点，它的鳞甲闪耀着金色的光辉，就像一条彩虹迎着日光，像云端投射出一千条变幻的颜色一样。埃涅阿斯见了，大为惊异。最后，它拖着顽长的躯体在祭杯和光洁的祭器之间爬行着，品尝着祭品，吃完之后，离开祭坛，毫不作践地又回到坟墓深处去了。

那条蛇是安喀塞斯的灵魂，之后，埃涅阿斯又在冥府中遇到了父亲的亡灵。古罗马人有时会在家里的神龛中养蛇。

生活在黑海边、以骁勇彪悍著称的斯基泰人认为，他们的祖先是第聂伯河之女——一位上身人形、长有蛇尾的女子。除古罗马人以外，还有许多其他民族（如澳洲原住民）将自己祖先的样子想象成蛇形。传说中，祖鲁国的历代国王有时也会转世化身为能力超凡的蛇。

尽管雌雄难辨，蛇却与生殖繁衍密切相关。世间流传着许多"蛇情人"故事，其中之一便来自兼具印度波斯文化印记的《五卷书》。故事中，一位婆罗门男子与其妻渴望生子而不得。一天，男子听得庙中一个声音向他保证，说他一定能得到一个长相性格举世无双的男孩。没过多久，男子的老婆果然怀孕，可生下的却是一条蛇。朋友都劝女人把蛇杀了，但女人坚持将蛇当作自己的孩子抚养——将其养在大盒里，给它按时冲洗，并供以美味佳肴。在女人的催促下，她的丈夫甚至为那条蛇娶了朋友的漂亮女儿做老婆。女孩恪守妇道接受了婚事并开始照看蛇夫君。有一天，女孩儿听到一个陌生声音在房中唤她，起初还以为是陌生男子闯入了她的卧室，不过，那是她脱去蛇皮变成人形的丈夫。为了防止自己的儿子再变回蛇形，第二天清晨，婆罗门男子烧掉了蛇皮，之后，男子自豪地向邻人介绍了这对年轻夫妇。

在拉丁语中，蛇与龙都用相同的词（draco）表示，我们可以像中世纪和文艺复兴时期的动物学家们那样，对二者不予详细区分。爱德华·托普塞在《四足动物，蛇与昆虫的历史》（1657）中写道："有些龙有翅无足，有些龙无翅无足，它们与普通蛇类的唯一区别在于长在头顶的龙角和下巴上的胡须。"龙的种类远超于其他神话动物，在蛇形外观的基础上，它们是许多动物的集合体，比如长有蝙蝠的翅膀或鹿的角。或许是因为蛇往返于组成万物的四元素间，所以在它转世为龙后便具有了其他动物的特点。

在古代中国，蛇受到人们普遍尊崇。进入20世纪，中国南方的某些庙宇仍保留着饲养圣蛇并为其提供美酒蛋食的传统。相传，在佛祖冥思静修以求得道之时，一条蛇爬近佛祖，将自己的身体围绕佛祖七圈，然后守护佛祖七日以护佑其免受森林中其他动物烦扰。中国文化逐渐将蛇与龙严格区分开来，其中蛇往往处于劣势，最终龙、蛇成了十二生肖中相互对立的一组。

中国龙当属最奇幻多彩的组合之一。出生时，龙看起来就是一条普普通通的蛇，但千万年之后，它逐渐长出了骆驼头、鲤鱼鳞、雄鹿角、野兔眼、野猪牙和公牛耳。此外，它还有四条长满爪子的短腿、一个长着长牙的嘴巴以及背上随风飘扬的鬃毛。龙鼻喷出的火和热气形成的云朵能够影响天气。在中国传统中，龙年受孕会得到特别的祝福，因此，华人社群总在龙年迎来生育高潮。

伴随现代社会的发展，人们越来越多地赋予蛇以男性气概。传统神秘主义认为，蛇在生长的最初阶段具备女性特质，而后才变为男性。这一观点被弗洛伊德的精神分析学说强化，弗氏学说通常把蛇解释为男性生殖器。在詹姆斯·乔伊斯的《一个青年艺术家的画像》里，主人公斯蒂芬·迪达勒斯就称他的阴茎为"蛇，田野中最不易被察觉的动物"。

传说故事总将神奇的动物置于人类探索的最前沿，蛇便是其中一个好例子。伴随中世纪末期海洋贸易的扩张，在水手们讲述的传说中，"大海蛇"是仅次于美人鱼之后的第二重要形象。从苏格兰的尼斯湖到北美新大陆，目击蛇形生物的报道随处可见，并且这些报道经常来自那些拥有良好判断力、行事严谨的人。报道中的蛇形生物与北欧神话中的米德加德和《圣经》中的邪恶海怪类似：虽然细节各异，但它们大都身形巨长，蜿蜒而行。比如，据 1936 年 8 月 21 日的报纸报道，几名纽芬兰渔夫目击了一条至少有二百米长的海怪，怪兽"眼大如搪瓷锅"，鼻喷蓝色蒸气，腾空激起海浪致使"连续几天船只都不敢下海冒险"。

与狗或马等其他动物相比，蛇的象征意义并没有从根本上改变多少。当我们静静思索起源时——人类的起源、生命的起源，抑或是宇宙自身起源，蛇就会出现在我们的脑海中。今天，引导胚胎发育的遗传密码有时会被称作"宇宙蛇"。

蠕　　虫

> 我是沙皇——奴隶；我是虫子——天神。
>
> ——加夫里拉·杰尔扎温

在历史进程的大部分时间里，人们并没有将蚯蚓、鳗鱼和蛇严格地区分开来。直至19世纪，英语和其他日耳曼语中的"worm"或"wurm"有时还被用以指代蛇或龙，不过，蚯蚓却从未拥有过像蛇那样的邪恶魔力。由于面部特征难于辨识，区分单个蚯蚓极其困难，因此，它们很少被视为个体。蚯蚓甚至在神话和民间传说中也很少发声说话。

从远古时代，蠕虫就与湿润肥沃的土地相连。中世纪以前的人们认为蠕虫是从泥土中自然生出的，其部分原因是它们总在雨后现身。这一原始特点在一则写于公元前2世纪的美索不达米亚咒语"虫虫与牙痛"中是这样表述的：

安努（苍穹之神）造出天堂后，

天堂造出大地，

大地造出大河，

大河造出支流，

支流造出湿地，

湿地造出蠕虫——

蠕虫爬行，在沙玛什（太阳神）前流泪，

泪水流到埃阿（水神）面前：

您将赐下何物予我为食呢？

诸神先给了蠕虫一枚无花果，但它不要，而是请求诸神将自己放在人的牙床上。

在文学中，蠕虫通常象征卑微的地位。例如《诗篇》中就写道："但于此，我是虫，不是人，被众人蔑视，被百姓嘲笑。"（《诗篇》22：6）《以赛亚书》以上帝将造出新天新地的末世预言作结，在最后一段话中，上帝预言人们将如此膜拜他：

> 他们必出去观看那些违背我的人
> 的尸首,
> 因为他们的虫是不死的,
> 他们的火是不灭的。
> 凡人必憎恶他们。

蠕虫吃尸体,因此作为蠕虫的一部分而继续存在是所有那些无法超越肉身者的命运。

在中世纪及文艺复兴晚期,欧洲人对物质腐败越来越关注。那时,蠕虫象征着死后肉体的腐坏。画里的虫子常在一架人骨上爬进爬出,莎士比亚《哈姆莱特》中的一段话就展现了对这一生态循环过程的清晰认识:

> 哈姆莱特:一个人可以拿一条吃过国王的蛆虫去钓鱼,再吃那吃过那条蛆虫的鱼。
> 国王:你这句话是什么意思?
> 哈姆莱特:没有什么意思,我不过指点你一个国王可以在一个乞丐的脏腑里经过一番什么变化。①

动物中等级最低的蠕虫总能在最后获胜,这显示了万物间的终极对等。

蛇通常与道德败坏有关,而蠕虫常与物质腐败相连。蠕虫在水果、花朵中钻洞的习性略带色情行为的味道,同时也让人觉得它们是植物王国中的魔鬼侵占者。这在威廉·布莱克写于19世纪90年代的《生病的玫瑰》中很明显:

> 哦,玫瑰,你那病体。
> 看不见的蠕虫,
> 夜晚飞舞,
> 在咆哮的暴风雨中,
> 发现你殷红的欢床,
> 而他隐秘的爱恋,
> 摧毁了你的命。

不过,蠕虫与土地的关系有时宁静安详,有时令人忧虑。

查尔斯·达尔文生前最后一篇研究论文《蚯蚓活动下蔬菜霉菌的形成》,一些科学家对进化论创始人最终转向这一特定研究对象深感惋惜,但达尔文的

---

① 参见莎士比亚:《莎士比亚悲剧集》,朱生豪译,中央编译出版社2015年版,第184页。——译者注

选择反映了他对宁静田园的渴望。达尔文希望传达的是：在传统认识中处于生物链最低级的蚯蚓是自然循环中不可或缺的一部分，它们提高了土壤肥力，因此对包括人类在内的其他各生物的持久繁荣至关重要。伴随20世纪后半叶人们生态意识的增强，蚯蚓越来越多地代表了万物的最终归一，这一点在物理学领域更为明显，物理科学家将时空中的间断称为"虫洞"。

第十四章

海边的动物

一直以来，海岸都是一块神奇之地。人们能在其中找到五彩石、贝壳、小块珊瑚、表面光滑的碎玻璃以及由浪花带上岸的各种奇异物件。一些生物如海龟和海豹能在岸上海里自由活动，而另一些如海鸥则可翱翔空中。海岸常代表时间与永恒的交汇处。在民间传说中，海岸是变形生物的居所，比如故事里的海豹和天鹅就能褪去外皮变成人形，并与人类通婚。

由于海豹与海豚长居深海，它们已出现在第七章"美人鱼的伙伴"中。

海鸥与信天翁

最终，信天翁穿越迷雾而来，
如一颗基督徒的灵魂，
以上帝之名，我们赞颂它。

——塞缪尔·泰勒·柯尔律治《古舟子吟》

  水手们通常会仔细观察海鸟，因为它们的一举一动能反映天气或离岸距离的细微变化。然而，要理解这些鸟的飞翔与声音却只能通过直觉，除了迷信，我们依然很难有任何合理方法对之加以衡量。海鸟的飞翔不仅能帮助水手判断风力大小与陆地远近，还能启发他们不少白日梦。

  海鸥是出色的飞行者，能高飞或翱翔于风中。它们与其他海鸟盘旋空中静止不动，从地面看就像耶稣基督的十字架。这些鸟跟随船只，仿佛和人类有着某种亲缘关系；它们的叫声高亢响亮而忧伤。海鸥和别的海鸟容易被当成幽灵，特别是当它们的白色羽翼出现在漆黑夜空时。至少从中世纪至今，水手们相信海鸥、信天翁和暴风雨中的海燕是那些命丧大海者的灵魂。三只海鸥一齐飞过头顶预示死亡。宰杀海鸥或信天翁会遭厄运，因此渔民这时应该立刻放生笼中所有的鸟。当水手外出时，如果一只海鸥飞撞他家的窗户则预示主人正身处危难。

  在奥维德的记述中，曾出现在特洛伊边境的女神维纳斯（相当于希腊的阿芙洛狄忒）被鲁莽的希腊英雄大奥密所伤。后来大奥密凯旋，途中遭遇可怕的暴风雨，水手们相信这是维纳斯的复仇。一个昏头昏脑的水手阿克蒙就此嘲笑并威胁女神，同伴们都指责阿克蒙，他试图辩解，但自己的声音变得小到听不见。后来，阿克蒙的嘴变成了喙，四肢长出了羽毛，他与同伴们都变成了白鸟、海鸥和其他各种水鸟。在卢修斯·阿普列乌斯的《金驴记》中，海鸥是维纳斯的人间信使。

  在奥维德的《变形记》中，特塞利国王赛克斯（Ceyx）即将出海去祈求神谕，他的妻子哈尔库俄涅预感不祥，便请求国王放弃行程，并向他展示曾经劫后海岸上的船只残骸。当赛克斯固执己见时,她便请求陪伴国王,因为她说,即使船遭遇风暴沉没,至少他们将在一起。国王经过良久沉思,最终拒绝了哈尔库俄涅的请求,并向她保证在两个月内返回。国王的船只果然在暴风雨中沉没。婚姻女神朱诺托梦给哈尔库俄涅,梦中赛克斯赤裸苍白,被海水冲刷着。哈尔库俄涅惊醒,借着黎明之光跑到岸边,在远处望见了自己的丈夫。当哈尔库俄涅划过海面慢慢靠近赛克斯时,她的臂膀变成了羽翼,鼻子变成了喙。这时,赛克斯从海底复活,他们变成一对双飞鸟。自此每到冬季,哈尔库俄涅在海面筑巢孵卵时,海水风浪就会平息七天。故事中,奥维德并没有指明鸟的种类,但从荷马起,人们就认为哈尔库俄涅变成了一只半神话的欢喜鸟,学者们相信那正是被神化了的翠鸟。赛克斯的名字意译为"燕鸥",但奥维德更关注故事本身,他或许只把夫妻二人看作了海鸟。

  信天翁据说可以预报天气,在日本它是海神的仆人,因此寓意吉祥。但在西方,信天翁随船预示了风浪的到来。在塞缪尔·泰勒·柯尔律治的《古舟子吟》中,叙述者出于荒谬的冲动和躲避暴风雨的想法杀死了一只随船信天翁。随后,船只就此停止,船员们将鸟尸展于胸前,当作赎罪的十字架。只有他真正意识到要爱护生灵时,死去的信天翁才会从他脖颈掉落,船才会再次启动。

燕　子

> 真正的希望如飞翔的燕子那样快……
> ——威廉·莎士比亚《亨利五世》

　　燕子在空中捕捉飞虫时俯冲滑翔的动作和不间断的鸣叫有时带给人以哀伤之感。燕子归来春天到，因此在世界许多地方，它们都被视为一种充满欢乐的鸟。燕子经常把巢安在各类建筑的犄角旮旯里，因此它们与人类紧密相连。在法国和欧洲其他地区的乡间，人们相信自家房屋上的燕巢会保护宅院。燕子对古罗马人来说代表家庭守护神珀那忒斯。有时，人们会将燕子视作夭折孩子的亡魂，因此绝不可捕杀。燕子总在空中飞翔，以至中世纪人认为它们没有脚，部分缘于此，燕子被认为具有浓重的宗教意味。

　　埃及木乃伊上常有燕子图案，人们用它象征永生轮回。在一首由多萝西娅·阿诺德整理编辑的古埃及情诗中，一位年轻女子正从情人处折返：

　　燕子的叫声响起，
　　它说：
　　天已破晓，你的路在哪儿？
　　（女子回答道）别叫，小鸟！
　　你在责备我吗？
　　我与心上人同床共眠，
　　心之甜蜜满溢。

这首诗与中世纪吟游诗人们吟唱的《破晓歌》惊人的相似，其中，情侣们常被百灵鸟或其他鸟的叫声吵醒。

　　据普鲁塔克记载，当伊西斯重新找到俄赛里斯的棺椁时，她便化作燕子在俄赛里斯身边飞来飞去以示哀悼。在意大利传说中，悲痛的玛利亚站在十字架前，众燕子上前抚慰，它们向下飞落直到能用自身羽毛轻触圣母。玛利亚的泪珠滴落在燕子胸前，使它们的羽毛由黑变白。画中燕子常在受难耶稣旁飞来飞去。

在瑞典传说里，燕子则用其翅膀为耶稣扇风纳凉。在虔诚的基督徒眼中，燕子出现即代表耶稣复活。人们常将各类昆虫（尤其是苍蝇）和魔鬼相连，而代表上帝的燕子则可以无情地捕食各类小虫。

经过仔细观察，人类将燕子视作冬去春来的标志。希腊时代罗马人巴比乌斯（Barbius）记录了这样一则寓言：男子眼见一只燕子，以为春天已至，于是他拿自己的冬衣当赌注，结果输了。不久后，暴风雪来临，那只燕被冻死。"可怜的家伙，"男子叹气道，"你不仅骗了自己，还愚弄了我。"名言"一燕不成春"或许就源于此。

由于燕子的飞行轨迹与蝙蝠相似，许多欧洲人曾认为前者会在洞穴冬眠。在1767年8月4日的一封著名书信里，英国牧师、自然学家吉尔伯特·怀特出现了一次少有的失误。一年冬天，英格兰苏赛克斯地区有一大块白垩岩壁坠落。据当时报道，人们在碎石中发现许多燕尸。虽对此报道稍存疑虑，怀特还是认为那些死去的燕子可能是在冬眠。大约六年半后，怀特观察到每年第一批燕子总在池塘边出现，而消失于霜冻后。于是，他指出燕子可能在水下冬眠。17、18世纪的个别自然学家甚至认为燕子会暂居在月亮上。在伊斯兰国家的传统观念里，燕子是神圣的，因为它们每年都要到麦加朝圣。直到19世纪人们才绘出燕子的迁徙之途。

与蜘蛛争夺苍蝇的燕子（J.J.格朗维尔绘，选自《拉·封丹寓言故事》，1839）

鸭子、鹅与天鹅

> 但此刻它们漂浮于静谧的水面,
> 神秘而美丽;
> 它们会筑巢于哪片芦苇丛,
> 哪个湖畔,哪个池边
> 使人赏心悦目,
> 可我有天醒来,却发现它们已飞走?
> ——威廉·巴特勒·叶芝《柯尔庄园的野天鹅》

天鹅、鹅与鸭都是水鸟,比之陆地,它们更愿待在水里或空中。不过,丰富的食物也吸引着它们聚集岸边。如有陌生人接近,它们就会集体飞离。由于其整齐划一的行动,它们身上似乎有某种超物种的团结。梵文中"hansa"一词就指代以上三者,但在民间传说中,天鹅、鹅、鸭却有着迥异的特征。或许是因为羽翼洁白、优雅异常,神话传说里的天鹅诗意、孤独而不幸;而鸭子则一般与其伴侣、幼崽一齐出现;民间故事里的鹅更合群、更接地气,它们是一群吵吵闹闹的家伙。

天鹅、鹅与鸭在史前时代的信仰崇拜中极为重要。欧亚大陆与近东各地都流传有许多创世神话,在这些神话中,世界是从一枚宇宙蛋中孵化而来。埃及人就认为太阳神拉是由一枚鹅蛋孵出的,许多已被发掘的古代小塑像兼具水鸟(如细长的脖颈和喙)与人类女性特征。巴丽加·金芭塔丝等学者曾推断出新石器时代的鸟女神崇拜。

古印度神话中的阿诗帕勒(Aspares)是一群化身水鸟的水中仙子,她们可能是天鹅仙女——这一欧亚大陆民间传说中重要形象——的雏形。世间(尤其在斯堪的纳维亚和欧亚大陆北部地区)流传着无数讲述水鸟变身女子嫁为人妻、后又变回原形飞走、徒留丈夫悲伤的故事。雅各布·格林及其他很多学者都将天鹅仙女与北欧神话中的女武神瓦尔基里(瓦尔基里在天上引领战死沙场的将士亡灵进入瓦尔哈拉骑殿堂）相连。

宙斯曾化身天鹅引诱少女丽达，之后丽达诞下双胞胎英雄卡斯托尔和波吕丢刻斯。丽达本身可能曾是天鹅女神。在此传说的其他版本中，丽达产下两枚蛋，一枚生出了英雄双胞胎，另一枚孕育了特洛伊的海伦。在阿波罗多洛斯的记载里，为了逃脱多情的宙斯，命运女神涅墨西斯化身成鹅，但宙斯又变成天鹅强暴了她。涅墨西斯产下一枚蛋，结果那枚蛋被林中牧人发现后将其带给丽达。丽达把蛋置于箱内，海伦最终从中孕育而生，丽达视海伦为己出，将她抚养长大。

对古希腊罗马神话中的太阳神阿波罗而言，天鹅是神圣的。早在公元前3世纪，希腊钱币上就出现了天鹅。在希腊早期宗教信仰中，人们有时认为天鹅会每天驾着阿波罗的战车穿越天际。不过，在后世故事中，马取代了它们。古希腊哲学家柏拉图被誉为"阿波罗的天鹅"。据传，苏格拉底曾梦见一只初出茅庐的天鹅从神坛飞向他，为爱献身，在他膝间逗留片刻后又伴着美妙的歌声飞走。梦醒后，柏拉图就被人引荐到他面前。苏格拉底当即认出眼前的男孩就是那梦中天鹅。柏拉图在临终时也梦见自己是一只在树间来回穿梭的天鹅，世人无论如何都逮不到他。苏格拉底的前伴侣西米亚斯认为，柏拉图之梦寓意人们试图理解柏拉图之精髓，却始终不得要领。

伊良、老普林尼以及其他许多古代作家都记载过一则流传甚广的传说，即天鹅在死前会吟唱出无可比拟的天籁之音。中世纪晚期法国吕西尼昂家族府邸的标志就是一只被箭射穿、边划水边歌唱的天鹅。爱尔兰神话中的天鹅与死亡有着特殊的关联，其中，情人们会幻化成天鹅在尘世和往生世界间穿梭。在一则神话故事中，爱神安格斯（Oenghus）爱上了一个名叫卡尔（Caer）的少年，夏末节（每年11月1日）当天，安格斯变身天鹅飞向少年，少年也幻化成天鹅的样子，二人三次环绕村庄共舞歌唱，直到乡人们进入梦乡。时至今日，"天鹅歌"一说仍指代最终的惜别。

在另一则广为传诵的爱尔兰传说中，李尔王被废后，娶伊芙（Aev）为妻，他们共育三男一女，但好景不长伊芙即仙逝。李尔王续弦，迎娶了伊芙的妹妹奥伊菲（Aoife）。继母奥伊菲因心生嫉妒而无法容忍众人对姐姐所生的四个孩子的宠爱。一天，正当四个孩子沐浴时，奥伊菲挥动魔杖将他们变成了天鹅。四个孩子中最年长的姐姐菲奥纽拉（Fionnula）恳求继母把他们变回人形，奥伊菲竟不为所动。不过后来，她还是做出了让步。四个孩子得以保留人声，但在变回人形前，他们必须在与世隔绝的荒岛上游荡九百年。岁月流转，数百年后规定的时间即将完结，四个变成天鹅的孩子途经偏远之地格鲁埃尔（Innis Gluaire）岛，圣帕特里克的追随者圣迈克维格（Saint Mackevig）耳闻水中四只天鹅的美妙歌声，对此深感惊异，便想请他们加入自己的唱诗班。几经周折，圣迈克维格找到四个孩子（或李尔王本人），将他们带进自己的教堂。布道钟声响起，魔咒解除，此时人们惊异地发现原来四只天鹅站立的地方站着四个古代人。圣迈克维格还未给四个孩子施洗祝福，他们便死去了。

"天鹅骑士"罗恩格林的故事是另一类天鹅少女故事，只是性别有所转变。史诗《帕西法尔》（*Parzifal*）和其他许多中古高地德语手卷中都有对此的记载，最终，格林兄弟也在其整理的民间传说中囊括了若干版本。虽细节各异，但基本内容如下：布拉班特的女公爵埃尔斯时值婚龄，被逼嫁人，但她回绝了众多求婚者。一天，骑士罗恩格林乘天鹅驱使的船只顺莱茵河而下，女公爵接待了他，两人很快坠入爱河并结婚生子。罗恩格林为国英勇作战，但他却警告妻子永远别问自己从何而来。一日，想到孩子们应了解他们的父亲，埃尔斯一时忘记警告，询问起自己的丈夫。罗恩格林听罢，立马返回天鹅船，驾船而去，再也没回来。

几个世纪以来，天鹅洁白纯净的羽翼建构了欧洲人放飞想象的基石。然而，18世纪末前后，移民澳洲的英国人在那里发现了黑天鹅。白天鹅总能给人带来美好纯净，因此黑天鹅的出现挑战了天鹅的传统象征意义。经济学家纳西姆·尼克拉斯·塔雷伯创造出"黑天鹅"这一表述，用以指涉任何无法预料却影响巨大的事件。用他的话讲："……任何发现与举世瞩目的科学技术都无法设计规定——它们都是黑天鹅。"

人们或许被天鹅的诗意与高贵震慑，因而未能将它成功驯服。相比之下，从远古时代，咯咯的鹅叫声便在农家随处可闻。鹅稍有惊扰就会兴奋鸣叫，因此它们能为人类警示危险，据此，鹅被视为家园守护者。对希腊神话中的婚姻女神赫拉和罗马神话中的朱诺而言，鹅是神圣的，当时的寺庙也常饲养鹅。公元前390年，高卢人入侵罗马，他们连夜穿越帕拉蒂尼山，是夜，狗默不作声，是鹅的鸣叫惊醒了守军，这才拯救了城池。据伊良记载，为纪念此事，罗马人每年都会举行庆典。庆典上，一只狗会被杀献祭，而一只鹅会被放在褥垫上参加游行。

鹅产金蛋的故事被世人不断重述，其中最著名的当属公元5世纪由罗马寓言家阿维亚纳（Avianus）所讲述的一则：一个农夫拥有一只产金蛋的大白鹅，但他对等待心生厌烦。农夫最终杀死了白鹅，想着这样就能立刻拥有所有金蛋，但令他大失所望的是鹅肚中空无一物。这则寓言劝诫人们：应感怀当下所有，切不可贪图更多。

直到现代，人类才对野生鹅的迁徙习性有所了解，不过，它们还是与家养鹅泾渭分明。1187年，曾在爱尔兰海岸线上探险的吉拉度（Giraldus Cambrensis）声称野生鹅是由附着于浮木上的蛋壳孵化而来的。据之后的研究，野生鹅长于海边树上，因而被称为"黑雁"或"树雁"。著名植物学家约翰·杰勒德在他1597年出版的《草本》一书中记录，他在一棵已腐烂的古树上看见若干同类蛋壳，将其打开后发现不同发育阶段的鸟类胚胎。以上研究使中世纪末期及文艺复兴时期的人们把野生鹅归入鱼类而非肉类动物，如此，人们就可在耶稣受难日和大斋节期间畅享鹅肉。

文艺复兴至维多利亚时期，男性作家笔下的女性与鹅要么野性难驯，要么静若处子。与天鹅或鸭不同，鹅一直被认为具备女性特质，这部分是因为它们不间断的鸣叫总使那些厌恶女性者想到爱搬弄是非的女人。1697年夏尔·佩罗的著名童话故事集《鹅妈妈的故事》出版，在首版的卷首插画中，一位老妇人边纺线边给孩子们讲故事。从那时起，人们就为鹅妈妈的身份争论不休，好像她是一个活生生的人似的。不论争论结果如何，"鹅妈妈"很快成为故事讲述者的原型，这与生活在古代的伊索有点相似。至少从18世纪晚期开始，英国和美国的童谣都被称为"鹅妈妈童谣"，鹅成了假想的童谣作者。有时，它还会戴上一顶过去保姆或主妇戴的旧式女帽，甚至骑上一只巨鹅在空中飞翔。

水鸟均为一夫一妻制。民间传说中，天鹅与鹅会和人类通婚，而鸭子则更喜欢同类，这部分源于公鸭与母鸭的迥异外表。因其羽翼样式繁多、色彩绚丽，鸭子为东方人喜爱。中国鸳鸯象征婚姻忠诚，任何杀死它们的人都将遭厄运，日本作家小泉八云就讲过一个名叫松舟（Sonjo）的猎人的故事。一日，松舟在芦苇丛中撞见一对鸳鸯，他顺势杀死了公鸳鸯并将之烹煮而食。当天晚上，松舟梦见一位美丽女子痛哭不止，女子转身看见松舟，责备他杀死自己丈夫，并让他再到那片芦苇丛一次。第二天清晨，松舟按梦中指示来到河边，只见那母鸳鸯径直向他游来，用喙戳穿自己的胸膛，倒地而死。松舟被眼前所见震惊，从此弃绝狩猎杀生，出家为僧。

在西方，鸭子代表那些重视家庭和睦而非诗意或英雄主义的现代中产阶级。汉斯·克里斯蒂安·安徒生在他著名的童话故事《丑小鸭》中对比了现代价值观与传统观念，揭露了后者的危害。大大一颗鸭蛋，鸭妈妈却怎么也孵不出小鸭。

象征夫妻之爱的中国传统装饰图案鸳鸯戏水

最后总算孵出，可那小鸭子又大又丑。大家都不喜欢丑小鸭，甚至连鸭妈妈也将其拒之门外，丑小鸭无奈只得独自流浪。长大后，丑小鸭与一群光辉洁白的天鹅翱翔蓝天，起初它以为自己会遭攻击，却没料到天鹅对它很友好。通过水中倒影，丑小鸭意识到自己原来是掉落鸭窝的一颗天鹅蛋。19世纪早期浪漫主义运动对《丑小鸭》寓意的一种解释是：故事表现了枯燥乏味的中产生活给诗人带来的痛苦。

至19世纪末，天鹅在高度虚构的歌剧、芭蕾舞剧中出现的频率比在文学作品中要高，如瓦格纳的《天鹅骑士》与彼得·伊里奇·柴可夫斯基的《天鹅湖》，这些剧目唤醒了人们的想象与英雄主义情结。在亨利克·易卜生的剧目《野鸭》中，那只受伤后被农妇救起又被关进农场的野鸭象征日常家庭生活对人的折磨。

各种文章中经常有天鹅的身影，而鸭子则在现代流行文化中举足轻重。浴缸中的橡皮小鸭是孩子们钟爱的玩具，猎人们用木制鸭做诱饵，壁炉台上也有它们的一席之地。在所有鸭子里，唐老鸭最有名。从20世纪30年代起，唐老鸭就成了无数卡通故事、连环画的主角。它展现了中产阶级所有的神经质与缺乏安全感。它总是嫉妒同伴米老鼠，总是麻烦不断，这些使它在这样一个英雄主义失缺的时代里很容易找到共鸣，不过它总能在最后取得胜利。现在在欧洲，唐老鸭比米老鼠更受欢迎。

海龟与陆龟

我与岩石相连
如泥土上缓慢积累的苔藓……

——安东尼·赫克特《巨龟》

陆龟一般比海龟大，且在陆地待的时间更长。直到 16 世纪，人们才将陆龟和海龟大致区分开来，"乌龟"一词有时仍指代二者，本文也将使用该词。在民间传说中，乌龟的存在可追溯至洪荒岁月，这点已在多方面被科学家证实。乌龟这一物种已存在两亿三千万年，某些品种的寿命甚至超过二百年。

乌龟的年龄可从龟壳纹路推断，人们眼中沉默寡言的乌龟象征智慧。尽管在水中的游行速度不快，但它们却力道十足，耐力强大。龟壳常代表宇宙——拱起的背甲是天，扁平的腹甲是地。乌龟从龟壳中探出脑袋正如崭新的创造，而缩回甲壳好比回到世界之初。

全世界的神话故事都将乌龟与孕育地球的原初之水相联系。由于春天人们总能在池塘里看见乌龟交配，因此它们常被用以象征生育，而且从龟壳中伸出的龟头正如勃起的阴茎。不过，龟壳与女性子宫的形似也使一些国家的人如中国人，首先将乌龟视作阴性。

俄比安（Oppian）认为（他曾在公元 2 世纪用希腊语记录过），雌海龟不愿交配，雄海龟必须强迫雌龟才能繁衍后代。一些现代观察者也同意这一观点，但他们很难区分海龟在交配以及其他活动中的真实感受。海龟在交配中表现出的超然，使中世纪基督教将其视为贞洁的典范。

在希腊神话中，襁褓中淘气的小赫尔墨斯就用龟壳造出了第一把乐器——里拉（琴）。一只山龟爬过洞前，这可能使赫尔墨斯联想到洞中回声，于是他杀死了山龟，并把献祭公牛的内脏绑到龟壳上。后来，赫尔墨斯将里拉送给阿波罗，以偿还其丢失的牛群。在其他一些失传的版本中，为了躲避神祇的穷追猛打，一位林中仙女变身山龟，这与为逃避潘神变身芦苇的自然女神希芸

（Syringa）的做法异曲同工。里拉琴本身也如女性般温婉，弹奏里拉很容易使人联想到高尚的情欲，这就是为什么赫尔墨斯不用里拉作为自己徽标的原因。

据传，中国占卜术经典《易经》始于公元前3世纪早期。一天，走在黄河边上的伏羲氏看到一只乌龟浮出水面，那龟壳上还有八卦纹，即八组或实或虚的三线纹。伏羲将这些纹路视为宇宙能量的不同显现，并认为它们可被用以预测未来。历史学家则认为，强烈受热的龟壳产生裂纹后，即用于占卜。这一做法不断发展，或许正促成了《易经》的出现。

在中国古代军旗图案中，蛇绕乌龟的玄武图有着众说纷纭的寓意。有人认为，它表现了龟蛇间难分雌雄的争斗，另一些人则认为蛇属阳，龟属阴，二者代表了阴阳交合。同一象征物承载既矛盾又统一的意义，这在东亚文化中并不少见。

在一则历史悠久且拥有多个版本的日本故事里，一个叫浦岛的年轻人独自出海捕鱼，三天下来一无所获。就在这时，渔网下沉，浦岛顺势网上一只彩色海龟。精疲力竭的浦岛正要躺下休息，忽见那只彩龟变成一位年轻貌美的女子。女子向浦岛解释说，自己是昴宿星团中的一颗（其他版本中，女子住在海里），还说自己爱上了浦岛。浦岛与女子升入天上仙境，并结合，共同度过了三年幸福时光。但是，蜜罐里的生活抹杀不了浦岛思亲的念头，于是，他请求妻子允许自己回家探望父母。妻子很不情愿地答应了浦岛的请求，临别前交给他一只盒子，并叮嘱他说若想返回时，紧抓盒子即可，但切记不能打开。返回家中的浦岛发现曾经的村庄早已变样，自己的父母早已去世，这才意识到天上一日地下百年。慌乱中浦岛抓过盒子打开，就在开盒瞬间，浦岛变成了白发老人，原来盒子中承载着浦岛在神仙天国度过的岁月。

在印度教中，天神毗湿奴的第二化身是乌龟库尔玛，库尔玛也是曼达拉山之基。众神常在曼达拉山上搅动乳海制造永生甘露。印度教传统观念认为，支撑世界的是大象，而大象又站在龟背上。一些美洲原住民（特别是那些位于东部丛林地带的部落）神话里也有世界立于龟背的说法，其中休伦族中就流传着这样一则故事（其他许多部落对此也有不同记载）：住在云端的女神阿塔恩斯克（Aataentsic）用她的斧头劈开了生命树，结果树的一部分从天窟中掉落，女神担心生命会因此消失，于是从天窟跳下紧追。世界在那时还只是汪洋一片，没有陆地。这时，仰望天空的海龟看到正在降落的女神。在海龟的指挥下，海狸、麝鼠、水貂、水獭一齐潜入海底将陆地抬出，并把它放到龟背上用做软垫，这样女神阿塔恩斯克就在此安家，生命树也在此扎根。德拉瓦和其他部落也流传有这样一则神话故事：当地球被洪水淹没时，人类曾在龟背上寻求庇护。

在非洲，乌龟以骗子形象示人，但它又不似其他骗子（如北美郊狼）那样。乌龟从不鲁莽冲动，其缓慢的步态象征谨慎，而满面的皱纹代表由随岁月积淀智慧。其他骗子常聪明反被聪明误，而乌龟却深思审慎，所以往往能取得胜利。在非洲西部一则广为流传的故事中（该故事在美国也有记载），一头狮子捕获了一只乌龟，想将其一口吞下。乌龟对这位百兽之王说："大叔，如果您想知道如何把我的龟壳变软以利于入口，那就请您将我放到河水中浸泡吧。"狮子按着乌龟的提示做了，可就在狮子放下猎物的瞬间，乌龟游走并躲进了河泥里。

龟神崇拜随着奴隶贸易从非洲传至新大陆。奴隶们不得不背着主人延续他们的信仰与宗教仪式，他们从乌龟的沉默中汲取灵感，正如"会说话的乌龟"这一在非洲、加勒比地区以及美国各有表述的幽默故事所展现的那样。在阿拉巴马州流传的版本中，一日清晨，一个奴隶走在路上，看到池塘边有只乌龟，他精神抖擞地向乌龟打招呼："早上好，乌龟。""早上好……"乌龟回应道。男子从惊讶中恢复镇定，结结巴巴地说："乌龟应该不会说话呀！""你说得太多了。"乌龟说着爬进了池塘。奴隶跑回家，然后和主人一起来到池塘，看到那只乌龟仍在原处。奴隶向乌龟打招呼："早上好，乌龟。"乌龟并不回应，奴隶语气坚定地再次向乌龟打招呼，可还是没有得到任何回响。主人见状大喊"骗子"，把奴隶狠狠地打了一顿。之后，奴隶来到池塘，发现那只乌龟仍待在老地方，于是他开始责备乌龟不回应他的问候。这时，乌龟终于开口了："好吧，我说得没错吧，黑人就是这样，你们太爱讲话了。"

在乔尔·钱德勒·哈里斯所著的民间故事集《雷木斯大叔讲故事》中，乌龟（或水龟）大哥在所有动物中最聪明，其聪明劲儿常胜过兔子老弟。乌龟大哥身上也没有其他野兽的凶残，它的出现会缓和故事中的虚无主义。在其中一篇故事里，众动物外出野餐，在雌性们准备饭菜时，雄性们自吹自擂起来：兔老弟说自己最敏捷，熊兄弟称自己最强壮，等等。乌龟大哥淡定地听完所有动物的发言，向大家提起《伊索寓言》中龟兔赛跑乌龟最终获胜的故事，然后向熊兄弟挑战比赛力气。熊兄弟拿起绳子的一端，乌龟大哥衔住绳子另一端并潜入塘底。熊兄弟使劲把乌龟往外拉，可绳子纹丝不动，原来乌龟把绳子绑在了树根上。等拔河比赛告停，乌龟解开绳结从水中游出，庆祝自己获胜。在路易斯·卡罗尔、沃特·凯利和苏斯博士所著的儿童读物中，乌龟备受喜爱。

在《雷木斯大叔讲故事》中,乌龟大哥与熊兄弟比赛拔河,聪明的乌龟大哥把绳子的一头绑在水下树根上(A.B.弗罗斯特绘)

蝴蝶

第十五章

难以捕捉的灵魂

古埃及人将人死后的灵魂（或曰巴）描绘为体态微小、身有羽翼的鸟等，不过其部分壁画里的灵魂也以大昆虫形象现身。在古希腊罗马人眼里，灵魂就是身边飞舞的蝴蝶或飞蛾。基督教古福音书中仅有对肉体复活的描述，灵魂这一非实体存在源自异教，是通过柏拉图和其他古希腊罗马哲学家的著作流入基督教教义的。近代早期的炼金术士认为，灵魂如"侏儒"，拥有微小的人形。笛卡尔将这些"小人"定格于人脑中心部位松果体内，并认为它们可通过眼神呼之即出。无论灵魂为何，我们都可将它理解为人或动物精神的一面。那些能代表灵魂的生物通常体态微小，动作轻盈，能够在空中灵动地翩翩飞舞。

蝴蝶与飞蛾

不知周之梦为蝴蝶与？蝴蝶之梦为周与？

——庄子

在世界各地的传统文化中，蝴蝶或飞蛾代表灵魂，而这一特点是动物象征意义具有普遍性的最佳例证。在葬礼上撒花是非常古老的习俗，花将蝴蝶吸引过来就像从尸体中飞出一样。一只蝴蝶、飞蛾停留某处或在空中盘旋代表灵魂不愿赴往生。

幼虫破茧成蝶为人类观念里的死亡、葬礼、重生提供了完美范式。当说到"重生"时，基督徒对此的想象还是比较隐晦的。蝶蛹也可能启发了古人造出很多华丽棺椁。许多蛹茧精巧细致，有些茧的纤丝还是金色或银色的。

希腊语"psyche"一词除灵魂之意外还可指蝴蝶或飞蛾，这与拉丁语"anima"拥有的双重意思相同。很多古希腊宝石上都绘有蝴蝶盘旋尸骨之上的图案，在后期罗马手工艺品的常见图案中，智慧女神密涅瓦会高举一只象征灵魂的蝴蝶站立在正在造人的普罗米修斯身旁。在罗马裔埃及作家卢修斯·阿普列乌斯的《金驴记》中，在现代绘画中，许配给爱神丘比特的少女赛克常身长一对蝴蝶翅膀。在西方绘画中，灵魂有时会被描画成长着蝴蝶翅膀的小人，童话里的精灵们也有蝴蝶般的翅膀。

在太平洋东部沿岸地区，流传着人之灵魂化作蝴蝶绕其坟墓飞翔的说法。在印尼和缅甸的传统文化中，人们相信一只飞进房屋的蝴蝶很可能是已故亲人或朋友的灵魂。在爪哇岛，传统认为人睡觉时灵魂会变成蝴蝶的样子飞出，所以绝不能杀死蝴蝶，因为那样或许会杀死正在熟睡的人。

中国的庄子（老子的继承者，道家学派创始人之一）一天晚上梦见自己幻化成蝶，醒来后还感觉肩有蝶翅，分不清自己到底是蝶是人。老子向他解释说："从前你是一只白蝴蝶……本应永生不灭，但有天你偷了些桃子与鲜花……花园守护者杀了你，于是你就转世成现在的样子了。"

某些蝴蝶所跳的"求偶舞"（舞伴双方向着不同方向起舞但总能彼此交汇的舞蹈）使它们成为夫妻之爱的象征（尤其在日本）。在小泉八云收集的一则故事中，侄子陪伴在即将离世的老人高浜（Takahama）身旁，这时一只白蝴蝶飞入屋内，在空中盘旋一会儿后落到老人额前。正当男孩想把蝴蝶赶走时，那只蝴蝶翩翩起舞顺着走廊飞走了。考虑到它可能是非一般的蝴蝶，高浜的侄子就跟着蝴蝶来到一座坟前，结果发现墓主人是一位名叫亚纪子（Akiko）的女子，当他返回老人身边时老人便去世了。男孩回家告诉母亲关于蝴蝶的事，母亲一点也不感到惊讶。母亲向他解释说，亚纪子曾是高浜的未婚妻，十八岁时死于肺痨。高浜的余生都陷入对亚纪子的思念中，每天还会去她的墓前看她。于是男孩明白，亚纪子是化成蝴蝶的样子来陪伴叔叔的灵魂进入来生的。

心爱之人的灵魂也能化成如蝴蝶这类的飞虫。在古爱尔兰传说《追求伊桑》（*The Wooing of Étaín*）中，天神米德（Mider）爱上了凡人伊桑（Étaín），可米德的大老婆、女神珐娜诗（Fuamnach）却用花楸魔杖把伊桑变成了一个小水坑，待水坑里的水干后伊桑变成了一条蠕虫，最后蠕虫又变成了"猩红的苍蝇"。"它的双眼如夜空中的宝石，它的色泽气味可以满足任何饥渴的男人，而且，从其翅膀掉落的少许水珠可以治愈任何疾病……"在珐娜诗用烈风将变成苍蝇的伊桑吹走前，它一直陪伴在米德左右。其后数百年间，女神珐娜诗不断追踪伊桑，最后一阵大风将伊桑吹进一位酋长妻子的高脚杯，那女人喝下杯中酒产下变成女孩的伊桑。米德寻了伊桑千年，待找到她时伊桑已是爱尔兰国王艾库（Echu）的妻子。艾库拒绝让出伊桑，但米德在棋盘比赛中获胜，赢得了在皇宫中央众目睽睽下拥抱伊桑的机会。二人相拥，一起变成天鹅顺着天窗飞走了。

随着现代生活节奏的加快，人们开始羡慕悠闲飞翔的蝴蝶。正如叶芝在诗歌《汤姆·欧拉夫雷》中所写：

"虽然诡辩家们统治这城市，

每一个男人、姑娘、小伙

都记下了一个遥远的目的，

但无目的的欢乐才是纯粹的欢乐，"

看着那汹涌的海浪滚滚奔腾，

汤姆·欧拉夫雷或者如是说，

"智慧是一只翩翩的蝴蝶，

蝴蝶与鲜花的亲密关系使它们成为生殖力与顷刻无常的象征

而不是阴鸷的食肉猛禽。"①
到处采花粉的蝴蝶会被指责为不信守承诺,叶芝在诗歌中称这样的行为是"曲折的放纵"。如今,很多生态学家把蝴蝶当作重要的生态物种,他们会测算每英亩土地范围内的蝴蝶数以衡量生态系统的健康状况,这种方法或许与古代占卜术并没有多大区别。

生物学家还未能完全了解蝴蝶与飞蛾的差别,但在民俗文化中,区别二者却很简单——飞蛾夜间出现,蝴蝶白昼活动;此外,蝴蝶周身颜色鲜艳而飞蛾往往是棕白相间。夜晚,当房屋内的蜡烛或柴火点亮时,人们会特别注意那些奋不顾身扑向火苗的飞蛾,即便对它们而言这意味着死亡。在诗歌《幸福的渴望》(*Selige Sehnsucht*)中,歌德就借用了这一主题表达灵魂对至高无上的渴求。全诗描写了一只被火焰吸引的飞蛾,并以此结尾:

什么时候你还不解:
这"死与变"的道理!
你就只是个忧郁的过客,
在这黑暗的尘世。

许多人认为此诗优美,但一些评论家却觉得其中对死亡的浪漫描述有失妥当。詹姆斯·瑟伯(James Thurber)在其寓言《飞蛾与星星》里加入了些许浪

---

① 参见叶芝:《叶芝诗选》,傅浩选译,上海外语教育出版社2015年版,第203页。——译者注

漫元素，并讽刺了那种渴望自我毁灭的行为。故事中，一只年轻的飞蛾产生了飞上星星的想法，可其父亲却认为此举疯狂，建议儿子像其他理智的年轻蛾一样将注意力放在路灯上。尽管父母反对，那只年轻蛾还是踏上了飞往星星的旅途。虽然最后没能如愿，可相比那些被灼烧至死的父母兄妹，它过得还算美满幸福。故事劝诫人们："谁能远离悲伤，谁就永世长存。"

20世纪早期，英国作家弗吉尼亚·伍尔夫在《飞蛾》中表达对飞蛾扑火的同情与赞扬。文中说她看着飞蛾越来越虚弱，好几次以为它真要死了却又看到它在振翼。最终，当那小小身体变得僵硬时，她同时感到了死亡的力量与勇敢反抗强大对手的伟大精神。

英国知更鸟与鹪鹩

>让我来请求知更和鹪鹩，
>因它们盘旋于浓荫林梢，
>请用树叶和鲜花覆盖，
>那些未掩埋的孤魂尸骸。
>
>——约翰·韦伯斯特《白魔》

在民间传说中，英国知更鸟与鹪鹩的联系如此紧密以至人们会将二者误认为是一种生物的雌性与雄性，按英国人的说法："知更鸟和鹪鹩是上帝的公鸡与母鸡。"全身灰黄褐色的鹪鹩与圣诞节有关，而羽翼鲜亮的知更鸟与复活节相连。在一则法国传说中，从天堂取来火种的鹪鹩把自己的翅膀烧焦，之后它将燃烧的木头传给知更鸟，结果又烫着了知更鸟的前胸。

在弗罗拉·汤普森的《雀起乡到烛镇》中，作者讲述了自己在19世纪后期英格兰乡村的成长经历。小说里，男孩们经常会从鸟巢偷鸟蛋来吃或玩游戏，而其中只有鹪鹩、知更鸟与另外少数鸟类能够幸免，因为当时流传着如下谚语：

>知更鸟与鹪鹩
>全能上帝的朋友。

然而，人们对于鹪鹩的看法较知更鸟更为矛盾复杂。

在整个欧洲大陆，鹪鹩被称为"百鸟之王"。鹪鹩的拉丁语"regulus"、希腊语"basiliskos"与古德语"kunigli"都有"君主帝王"之意。古罗马历史学家苏维托尼亚斯（Suetonius）在其有关神圣凯撒大帝的著作中声称，独裁者凯撒被刺身亡的命运已在一只鹪鹩身上得以显现。在凯撒被杀前不久，一只被猛禽追赶、背负桂枝的鹪鹩飞入以凯撒敌人命名的庞培宫，在那儿被捉住并被撕成碎片。可如果鹪鹩真是皇帝，它却没有华服、朝臣或武器。鹪鹩统辖百鸟就好像灵魂控制身体。

鹪鹩身为国王的说法可能看似不合理，因为人们通常将伟大与体积大小相连,所以可想而知,崇拜它的多为普通人而非社会精英,这或许也是为什么鹪鹩在民间传说中比在文学作品中更显重要。然而,考古学家埃德蒙·戈登(Edmund Gordon)却觉得在一则源自公元前2000年苏美尔文明(世界上最古老的城市文明)的动物谚语中鹪鹩受到了推崇:当一头大象夸耀自己的庞大身躯时,一只可能是鹪鹩的动物反驳说:"但,我虽身材矮小,却与你一样五脏俱全……"

鹪鹩似乎是在用它那响亮悠扬的歌声来宣扬自身的微小体形。即便不见踪影,草地漫步的行人也能为它的歌声吸引。在解释鹪鹩如何成为百鸟之王的故事中,最著名的一则来自格林兄弟。故事里,众鸟聚集选举鸟王,决定谁飞得高就让谁当国王。比其他鸟飞得都高的老鹰落地后宣称为王,鹪鹩却突然叫嚷,说王冠应属于它。原来,鹪鹩在老鹰高飞时偷偷躺在它背上,待老鹰开始降落,鹪鹩起飞,它飞得如此之高以至亲眼见到了上帝。其他鸟反对鹪鹩称王,认为它是通过骗术才取得胜利,所以比赛结果无效。众鸟又决定,谁挖的洞最深就让谁当国王。当其他鸟(比如公鸡和鸭子)开挖洞时,鹪鹩找到一个老鼠洞并钻了进去。这次,尽管众鸟仍然反对,但从那天起,穿梭于树篱间的鹪鹩却宣称:"我是国王。"

以上故事不仅表现出传统观念里对鹪鹩的崇敬,也反映了人们在面对这个小家伙时抱有的矛盾心理。在欧洲大部分地区(特别是在英伦三岛),人们只在每年圣史蒂芬日(12月26日)那天才会为着宗教祭仪的缘故猎杀鹪鹩,其中伴着音乐歌声、穿着鲜艳的游行队伍会高举绑在杆上的死鹪鹩沿街游行。许多传说都试图对这一仪式进行解答,其中一种说法是:鹪鹩的叫声出卖了圣史蒂芬,使他被追兵捉到。在一则爱尔兰传说中,盖尔士兵曾计划突袭克伦威尔军队,却被敲鼓的鹪鹩破坏。

在另一则来自曼岛的传说中,岛上曾住着一条美人鱼,其曼妙的身材与甜美的歌声令男人无法抵挡,但那美人鱼会将被其吸引的男子逐渐引入深海直至他们溺水而亡。后来,一名有能力抵御美人鱼魅惑的骑士出现,可就在他即将杀死那妖怪之际,美人鱼变身鹪鹩逃过一劫。从那以后,美人鱼每年都有一天不得不变成鹪鹩,人们会在那天毫不留情地射杀鹪鹩,以期消灭那条美人鱼女巫。不仅如此,人们还要保存被杀鹪鹩的羽毛以防沉船。对猎杀鹪鹩这一仪式有如此多的说法,这足以让我们意识到它历史悠久,或许可追溯至新石器时代,不过,其原始意义早已遗失。

在法国西部,人们有时会在圣烛节那天在知更鸟身上施行类似仪式。其中,人们先用榛树枝刺穿知更鸟，然后将其点燃。有关知更鸟和鹪鹩的民间传说都与死亡、重生密切相关，而有关知更鸟的大多数传说都集中在其胸前的鲜红羽毛上。在一则传说中，试图为基督王冠拔刺的知更鸟将血洒到了自己胸前。在另一则来自赫布里底群岛的传说中，圣母玛利亚一家在马厩中点火取暖，火苗即将熄灭时，小小知更鸟拍打起翅膀，鼓风助燃，结果火苗烧着前胸。

神秘的英国童谣《是谁杀了知更鸟？》为后来的谋杀案故事提供了原型，童谣开始：

是谁杀了知更鸟？

麻雀说，是我，

用我的弓与箭，

我杀了知更鸟。

谁看见他死去？

苍蝇说，是我，

用我的小眼睛，

我看见他死去。

谁拿走他的血？

鱼说，是我，

用我的小碟儿，

我拿走他的血。

童谣结尾：

空中所有鸟儿，

全都叹息哭泣，

当他们听见丧钟，

为可怜的知更鸟响起。

语言分析表明，这首诗的某种形式特征或许可追溯至公元14世纪甚至更早。诗中众鸟的哀伤反映了在这一场景中知更鸟（而非鹪鹩）可能是百鸟之王。《是谁杀了知更鸟？》这首诗的最初版本可追溯至18世纪中期。当时它是一种隐喻，暗指导致首位英国首相罗伯特·沃波尔辞职的政治阴谋。

据说，知更鸟会环绕得不到合理安葬者的尸体飞翔。在英国无名氏的一则民谣《林中小孩儿》里，一对被遗弃的男女童死在密林深处：

这对可爱的孩子

> 无人管无人安葬,
> 直到红胸脯的知更鸟痛苦地
> 用落叶将他们覆盖。

然而,除了与殉道、死亡相关联,知更鸟如鹡鸰一样通常会作为春天的使者给人们带来喜悦。在弗朗西斯·霍奇森·伯内特所著的儿童经典读物《秘密花园》中,是一只欢快的知更鸟将女主人公带到充满奇幻神秘的秘密花园门前。也许除了知更鸟与鹡鸰,没有哪种动物与传统乡村生活的季节规律如此密切相连。如今,被画上节日贺卡的知更鸟与鹡鸰愈发引起人们对往昔的美好追忆。

麻　　雀

> 屋檐下喧嚷的麻雀，
> 皓月当空，薄雾朦胧，
> 树叶和谐美妙的歌唱，
> 早已抹去脑中幻影与他的哭泣。
>
> ——威廉·巴特勒·叶芝《爱的悲伤》

娇小玲珑的身形使麻雀常受众人喜爱，但刺耳聒噪的行为又影响了它们的好名声。在希腊女诗人萨福笔下，麻雀是爱神阿芙洛狄忒的"小车夫"，然而麻雀常象征世俗之爱，人们有时会将其与白鸽的贞洁之爱作比。罗马诗人卡图卢斯曾为其情人的宠物麻雀写下一首以"哀悼你那优雅……"（Lugete,o Veneres...）为开头的温柔挽歌，诗人在其中描绘了麻雀如何"独自向他的情人献殷勤"，歌颂了人鸟间的真情厚爱，表达了与鸟的休戚与共。

耶稣告诉他的门徒："两个麻雀不是卖一分银子吗？若是你们的父不许，一个也不能掉在地上。"（《马太福音》10：29）公元8世纪初，比德（Bede）在他的《英国人的教会史》中运用了相似的比喻。书中，一位贵族对诺森布里亚王爱德华说："哦，国王，对我来说，世人如今的生活与那未知时代的相比就像麻雀在冬日飞过您吃晚饭的厅堂……"其后，贵族把麻雀从暖房飞入严寒风暴与灵魂进入永生之道相比，并称基督教可给予那危险之途以确信。麻雀将巢筑在谷仓角或门厅角等大部分围挡空间内的做法也使它们拥有了居家的一面，民间信仰（尤其在英国）常有逝去先人化成麻雀返家的说法。

不过，民间传说中的麻雀也可能是恶毒的。在一则欧洲传说里，当耶稣躲避追捕者时，是麻雀的喳喳叫声泄露了秘密。在另一则相似的传说中，耶稣被钉在十字架上，燕子为了阻止敌人进一步折磨耶稣叫道"他死了"，而麻雀却反驳说"他还活着"。

与麻雀循规蹈矩的日常生活的密切关系，使它们在19世纪中期变成了一个政治性议题。从英格兰引进的麻雀在美国东部各主要城市安家落户。一场持续数十年、被称为"大英麻雀之战"的激烈辩论旨在弄明白麻雀对美国是否有害,这与最近关于美国是否应该欢迎移民的争辩非常相似。争论中,反对方运用了与攻击外国人相同的言辞来描述麻雀,说它们嘈杂、肮脏、性行为放荡。不过,有些人却认为麻雀给城市图景增添了一丝魅力。英国麻雀最终被美国人完全接纳,但另一些近期被引进到北美的动物——如1890年最早来到纽约中央公园的椋鸟——时下仍遭人讨厌。

日本钢笔画中的蝙蝠

第十六章

古怪奇妙的动物

人们为什么喜爱恐怖电影？我们或许会被那些满口尖牙、目光逼人的生物吓到而产生激烈的生理反应，但它们又使我们因获取了相关知识而安心，因为对它们各异外形特征之所指我们是了然于胸的。恐怖电影里那些最令人惊恐的动物往往具有超越人类认知的外在特征，而这些特征则要么指向神祇或魔鬼，被法术诅咒的人类或沉默的野兽，要么指向爬行动物或哺乳动物，朋友或敌人。玛丽·道格拉斯在《纯洁与危险》一书中将视线聚焦于身长鳞甲、形似蜥蜴、攀爬如猴的恒温动物食蚁兽穿山甲。它是非洲中部莱勒（Lele）部落宗教崇拜的核心。那里的人们仅在宗教仪式上食用穿山甲，以期获得其魔力。我们或许对将要出现在本章中的动物较为熟悉，但即便如此，它们身上仍闪耀着奇异与神秘之光。

蝙　蝠

> 当它划过表面，
> 我们惊恐于所见
> 之极端、非常，
> 正如拥有人面、带翅的老鼠。
>
> ——西奥多·罗特《蝙蝠》

对于那些条理清晰的人，蝙蝠总显得有些麻烦，这不仅在于它们昼伏夜出的习性，某种程度上还因为它们颠覆寻常。蝙蝠倒挂而眠，以洞穴或空树干为窝，也利用人类建筑。和大多数与人共处的小动物一样，蝙蝠在民间信仰中常被当成人的死后灵魂，因此，在那些崇敬祖先神灵的文化中，它们受人敬爱且被奉为神明。当灵魂即将逝去不再返回时，蝙蝠以魔鬼或（更好地）厉鬼的样子出现。

在一则著名的伊索寓言中，鸟兽们正为一场大战做准备。鸟对蝙蝠说："和我们一起吧。"蝙蝠答道："我是野兽。"野兽们说："和我们一起吧。"但它却说："我是鸟。"最终，一切又恢复平静，但自此后所有动物都排挤蝙蝠。这则故事的最初版本并不涉及明显的道德批判，罗马作家菲德拉斯或许还认为比起大自然蝙蝠更偏好人类文明。不过，博学的民俗学家约瑟夫·雅各布斯却指出："那些不知归属的人是没有朋友的。"

今天，分类学家将蝙蝠置于哺乳动物类。但几个世纪以来，不论是外行还是专家都纠结于蝙蝠到底是鸟、飞鼠、猴子还是其他什么完全不同的生物。对蝙蝠的厌恶之情并不普遍，它们怪异的面孔还常惹人喜爱。罗马人早在公元前400年左右就发明了玻璃窗，但直到四百年后它才在人们的日常生活中普及开来，因此，在此之前大多数人只能与蝙蝠共享居室。据奥维德记载，米纳斯的女儿们待在家中做女红、讲故事，拒绝狂欢作乐、向巴克斯表示敬意。作为惩罚，她们被变成蝙蝠，但她们仍坚持飞离森林而聚集于房屋中。与之相似，中世纪的动物寓言中称赞蝙蝠"如一串葡萄"式的聚集方式，并指出"它们这样做是为了回馈人类的喜爱，因为人很难做这种动作"。在中世纪，包括男女主人、农奴在内的整个家庭一起睡在庄园大厅，没有任何隐私可言是普遍现象。在彼此如此亲近的环境中，他们一定觉得自己像洞中蝙蝠。

讲斯瓦希里语的非洲人相信，人死后灵魂会化成蝙蝠在尸体周围盘旋。在乌干达与津巴布韦人的传统观念中，夜空中飞来飞去的蝙蝠是看望生者的死者之魂。不过，加纳人则认为巨型蝙蝠"飞狐"是与男女巫师结盟的魔鬼。

蝙蝠在中国很得宠，因为"蝠"与"福"同音。中国古人就注意到蝙蝠以小虫为食的特点，而这又帮助控制了疟疾的传播。蝙蝠似乎印证了儒家的孝道，因为好几代蝙蝠能在一个洞穴里共处。中国人认为蝙蝠能活数百年，因此寿星总有两只蝙蝠在侧。

直到中世纪末欧洲人才真正觉得蝙蝠恐怖可怕，在不到一个世纪的时间里，人们便开始将蝙蝠视为女巫的近亲、魔鬼的化身。西方艺术家从中国艺术的图形表现中汲取龙这一形象，并赋予它不同含义，龙和恶魔的身上也就长出了蝙蝠翅膀。

将蝙蝠与吸血鬼（活死人）联系在一起可追溯至18世纪后期，当时的动物学家勒克莱尔·德·布封检查了南美洲新近发现的蝙蝠——因为这些蝙蝠会吸少量牛血，但极少吸人血，所以他称它们为"吸血鬼"。几乎与此同时，哥特风格开始在欧洲流行，当红作家们也发现将蝙蝠与吸血鬼联系在一起充满奇趣。

20世纪新媒体电影才普遍地将吸血鬼与蝙蝠联系在一起。在20世纪20年代兴起的吸血鬼电影热中，许多演员（如贝拉·卢戈西）都会扮成蝙蝠状的吸血鬼或拥有变身蝙蝠能力的人。剧中演员会穿上一个有着蝙蝠翅膀、蝙蝠大耳朵和蝙蝠爪的斗篷，其中有些吸血鬼邪恶，有些境遇悲惨，很多则与普通人没什么两样。50年代流行的《蝙蝠侠》一书中的蝙蝠侠角色就集中了很多吸血蝙蝠的特点，但主人公却利用这些特点与罪犯做斗争而不是摄人魂魄。

蝙蝠的神秘没有被想象或科学消解。20世纪后半叶，哲学家托马斯·内格尔有一篇探究感觉本质的著名论文《如果是蝙蝠会怎样？》。论文中，他试图想象人类被声呐引导的图景，并发现人类无法完成这一任务。托马斯最终作结：人类必须认识到自己既无法说明的也无法理解的现实。

青蛙与蟾蜍

> 一湾古池——
> 青蛙跳入,
> 水声四溅。
>
> ——松尾马生(罗伯特·哈斯译)[1]

青蛙与蟾蜍通常环绕池塘或潮湿之地栖居,而这些地方往往又是神话中孕育生命的混沌之所。青蛙在全世界的神话中都与孕育生命的"初水"有关。在休伦人与其他印第安人眼中,青蛙能带来雨露。在澳大利亚昆士兰州原住民传说中,一只青蛙曾吞没了地球上所有的水,万物因此饱受可怕的旱灾。动物们商定:若想活命只能逗青蛙大笑,可刚开始那青蛙却不为老套的滑稽表演所动,直到看见一条鳗鱼在它面前笨拙地上蹿下跳扭动身体热舞,狂笑不止的青蛙才吐出了所有的湖泊与河流。

青蛙的交配过程长达数天,它们似乎因此成了繁育丰饶的象征。雌蛙每年的产卵量多达数万(埃及象形文字中的"十万"就是一只小蝌蚪),而发育过程中由蝌蚪到青蛙的变形又使它们成了神话、传说中变形生物的原型。20世纪之前,欧洲人普遍认为青蛙是直接从土地和水中产生的,而且它们能在石头里存活好几百年。生物进化论部分证实了早期神话书写者对青蛙起源的直觉猜想,因为研究表明,青蛙化石的历史至少可追溯至3700万年以前。

古埃及的经济发展集中在盛产青蛙的尼罗河流域。青蛙是掌管繁育与产妇分娩的埃及女神赫凯特(Hekat)的神物。当尼罗河水退去后,人们就会听到淤泥里无数青蛙的呱呱声,这一自然景象可能影响了许多神话。在埃及的一则创世神话中,是赫凯特与她长着公羊头的丈夫赫努姆(Khnum)共同创造了众神和人类;在另一个创世故事里,最早出现在世界上的八个生物是身负宇宙蛋的青蛙和蛇。

---

[1] 此诗原为日文,由罗伯特·哈斯译为英文,本文译自其英文。

强烈反对埃及传统的希伯来人认为青蛙是不洁净的。在《圣经》中，当法老拒绝放以色列人离开埃及时，耶和华派摩西到法老面前威胁他：

> 我必使青蛙糟蹋你的四境。河里要滋生青蛙，这青蛙要上来进你的宫殿和你的卧房，上你的床榻，进你臣仆的房屋，上你百姓的身上，进你的炉灶和你的抟面盆，又要上你和你的百姓并你众臣仆的身上。

（《出埃及记》8：2—4）

青蛙虽然在大多数希伯来传统中令人厌恶，但早在大流散时期就有一些德高望重的希伯来智者将它们视为捍卫信仰的英雄，这不仅在于青蛙能与希伯来人同仇敌忾，还因为它们能跳进火海以身殉道。

由于青蛙常现于大洪水后，因此《圣经》中的蛙灾可能指涉暴雨。在拜火教经文中，青蛙是第一批被恶神阿里曼从黑水中造出以祸害人间的动物之一。在《启示录》中，化身青蛙的魔鬼会从龙、野兽与假先知的嘴里蹦出。欧洲近代早期出现了许多关于青蛙或蟾蜍从女人口中跳出的报道，这类情形有时被理解为巫术，有时仅被当成吸引眼球的事件。在夏尔·佩罗的《仙女》（1697）中，仙女祝福一位勤劳善良的女孩，赋予她每说一句话都能口吐钻石与鲜花的特异功能，而女孩懒惰的姐姐则受到仙女诅咒——讲出的每句话里都有毒蛇、蟾蜍爬出。随后，那善良女孩嫁给了王子，而她的姐姐却被赶出家门，孤独地死在树林里。

环绕池塘的蛙声常象征集会，而"集会"也是《伊索寓言》里的常见主题。在一则著名的故事里，一群生活在沼泽地的快乐青蛙渴望拥有像人类那样的政体，于是它们请求宙斯降下一位国王。宙斯笑着扔下一根原木。当青蛙从掉落原木的巨响中惊醒后，它们便开始在上面载歌载舞，但没过多久，青蛙们就觉得那根木头不是个好国王，于是它们再次请求宙斯，结果气头上的宙斯降下一只鹳鸟，鹳鸟立刻将眼前的青蛙大快朵颐起来。

古希腊诗歌《蛙鼠之战》是对战争史诗的戏仿。其中，一只老鼠为躲避猫而藏身水塘，一只吹嘘能将它带到安全之地的青蛙却淹死了它，这引起了蛙鼠间的大战——匹夫之勇与浮夸辞藻在诗中随处可见。最后，在老鼠即将取胜之际，同情青蛙的宙斯降下螃蟹于混乱中击退了群鼠。很久以来，世人都认为这首长诗出自荷马笔下，但现在许多学者却将它的书写时间追溯到公元前3世纪。《蛙鼠之战》可能是对伯罗奔尼撒战争的讽刺，其中的青蛙代表拥有强大海洋力量的雅典，老鼠代表陆地强军斯巴达，螃蟹代表最终打败战无不胜的斯巴达的底

19世纪拉·封丹寓言故事《青蛙也想大如牛》的插画（J.J.格朗维尔绘，选自《拉·封丹寓言故事》，1839）

比斯。毫无疑问，写下《蛙鼠之战》的人一定厌倦了那些血腥味十足的夸夸其谈，这样，我们也就不难理解作者为何要隐姓埋名了。

在古希腊戏剧作家阿里斯托芬的《蛙》中，当酒神狄俄尼索斯来到冥府时，冥河斯提克斯（River Styx）里的青蛙就呱呱地叫个不停。正如希腊悲剧里为衬托宏大场景而出现的凡人之音一样，阿里斯托芬的剧中蛙声提醒人们：即使是神祇也无法逃脱生死之限。

或许是因为宽大的嘴巴与发达的肌肉，青蛙在古希腊罗马文化中常代表粗陋。在奥维德的《变形记》中，被天后赫拉逐出天庭的托勒（Latona，宙斯的情人）与自己的两个孩子（阿波罗和阿尔忒弥斯）游荡世间。走近溪边正准备屈膝饮水的她却被一群乡巴佬阻挡，托勒恳求他们，但那些家伙却口出狂言，语带侮辱，并用脚搅浑了清流。最后，忍无可忍的托勒诅咒那些人："永远活在烂泥里！"结果，那些流氓恶棍真变成了青蛙。这则故事为后来的地狱青蛙提供了范式，中世纪晚期与文艺复兴时期的许多艺术家都喜欢表现地狱青蛙这一主题。

青蛙与蟾蜍还被用在无数药剂和神奇配方中。文艺复兴时期的动物学家爱德华·托普塞曾报道过一则迷信：如果男人想了解女人的秘密，他们必须首先割下一只活蛙的舌头并把活蛙放生，然后在割下的蛙舌上附咒语，把它放在女人心脏上，这样不论问什么都能得到女人的真话。不过，即便是轻信的牧师也对这种说法不以为然："如果这类愚蠢行径现在真能作数，比起太平绅士，我们更需要青蛙。"

专业的生物学家还未能完全分清青蛙与蟾蜍的主要差别，二者均属无尾目，且在神话、传说中几乎不分彼此。"蟾蜍"（toad）一词通常（但也有例外）可指代蟾蜍科生物，这类动物的共同特点是：短腿、皮肤粗糙、以陆地生活为主、与栽培场所（如花园）密切相关。

在宗教审判中，蟾蜍经常被认为是女巫的知交或其酿酒的原料。希罗尼穆斯·博斯在其油画《七宗罪》中描画了一个邪恶女人与蟾蜍交配的场景。许多现代早期画家都描绘过地狱魔鬼强迫恶人吃蟾蜍的场面，有些人还描绘过人化蟾蜍或青蛙烹煮吞噬人类的场景。

事实上，与青蛙、蟾蜍相关的迷信数不胜数。至少从普林尼与伊良起，在绝大多数人的心中，蟾蜍都是有毒的。莎士比亚《理查三世》里的邪恶国王被称为"有毒的驼背蟾蜍"。此外，人们还普遍认为，蟾蜍的脑袋里有一块宝石，那神奇宝石在检测毒液与解毒方面特别有效，因此炼金术士总是不遗余力地寻找它。直到19世纪甚至更晚，许多自然史书中还记载说，被密封在石盒里的青蛙能活好几百年。

在中国，蟾蜍是五毒之一（另外四毒是蝎子、蜈蚣、蜘蛛和蛇）。画中月亮上经常有一只三足蟾蜍，而蟾蜍的三足分别代表三种月相。据传说记载，为斩妖除害，隐士刘海用一串金钱将一只蟾蜍引出池塘，后来他杀了那蟾蜍以惩戒其贪财之罪。不过，在许多画像里，刘海身旁常有蟾蜍相伴，蟾蜍衔币则象征好运。

人们有时羡慕青蛙与蟾蜍能在如此简陋的池塘里安居乐业。18世纪严厉批判傲慢人类的日本哲学家安藤昌益曾写道，蟾蜍曾祈祷自己可以像人那样直立行走，可它得偿所愿后却发现自己的眼睛只能看天而看不到脚下要走的路。当它感到后悔时，上天又将它变回原形。后来，那蟾蜍解释说，自己变成人形后就像圣人释迦牟尼或老子，因为"那些圣人只顾向高处看，而无法看到自我感知的八个器官"。

现代人时常认为感觉上朴实无华的青蛙与蟾蜍十分可爱。青蛙由古老口传里女巫的邪恶伴侣变成了格林童话中的首个篇目——《青蛙国王》（或《青蛙王子》)中的角色。故事中,本为王子的说话青蛙在魔咒解除后与一位年轻貌美的女子成婚。《青蛙先生求婚记》是英美最受欢迎的民谣之一,其中描写了众动物参加青蛙新郎与老鼠新娘喜筵的场景。在肯尼思·格雷厄姆的《柳林风声》中,蟾蜍是个富有而傲慢的家伙,但在遭遇一系列不幸后最终改过自新,变成了爱德华七世时代标准的乡绅。德国作家君特·格拉斯的小说《铃蟾的叫声》被誉为20世纪的墓志铭,小说中蟾蜍的声音与阿里斯托芬《蛙》中的青蛙合唱异曲同工——警示狂妄自大。

土　狼

> 我既不屈从塞壬的歌声也不畏惧土狼的叫唤……
> ——乔治·查普曼《向东方去》(第五幕,第一场)

如果土狼是"笑柄",那笑点在哪儿呢?或许我们总想把所有事物都清晰分类,而既不像猫也不似狗的土狼却总令人惊愕不已。传说中,土狼的性别也模棱两可不甚明晰,不过,这一点倒是有其观察基础的。与大多数哺乳动物不同,雌性土狼的体形要比雄性的大一点;更不寻常的是,雌土狼身上有一块很像雄性生殖器的凸起皮肤。古希腊罗马作家伊良声称,土狼每年都会改变性别。据其记载,土狼的左爪只要轻触某个动物,那动物就会即刻进入梦乡。满月映照下的土狼身影会吓得狗不敢吠叫,所以它们会在毫无反抗的情况下被土狼收拾。不仅如此,土狼还会模仿人声引诱犬类或人上钩。17世纪英国的托普塞曾报道过一则谣传,即土狼能迎风受孕。

从非洲到欧洲,人们心中的土狼通常奸诈、愚蠢、懦弱。一个可能的原因是:土狼在非洲的栖息地几乎与狮子重叠,且它们以狮子的残羹冷炙为食。如果狮子代表国王,那土狼似乎是狮王尚可宽恕的朝臣。在欧洲中世纪的动物寓言中,土狼(有时也被称为"鬣狗")生活在坟墓里,并以尸骨为生。寓言还讲到,土狼头里有块石头,若将石头取出放在某人舌头下,那人便可预见未来。

在一则罕闻的传说里,土狼不仅温柔还很慈爱。亚历山大城的圣马卡里乌斯(Saint Macarius)曾在沙漠中隐居,而他高超的医术甚至连动物都知道。一天,一只母土狼叼着自己的狼崽来到圣马卡里乌斯身边,圣马卡里乌斯抱起小土狼仔细检查,发现它罹患失明。于是,他用一只手在狼崽眼前画下一个十字,结果狼崽即刻爬到母土狼身上吸起奶来。为表达感激之情,那母土狼后来给恩人带去一张新鲜宰杀的羊皮,但为杀生困扰的圣马卡里乌斯拒绝接受礼物。母土狼低头恳求圣马卡里乌斯,最后圣人接受了礼物。不过,在接受礼物前,他令母土狼保证以后再不从穷人口中夺羊肉,而是只吃死动物的尸体。当母土狼同意后，他接受了羊皮，睡在其上直至去世。

  进入 20 世纪，其他像狼那样曾被人类中伤诽谤的动物已恢复其名声，但土狼的坏名声几乎没怎么变。在 1994 年的迪士尼电影《狮子王》中，那头企图篡权的邪恶狮子便是与土狼结盟的。由于这部电影的制作者希望唤起人们的生态保护意识并避免谴责任何动物，所以他们通常将土狼领头者塑造成蠢笨不堪的形象，而非邪恶无比。然而，步步紧逼狮子王的土狼群却唤起了人们心中对莱尼·雷芬斯塔尔执导的纳粹宣传片《意志的胜利》的记忆。或许包括圣马卡里乌斯在内的几位自然学家都没能成功地劝诫世人为土狼正名。

螳　　螂

　　一只灰色蚱蜢不顾危险冲向螳螂，只见那螳螂不住地浑身颤抖，并以迅雷不及掩耳之势向蚱蜢进攻，结果蚱蜢惊恐万分。其实这一反攻不论是谁面对都会被吓倒。

——亨利·法布尔《昆虫记》

　　"螳螂"（mantis）一词在希腊语中意为"先知"，不过前肢并举的螳螂确实有点像那么回事。以绿色或褐色为主的螳螂拥有几乎透明的翅膀和木棍式的附肢，如果不是它们不停移动的前足，人们便很难将其与植物叶片区分开来。螳螂起身直立时的动作如祈祷中的人类，而当它们俯身向下时，其前肢又像合十的双手。螳螂的翅膀很像牧师宽大飘逸的袍子，但最引人注目的还数它们巨大的眼睛。在许多古代传说中，其巨大的双眼都有施诅咒的魔力。

　　在澳大利亚北部地区原住民恩加林恩人（Ngarinyin，音译）眼中，螳螂是母神吉琳亚（Jillinya，音译）的化身，它们的身影常在岩石与洞穴绘画中闪现。恩加林恩人会警告孩童切勿伤害螳螂，因为吉琳亚可能降下暴风雨为螳螂报仇。生活在非洲南部卡拉哈里沙漠的布希曼人也将螳螂视为掌管风雨的创世神祇。愿意挑战比自己身形大数倍的生物的螳螂给东亚人留下了深刻印象，正如中国传统谚语所言："……好似螳臂当车。"

　　民间传说中的螳螂似乎时善时恶。在一则流传甚广的传说里，祈祷的螳螂只要瞅一眼旅途中的行者，就能瞬间为其扫除一切险阻，并能使其旅行的目的变得高尚起来。17世纪中期，托马斯·慕夫特（与爱德华·托普塞合作著书者）是这样描写螳螂的："这一生物如此神圣，不管哪个孩子向她问路，她都会举起一足为其指明正途，绝不会不予理睬"，不仅如此，"它们不会像其他生物那样运动、跳跃或玩耍，而是举步轻柔、保持谦逊，表现出审慎的庄重之态"。

　　然而，当19世纪的人们观察到雌螳螂在交配时会吃掉雄性后，螳螂在人们心中的美好形象开始解体，取而代之的是恶魔化形象。不过，如果从浪漫主义的

一只祈祷重生后得到更美好的生活的螳螂（J.J.格朗维尔绘，选自《动物的私生活和公共生活场景》，1842）

角度视之，雌吃雄的现象或许可被理解成雄性为真正与爱人结合而进行的伟大献身。

法布尔在他的《昆虫记》中说螳螂"好似女祭司或修女"，但他立马又指出：

> 没有比以上想法更荒谬的了！螳螂的虔诚完全是假象；那些看似祷告状的前肢却是最令人惊惧的武器，它们能杀死任何可触摸到的生物。雌螳螂如母老虎般凶猛，像食人女妖那样残忍。她只吃活物。

法布尔在书中进一步描写了螳螂吓唬蚱蜢那样的大昆虫的情景，但其中对螳螂高超的武艺、勇气与正直诚实的赞美溢于言表。

许多哲学家、神学家、人类学家等等都在神圣与世俗间找到了联结点。从伊什塔尔到耶和华等诸神往往集爱与严厉于一身。没有哪种动物比螳螂更能体现这种结合了。用沙博诺·拉塞的话说，螳螂是"上帝的影子，灵魂的引者"，它既能带人上天堂也会领人下地狱。

鳄鱼

第十七章

庞然大物与海怪

民间传说极少呼应《圣经》文本，但《约伯记》（40：15—24）中出现的巨兽（Behemoth）与海怪利维坦却是例外。为凸显它们的庄严宏伟，《圣经》文本用了一系列动物与之比较，可巨兽和海怪利维坦到底长什么样却始终没说清。由于我们无法弄清巨兽和海怪利维坦到底是哪种已知生物，因此它们就兼具各类海洋与陆地生物的特征。巨兽有时是大象，有时是河马，有时是犀牛，有时更是三种动物的组合。利维坦则通常被认为是鳄鱼或鲸鱼。在所有传说故事、绘画艺术以及文字记载中，巨兽和海怪利维坦的共同特征是体形硕大。不过，它们的宏大壮丽更是无法衡量。

鳄　　鱼

> 小鳄鱼怎样保养
> 它闪亮的尾巴，
> 把尼罗河水灌进
> 每一片金色的鳞甲。
> 它笑得多么快乐，
> 伸开爪子的姿势多么文雅，
> 它在欢迎那些小鱼
> 游进它温柔微笑着的嘴巴。
>
> ——路易斯·卡罗尔《爱丽丝梦游仙境》

鳄目动物（包括鳄鱼和短吻鳄）与科莫多龙是仅有的大型半陆栖，且会毫不犹豫攻击吞噬人类的生物。鳄鱼的突然袭击使它们尤为可怕。大多数时候看上去慵懒闲散的鳄鱼能瞬间跃起，并在极短的时间内以难以置信的速度发起攻击。向前猛冲的鳄鱼有时半个身子都露在水外，有那么一瞬间其整个身子几乎直立。

鳄鱼仍能激发某种原始恐惧，但它们对我们来讲并非完全陌生。人类很难读懂大多数爬行动物的眼神，但有时却能理解鳄鱼。雌鳄鱼很少照顾幼鳄，据一些观察者称，鳄鱼甚至会参加群体狩猎。鳄鱼翘起的嘴巴看似永恒的微笑，但两侧时隐时现的獠牙却展示着邪恶的一面。

鳄鱼常出没于湿地，因此它们与灌溉、丰产紧密相连。传说中，埃及开国国王美尼斯在一次狩猎时掉进沼泽，他的狗没能救他上岸，是一条友善的鳄鱼将他驮到安全之地。美尼斯就在他上岸的地方建造了鳄鱼城（Crocopolis），鳄鱼神索贝克在那里得到供奉。与之大致相同的故事还有关于圣帕科缪（Saint Pachome）的。圣帕科缪不仅在公元3世纪的埃及建立起了祭司制度，还受众动物爱戴。无论他想去哪儿，尼罗河里的鳄鱼都会驮他到目的地。

据希腊历史学家希罗多德记载，有些地区的埃及人会宰杀食用鳄鱼，而另一些地方的人则会将其视为神明。在鳄鱼城，祭司们会在寺庙里饲养一条看上去驯顺的鳄鱼，并用金饰装点它的耳朵和四肢。朝拜的人会为圣鳄带去精心准备的食物，圣鳄死后其尸体还会被制成木乃伊并置入棺椁中。希罗多德在参观了存放许多鳄鱼与众国王遗体的迷宫般的寺庙后写道："虽然金字塔的伟大无以言表……但这迷宫甚至超过了金字塔。"

全世界的其他神话都反映出对鳄鱼及其力量的崇拜。中国神话中自黄河而出的伏羲氏的龙形象虽然高度写意难于辨识，但它仍具备类似鳄鱼的牙齿与短腿。在马来西亚的一则穆斯林传说中，穆罕默德的女儿法蒂玛创造了第一条鳄鱼。在爪哇岛的部分地区，母亲会遵照传统将生产后遗留下的胎盘用树叶包裹、放进河中献给变成鳄鱼的祖先魂灵。

不过，对鳄鱼的恐惧与蔑视在历史长河中同样存在。在《埃及亡灵书》的配图中，当灵魂被称量时，长着鳄头狮身河马后腿的女神阿穆特（Ammut）会在一旁迫不及待地等待吞噬那些仍心存欲望的人。传说中某些需要人祭的怪兽最初可能就是鳄鱼。比如，希腊神话中被绑在石头上的埃塞俄比亚公主安德洛墨达（Andromeda），要不是英雄珀尔修斯的营救，她可能会被类似鳄鱼的生物吃掉。被绑在河边或湖边献给鳄鱼的人祭，曾在从非洲到韩国的大片地区广泛存在。

从远古时代起，鳄鱼就与魔法紧密相连。公元前2世纪的一份古埃及经文中记载，一个巫师将做好的鳄鱼蜡像丢进尼罗河，蜡像立即变大，吞噬了其妻子的情夫。巫术常与骗术相连，在西欧鳄鱼曾代表虚伪。在中世纪的动物寓言中，鳄鱼会边吃人边流眼泪。托普塞在1658年这样描述鳄鱼："在抓住人后，鳄鱼会呜咽、叹息、流泪，好像极其难过，但突然又会张开血盆大口。"托普塞指出，据别的观察者所言，鳄鱼在吃人后流泪正如犹大背叛基督后哭泣。

包括阿拉伯人和部分非洲部族在内的一些民族会将嫌疑犯送到鳄鱼身边，若鳄鱼吃掉或噬咬那人则证明其有罪。在中世纪，地狱入口有时会被描画成一张尖牙满布的巨口，这一灵感可能来自狮子、蛇或鳄鱼。在20世纪后期的肯尼亚，环绕图尔卡纳湖而居的图尔卡纳人仍认为鳄鱼只吃有罪之人。当阿利斯泰尔·格雷厄姆（Alistair Graham）眼见当地人在满是鳄鱼的水中慢慢悠悠地蹚过时，一位部落成员告诉他："我问心无愧，因此我很安全。"

在英国经典儿童文学《彼得·潘》中，詹姆斯·马修·巴利塑造了如传说中鳄鱼般伪善的头号反面人物虎克船长（其得名缘于他装铁钩的一只假手），

来自 1900 年费城宗教宣传小册上的插图《说谎的恶魔》，图中说谎者与象征伪善的鳄鱼为伴

他的手曾被一条鳄鱼咬掉。鳄鱼后来竟成了他忠实的"跟班"。鳄鱼还吞了一只钟表到肚里，结果虎克船长每每听到钟表嘀嗒都很害怕。故事中，鳄鱼代表时间的破坏力，彼得·潘为逃避时间的无情，拒绝长大而躲进永无岛。最后，当虎克船长被踢下甲板掉进鳄鱼口时，时钟停摆，他心无余悸地赴死，这有点像被牺牲的人祭相信自己是在完成高尚天命一样。

大　象

大象，自然的伟大杰作，唯一的无害巨兽。

——约翰·邓恩

在所有生物中，大象以其庞大的体形、巨大的象牙以及卷曲的象鼻独树一帜。大象看起来皮糙肉厚，可它们的鼻子却能灵活地卷起花束或夹住小小硬币，这样奇特又相互矛盾的本性使它们与人类紧密相连，或许人类独立于自然界的情形也感染了大象。西塞罗曾在公元前1世纪写道："……然而，没有哪个动物在体格上比得上大象，也没有哪个比得上其怪异的长相。"大象在所有动物中最常被赋予人格化特点。与其身形相比，大象长在脑袋两边的眼睛出奇的小，但它们眨起来可是顾盼生辉。

老普林尼曾多次表示："在智力方面，大象与人类最接近"，并补充说"大象还有人类所不具备的品质，如诚实、理智、公正，以及对日月星辰的尊敬"。传统观念中对人性的释义之一是"宗教人"，大象甚至拥有如人般的宗教热忱。老普林尼还写道：大象会成群结队地从毛里塔尼亚各处的山上来到阿利莫（Alimo）河中沐浴，并向月亮示以敬意。在基督教盛行的欧洲，人们会忽略大象的异教信仰，而不时赞扬它们的宗教虔诚。18世纪后期，法王路易十五的林务官马塞尔·勒罗伊写道："……很多作家说大象除崇拜上帝外别无其他，不过也有另一些人认为这是优点。"直到今天，对于大象是否虔诚的争论仍在继续。几个世纪以来，人们传说大象会埋葬死象。20世纪后半叶，研究者证实，大象至少会用树叶等植被把死去的象体盖起来。

我们关于大象的大部分传说都来自印度。早在公元前3世纪中期，那里的大象已被人类驯化。太阳从一枚蛋中孵出后，梵天便双手持蛋壳开始幻化，蛋壳中幻化出了湿婆神的坐骑神象埃拉瓦塔（Airavata）以及十五头云象。云象和它们的后代能够自由飞翔，变换体形，但有一天，凡间的小云象太调皮吵闹以至打扰了圣哲帕拉卡帕（Palakapya），帕拉卡帕便施咒让小象都待在地面。

至少到 19 世纪，人们还在盛传大象的各种超人能力，包括全面回忆以及长达数百年的寿命，但当这些传言被揭穿后，其自身的新特质又得以被人发现。长期以来，我们一直困惑于大象的群体凝聚力，20 世纪 90 年代的研究者发现：大象是通过超声波相互交流的，即借助人耳无法识别的声波频率。

印度万神殿中最受欢迎的神祇之一就是长着人身象头、调皮淘气的智慧神迦尼萨（Ganesa），画中的迦尼萨象牙未全、大腹便便，常骑在一只老鼠身上。关于迦尼萨出身和怪异长相的故事很多，其中之一是这样讲述的：湿婆神外出期间，其配偶雪山女神深感孤独并渴求一名子嗣。于是，她用香露沁满全身，褪去身上的污秽，用掉落的污秽变幻出一位少年，然后派少年守护自己的房间。不久后，湿婆返家，要求进门，但少年拒绝其进入。经过一场争斗，湿婆砍掉了少年的头颅。雪山女神见状气急败坏，威胁说如果湿婆不让她的儿子复生她就要毁灭整个世界。为了使少年复生，湿婆神派出了自己的奴仆寻找其他头颅。奴仆们砍掉了途中遇见的一头巨象的脑袋，并带回给湿婆，这样，便有了象头与人身的组合。

佛陀的众多化身之一便是白化象，类似这样的动物在东南亚传统社会中极受推崇。佛祖悉达多的出生与耶稣基督的出生有相似之处，不过，佛祖出生时圣灵的使者是一头大象。王后奚里玛哈玛雅（Sirimahamaya）梦见自己来到山顶的一座宫殿，一头大象衔持一朵莲花向她走来并鞠躬示意。她听见一声鸟叫醒了过来，这样就怀上了救世主。

在亚历山大大帝入侵印度时发生的高加米拉战役中，大象进入了欧洲人的视野。当时印度国王波罗斯（Porus）的军队有两百头整装待发的大象。我们仅能从几百年后的西方记叙了解当时情形，而记述只说亚历山大最终获得了胜利。不过，文字记载中还讲到印度国王的象群使亚历山大的部队吃尽苦头、敬畏万分，以至其军事将领们再不敢东进。公元前 3 世纪末，古希腊伊庇鲁斯国王皮洛斯曾在与罗马军队的几次战役中用大象击败对手，直到最后寡不敌众败下阵来。公元前 219 年，迦太基将军汉尼拔率领一支包含大象的部队穿越阿尔卑斯山脉，期间多次重挫罗马军队，不过最终还是败给了人数庞大、训练有素的对手。有趣的是，尽管罗马人见识到了大象在战争中的军事破坏力，他们还是没有将其纳入罗马军团的千军万马中，或许是因为罗马人热爱秩序，而即使是经过训练的大象也难以控制。

或许，还因为罗马人太过喜爱大象所以不愿让其受劳役之苦。古罗马马戏团中会表演猎杀大象的场面，但却并非广受欢迎，普林尼也记载过庞培举办庆祝活动时在庆典场地猎杀大象的故事。当时，一头大象为标枪所杀，铁笼中的其他大象见状试图冲破栏杆，"但当大象放弃逃生希望后，它们便向在场人群表演各种难以置信的动作，恳求同情，象群呻吟哭号，这引起了在场者的悲痛之情，人们忘记了庞培为他们精心准备的奢华演出，双眼含泪不由自主地站立起来，内心积聚着对庞培的无限诅咒……"普林尼认为，由此导致的失道寡助是不久后庞培被凯撒击败的部分原因。

哈伦·拉希德曾将一头大象当作礼物赠予查理曼大帝和他的王朝。中世纪后期，欧洲王室里的一些王子皇孙会将大象当作异域战利品引进到欧洲，以彰显他们的显赫权势。中世纪大部分欧洲人是通过古代书籍和水手们真假难辨的讲述了解大象的，但它们从未被遗忘。随着大象实体的消失，其象征意义反而增强了。文艺复兴时期有关诺亚和大洪水的画作，或者有关伊甸园的画作中，总少不了一对大象。

中世纪动物寓言中，大象的寿命长至数百年。其中还讲到，当一对象夫妻想要生产时，它们会朝东方天堂行进直至来到智慧树（Mandragora）下。首先，母象会啃食智慧树上的果实，并将其中一些分给公象，之后二者交配，母象即刻就会怀上小象。寓言中的象夫妻正如人类第一对夫妻亚当、夏娃一样，只不过它们没有被禁止吃智慧树上的果实，可以自由进出伊甸园。关于大象，作者还写道："它们绝不会与妻子争吵，因为它们不知通奸为何物。大象温婉善良，因为如果在荒芜之地碰见前行的迷路人，它们会将迷路人引回原路。"

较之于西方，阿拉伯大部分地区对于大象略微熟识一些。不过，人们对其关注度还是一样高。中世纪阿拉伯故事集《一千零一夜》中就有一集关于辛巴达七次航海之旅的故事，其中甚至融入了现代自然生态观与人道关怀。故事里，辛巴达被海盗俘虏、被卖为奴，新主人指使他藏在一棵树中射杀象群，以获取象牙，可这样持续几天后，象群就将大树连根拔起并包围了辛巴达。辛巴达以为大象要杀他，但恰恰相反，它们带辛巴达来到大象公墓，这样辛巴达就能和平地获取象牙了。

同时，大象在非洲更多的是一种实物存在。与象群共处的现实生存问题也限制了人们对它的遐想和对它象征价值的发挥。在非洲，大象能够为人们提供大量肉食，但对猎人而言猎杀大象也极具挑战。一则阿散蒂谚语是这样说的："如果跟随一头大象，你就不必弹去草地上的露水。"在民间传说中，力量权势极少与狡猾奸诈相联系，非洲传说就常将大象描述得既强大有力又单纯轻信。中非的姆博希人（Mbochi）中流传有这样一则故事：动物们选举大象为国王，在大象赶赴加冕礼的路上，一只野兔挡住了它的去路并装出得重病的样子，大象不希望野兔错过如此盛事便将它驮在自己背上。当它们到达动物议会后，野兔争辩说它骑在大象背上，所以应该高于大象。结果最后，野兔倒成了国王。

传统上，非洲人猎取大象是为了食物需要，因此每一次狩猎所经历的危险与带来的收获都使杀戮往往适可而止。伴随殖民者以及现代武器的到来，对于象牙的需求使曾经数量庞大的大象濒临灭绝。为了尽快阻止非法捕猎，20世纪后期，非洲一些政府立法猎杀大象会被判处死刑。作为被杀戮又被保护的对象，大象印证了人性具有讽刺意味的那一面。

河　马

　　它伏于荷花下，
　　卧于沼泽芦苇间。
　　莲叶的阴凉遮蔽它，
　　溪旁杨柳庇护它。
　　河水漫过，它有何担忧？
　　就是约旦河的水涨到它口边，也是安然。
　　　　　　　　　　——《约伯记》（40：21—23）

　　在历史的大部分时间里，中非与南非以外的人们主要通过模棱两可的传闻与罗马拼花图样了解河马。不过，《圣经》中耶和华所言则将对河马的记忆深刻植入人类集体想象：
　　你且想那巨兽；
　　它吃草与牛一样。
　　它的气力在腰间，
　　能力在肚腹的筋上！
　　它的尾巴挺如香柏树，
　　它的大腿筋互相连接。
　　它的脊椎如铜管，
　　它的骨头硬如铁棍。
　　它是上帝所造的杰作……（《约伯记》40：15—19）
　　《圣经》中巨兽贝希摩斯（Behemoth）的身份长期以来备受争议。传统观念里的它有时是大象，有时是犀牛，有时甚至是鳄鱼。依据经文中巨兽栖息荷花下的情形，河马是最符合条件的。在《约伯记》写成之际，希伯来人还生活在两河流域，他们很有可能根本没接触过河马，因而混淆了河马与其他动物的形象。英国诗人威廉·布莱克完成的贝希摩斯形象既有河马也有大象的特征，这与圣经里的描述很相似。

对那些与河马更亲近的人们来说，它们令人敬畏且并不可怕。虽然河马体形庞大、力量惊人，可它们身手敏捷，甚至略显优雅。埃及女神塔沃里特（Taweret）的形象就是一位长着河马头的孕妇，代表强烈母爱的塔沃里特像会出现在一些护身符上。不过，埃及人对河马的态度很是矛盾，或许是因为它们经常践踏庄稼。在与荷鲁斯争夺埃及控制权的战争中，邪恶的赛特就化身为一只红色河马，不过最后还是败给了荷鲁斯。

许多非洲地区的人们同样崇拜一位类似塔沃里特的河马女神。在莫桑比克南部的龙加（Ronga）地区流传着一则故事，故事中女人将自己的儿子送给河马女神以求其庇护，河马女神虽在河里抚养男孩，但每晚都带他上岸，让他吸吮自己母亲的乳汁。

据英国牧师爱德华·托普塞在17世纪中叶的描写，河马或"海马"是"最丑陋肮脏的野兽，之所以这么说是因为它们的声音与鬃毛像马，头却像公牛或牛犊，身体其他部位像猪……"。毫不怀疑独角兽与萨梯之存在的托普塞却怀疑河马的存在。

1849年，一只名叫奥贝奇（Obaysh）的河马被引进伦敦动物园。这是自罗马时代以来欧洲人首次眼见河马。奥贝奇的到来刮起了一股"河马热"，每周

19世纪自然史书中的河马插画

六都有成千上万的市民参观，它生活的每个细节都成了新闻报纸的抢手货，甚至还出现过一种名为"河马波尔卡"的舞蹈。人们越来越着迷于河马的灵活敏捷。20世纪50年代上演的迪士尼电影《幻想曲》（Fantasia）中，河马甚至成了盛装的芭蕾舞者。不管电影创作者是否注意到，电影中的河马形象与古埃及河马女神似乎有几分相像。

鲸　　鱼

> 耶和华安排一条大鱼吞了约拿，他在鱼腹中三天三夜。约拿在鱼腹中祷告耶和华。
>
> ——《约拿书》（2：1—2）

所有生物中蓝鲸的体形最大，各种鲸鱼的体形都很庞大，这点就使人们很难与之休戚与共或将之人格化。在神话传说中，鲸鱼常以自然力量现身而非作为一个独立物种。

尽管有少数人不确定犹太传说中的"利维坦"是一种已绝迹的生物还是已退居深海，传统观念仍将其与鲸鱼视为一物。在犹太人的传统叙述中，上帝在创世的第五天造出一对雌雄利维坦，它们硕大无朋，任一鱼鳍都可安放整个地球。上帝很快意识到如果让它们繁衍后代，那整个宇宙都会毁于一旦。于是，他杀死了雌怪，但为了让这一物种不完全绝迹，上帝准许雄怪活到时间尽头。为排遣雄利维坦的寂寞，上帝还会在每天结束前的一段时间陪它玩。世界末日来临，利维坦会与巨兽河马决战，双双战死，公平之帐会用雄利维坦的兽皮做成，人们还可尽情享用利维坦与河马的肉。

在许多犹太传说中，利维坦是海下王国的统治者。在内森·奥苏贝尔记录的《利维坦王与慈善男孩儿》中，一天，男孩亲耳听上帝诫命"把你的面包扔到水上……"，虽不明白为何如此但他还是照做了。男孩每天会来到海边，向海里扔面包，只有一条鱼注意到他的举动，便日日守候等待男孩扔来的食物。那鱼渐渐长成了海里最大的鱼，比它小的鱼深感恐慌，便跑到国王利维坦那儿告状。国王了解原委后命一条大鱼将男孩带来。第二天男孩来到海边，大鱼吞他入口，到了国王面前又将他吐出。男孩告诉国王利维坦，他只是在行上帝的旨意。后来，国王收男孩为徒，将《律法书》和世间各动物语言教授予他。返家后，男孩学识惊人，变得富有起来。

在《旧约·约拿书》中，耶和华命约拿到充满邪恶的亚述城尼尼微布道。

鲸鱼或与之相关的动物（选自奥洛斯·马格努斯《海洋图》，1539）

因害怕前路，约拿便在船上寻求庇护，结果一场可怕的暴风雨迅速降临。约拿意识到暴风雨是因自己而起，于是让船员将他扔进海里。船员把约拿扔进海里的瞬间风暴便平息了。约拿被一条大鱼吞噬后，待在鱼腹三宿，最后又被大鱼吐出抛上岸。约拿到访尼尼微城，使那里的人们归信上帝，保住了古城。在《马太福音》12章40节中，那条鱼变成了鲸鱼。

在犹太人的传统观念里，约拿待在鱼腹三日的经历象征了遭放逐的犹太人终将返回锡安山。欧洲基督徒眼中的鲸鱼嘴常代表地狱之门，被吞噬又被抛出的约拿预示了死后三日复活的耶稣基督。14世纪晚期，一名被誉为"珍珠诗人"的英国作家在一首题为《忍耐》的作品中重述了约拿的故事。作者将肮脏污秽散发恶臭的鲸鱼腹比作地狱，约拿在其中向上帝祷告，试着找一块干净地方耐心等待。

从古代到文艺复兴时期的许多故事里，水手们会误把鲸鱼背当小岛而在上面安营烧火。中世纪动物寓言故事中，被篝火灼烧得难耐的鲸鱼会潜入海底，这样水手们也会跟着溺水而亡。人们将这些愚笨的受害者视为无法识别魔鬼危害的愚人，充满未知生物的深邃海底被比作地狱，而鲸鱼就是魔鬼。

但鲸鱼也可能是善良仁慈的。传说中，为了寻找"圣徒天堂"，中世纪修道院院长圣布伦登曾和同道一起出海七年航行于各个岛屿间。每年复活节，一条名叫塞康利斯（Jasconius）的鲸鱼都会出现，以便让众修士在它的背上举行大型庆祝活动。在1785年由R.E.拉斯佩首创、后经多位作家完善的虚构人物"男爵孟乔森"的荒诞故事里，男爵的海船被一条鲸鱼吞噬后，他发现鱼腹中有来自世界各地的船只，有些已滞留好几年。在他的带领下，几个勇敢的水手设法用桅杆撬开了鲸鱼嘴，众人就此逃脱。

西北海岸的美洲印第安人一直以来都用小船在浅海区捕鲸。逆戟鲸或"杀人鲸"是海达人、特林吉特人、钦西安人和其他相关部族的共同图腾，在他们的古老传说中，其祖先会披上杀人鲸的鱼皮，变成它们的模样，与真正的鲸鱼畅游大海，有时还会与之结合。鲸鱼曾被奉为包括加拿大北部地区马卡族（Mahkah）在内的很多部落文化的核心角色。马卡人在20世纪80年代至90年代恢复了他们历史悠久的捕鲸传统。

中国台湾地区的人称赞鲸鱼逐退外来侵略船只保卫岛屿的壮举。在日本传说里，12世纪有个名叫卫门（Yoda Emon）的人，他是伊豆群岛东南地区的地方官。当卫门的船只被暴风雨摧毁后他被一条鲸鱼救起。为示感激，卫门禁止了自己管辖区域的捕鲸活动。

近代早期以前，很少有欧洲人见过鲸鱼，因此鲸鱼在各类传说中经常现身。到18世纪，捕鲸已成为某种支柱产业。那时，灯具照明需要大量鲸油，制造女士紧箍的束身内衣也需要用鲸骨，短时间内如此高密度的捕杀使大西洋里的鲸鱼至19世纪中叶便濒临绝迹了。

1851年，赫尔曼·梅尔维尔出版了史诗小说《莫比·迪克》，其中对消失殆尽的古老捕鲸习俗进行了记录。捕鲸船长亚哈因一条名为莫比·迪克的巨型白鲸失去了一条腿，从此亚哈走上了复仇之路。即使自己的船只已经装满鲸油，亚哈仍笃定地猎捕敌人白鲸，最后白鲸毁坏了亚哈的捕鲸船并杀死了他。或许受《圣经》中"利维坦"启发，小说中的白鲸惩罚了狂妄自大的亚哈和整个人类。

20世纪前半期，遭捕杀的鲸鱼面临绝迹。从那时起，人们也开始在环保运动中使用鲸鱼形象。"拯救鲸鱼"的标语已超出其本身意义而指代整个自然世界，人们记录"鲸鱼歌"这一或许是自然界中最复杂的生物音乐，不仅为了科学研究，还为了欣赏。现在，国际范围内的捕鲸限制措施已使鲸鱼的数量恢复到濒危物种以上的水平，或许是"鲸鱼歌"起了作用。

满身是雪的猫头鹰,大约绘于1840年。古代众神常与作为其象征物或其变形的动物相伴,比如,雅典娜身旁总有猫头鹰

第十八章

神圣的动物

法国及西班牙的史前洞穴壁画位居人类最古老艺术品之列，人在其中往往只是些粗糙线条，创作者似乎并不怎么在意他们。相比之下，动物图案更能反映出艺术家的创作热情。安纳托利亚的加泰土丘（其历史可追溯至公元前7世纪中期前后）是第一批被考古确证的古代宗教祭司场所，而其中供奉的就是动物（以公牛居多，另有秃鹫、狐狸等）。古埃及人膜拜过猫、公牛、朱鹭等动物，因为在他们眼中，这些动物即是诸神的化身。数千年岁月流转使动物神被一批人神（女神或男神）逐渐取代，曾经的神祇以吉祥物等形式出现在它们的继任者左右，例如，雅典娜与猫头鹰，宙斯与鹰，奥丁与乌鸦和狼。在史诗《罗摩衍那》中，与英雄罗摩并肩作战的神猴哈努曼现在或许是印度教诸神里声名最显赫的。万圣节"邪恶女巫"及其忠实伙伴（蝙蝠、蜘蛛或黑猫）身上隐藏着古代母神的形象。一大批动物曾在特定的文化或历史关键期被奉为神明。本章只涵盖我们惯常认识中的那些"神圣动物"。

　　本应出现在此的狮子已在第六章"张牙舞爪的动物"里现身。

和 平 鸽

> 到了晚上，鸽子回到他那里，嘴里叼着一个新拧下来的橄榄叶子，诺亚就知道地上的水退了。
>
> ——《创世纪》（8：11）

和平鸽神圣、洁净，信鸽普通、肮脏，但它们在生物特性和民俗学上联系紧密。在古代文献中经常很难区分二者，或许最好的方式是将它们想象成神圣与渎圣的混合体。

在靠近多多那城的一个小树林里，保存着希腊最古老庄严的神谕之一。远古时代，一只从埃及飞来的黑鸽落于彼处。当它在橄榄树丛中来回穿梭时，树枝便沙沙作响并发出女声向祭司们传授圣谕。在荷马时代，多多那的神殿是全世界香火最旺的地方。

在古代世界，和平鸽常与预言相关联。在罗德岛的阿波罗尼奥斯的《阿尔戈号航海记》中，希腊英雄们在寻找金羊毛途中发现他们的去路被来回开合的撞岩阻挡，他们放飞了一只和平鸽探路，结果鸽子飞跃撞岩，于是英雄们便知晓他们也能安全通过了。在维吉尔的《埃涅阿斯纪》里，和平鸽引导埃涅阿斯穿越丛林来到金树枝前，从而进入亡灵世界。甚至，在常常蔑视异教神谕的基督教教义中也充斥着和平鸽从旁协助占卜的故事，这或许是因为和平鸽最没有邪恶的嫌疑吧。在一则出处不详的福音里，一只来自天堂的和平鸽飞落到约瑟夫的物品上，指定他为玛利亚之夫。

当然，古代任何能够取悦众神的东西都会被献祭。和平鸽和信鸽曾是希伯来人用来献祭的唯一鸟类（《利未记》1：14），而且它们是那些买不起牛羊的人喜爱的祭品。《圣经·创世纪》中有"上帝的灵魂在水面上盘旋"，这一形象应该指的是常被画成和平鸽的鸟。大洪水期间，诺亚放出了一只和平鸽，当鸽子口衔橄榄枝返归时，诺亚便知道洪水开始退却了。在基督教中，和平鸽代表圣灵，当耶稣受洗时，一只鸽子就飞落到了他身上。在各种《圣母领报》画中，

希腊帕罗斯岛的一座墓葬出土物（约前455—前450年）：雕像中女孩被当作照料动物的偶像物，或许时值一年一度的阿尔忒弥斯节。女孩亲吻着将去繁衍后代的两只鸽子中的一只，但命运剥夺了她这样的权利

当玛利亚受孕身怀耶稣时，鸽子通常会从上帝圣父那里飞向圣母，这一场景使人想起了宙斯那多情的冒险：化身天鹅与少女丽达约会。画中通常出现的玛利亚和上帝圣父间的白鸽，似乎是用来保护玛利亚的纯洁。

和平鸽对于古代世界的很多女神也是神圣的，它们是希腊爱神阿芙洛狄忒的"马车夫"。虽然阿芙洛狄忒有时头脑糊涂，但她守护了阿特拉斯与普勒俄涅七个女儿的贞洁。当猎手奥利翁试图闯进普勒阿得斯的家时，爱神将她们变成了和平鸽，以便其可以飞走，随后宙斯又把她们变成了天上的星宿。

女神德尔塞托（Derceto）的女儿、传说中的亚述女王塞米勒米斯婴儿时被遗弃荒野，结果是和平鸽抚育了她。此外，和平鸽还与罗马女神维纳斯、巴比伦女神伊什塔尔以及西闪米特女神阿施塔特联系紧密。其与爱情有关的象征意义（指涉的鸟或许为斑鸠）通过《圣经·雅歌》走进了犹太基督教传统：

>百鸟鸣叫的时候已经到来，
>
>斑鸠的咕咕声随处可闻。
>
>无花果树结出了第一批果子，
>
>葡萄树开花放香，
>
>来吧，我的爱人，
>
>我可爱的人，来吧。
>
>我的鸽子啊，你在磐石穴中，
>
>在陡岩的隐秘处，
>
>向我展现你的容貌，
>
>得听你的声音……（2：12—14）

犹太教徒和基督教徒将这首爱之歌视为灵魂渴望上帝的寓言。鸽子的形象常被用以表现情欲，它也是夫妻忠诚的象征。德国中世纪诗人沃尔夫拉姆·冯·埃申巴赫在其史诗《帕西法尔》（*Parzifal*）（成书于约1200年，德国）中写道：失去伴侣的鸽子总会栖息在凋零的树枝上。

传统上，"圣灵"是阳性代词，然而人们却很难将其当作男性。如果缺少一些阴性特质的话，"三位一体"的说法以及上帝的核心概念似乎就会失去平衡。一些异教团体已把和平鸽与具有女性概念的"苏菲"（神圣的智慧）和圣母玛利亚相等同。有时，和平鸽展翅乘风向下俯冲的形象在基督教艺术中会被表现为"M"形，用以指代"玛利亚"（Mary）。

在基督教传入俄罗斯初期，人们被禁止食用鸽肉，鸽子在圣杯传奇中同样重要。在《帕西法尔》中，圣鸽每年都会在耶稣受难日（复活节前的星期五）从天堂携圣灵（Host）而来，圣殿骑士团的徽章里也有鸽子。欧洲民间传说中，魔鬼唯一不能借形藏魂的动物就是鸽子，鸽子也是少数与巫师绝缘的常见动物之一。

在一些古代文明中，人们会把灵魂画成鸽子的样子。纽约大都会博物馆就馆藏着一尊公元前7世纪中期一座儿童墓葬里的巨大可移动雕像。雕像上，女童双手握着一对和平鸽，且其中一只的喙与女童的唇部相对。浮雕上的鸽子即将远行繁衍后代，可命运却剥夺了浮雕少女这样的权利。和平鸽还象征圣斯考拉斯蒂卡（Saint Scholastica），她不仅是雨水的守护者，还创建了一座女修道院。当圣斯考拉斯蒂卡将要离世时，她的孪生兄弟圣本尼迪克特（Saint Benedict）来到了她的床前，眼见其灵魂幻化成一只白鸽飞升天国。

在伊斯兰教中，和平鸽也是神圣的。有时，基督教的雄辩家们会试图歪曲穆斯林教义，声称穆罕穆德曾命令鸽子给他从耳朵喂食。据说这是一个诡计，目的是让使其信徒相信穆罕穆德受到圣灵启示。

格林兄弟的德国民间故事集，讲述了一只和平鸽如何拯救赫克斯特小城的故事。"三十年战争"期间，小城居民英勇地抵抗了神圣罗马帝国的强大军队。在所有攻城方法均告失败后，帝国将领们决定用重型炮轰炸小城。夜晚，正当一个兵卒准备点燃首门大炮的引线时，一只鸽子飞落下来叼啄他的手，迫使他撇掉了手上的引火物。兵卒将发生的一切视为上帝的示意，拒绝再次点火，这一推迟轰炸的举动使得瑞典援兵获得了足够时间以赶到赫克斯特小城解围。

尤因毕加索的一幅画作，和平鸽在冷战期间成了和平运动的象征。那么，照此看来和平鸽是不是有点太完美了？它代表了高尚情感与不证自明的美德。人类在接受一件象征物时能如此一致，这样的情形确实少见。或许和平鸽就是其中一例，因为信鸽作为"双生子"为它抵挡了任何消极意义。极少有人甚至能有意识地思考街上的鸽子与教堂里的鸽子有什么联系，很多宗教象征物，不都是这样吗？

鹰

> 他用弯勾般的铁爪攫住巉岩，
> 与太阳比邻于孤寂之地，
> 在蔚蓝世界的环映中屹立。
> 皱巴巴的大海在他下方蠕动，
> 他守望在他的高山岩壁，
> 落下犹如一声晴天霹雳。
>
> ——阿尔弗雷德·丁尼生《鹰》

在所有动物中，鹰所具有的象征意义最清晰明了，人们将其与太阳和帝王相连。这有点名不符实，因为鹰并没有飞得那么高，但它们极有力量，经常能够抓起大如羔羊或猴子的猎物。或许因为鹰喜欢把巢穴建在绝壁或高树上，人们才赋予了其高远的美名。鹰虽然"位高权重"，但并不是所有人都喜欢王权。

在美索不达米亚古代史诗《伊塔那》（伊塔那可能是有文献记载的首位统治者）中，鹰的象征意义就已经很明确了。史诗里，树上的老鹰与树下的大蛇当着太阳神沙弥什（Shamish）互发誓言结为兄弟，它们及其幼崽有时还会分享猎物。有一天，小蛇在牛尸上爬来爬去，老鹰趁其不备将其咬死。随后，正当老鹰准备享用蛇肉时，大蛇突然冒出与老鹰撕咬，扯断了它的一双翅膀，把奄奄一息的老鹰撇在水洼里任其自生自灭。沙弥什派来英雄伊塔那拯救并疗愈老鹰，最后又让伊塔那驯服老鹰。伊塔那骑在鹰背上，乘风来到天国向生育女神伊什塔尔寻求生产树以便延续香火。史诗原稿的最后部分已无法辨识，不过伊塔那显然达成了自己的心愿，开创了苏美尔王朝。

希腊人随后重述了《伊塔那》里鹰与蛇的故事版本，不过这次是《伊索寓言》中的《鹰和狐狸》，鹰吃掉了狐狸的幼崽，二者反目成仇。为了报仇，狐狸点燃了鹰落脚的大树。伊塔那的故事很可能影响了有关伽倪墨得斯的希腊神话——宙斯化作老鹰掳走了美少年伽倪墨得斯，以便让他为奥林匹斯山上的诸神侍酒。

不过，鹰确实有能力抓走婴儿或幼童，或许伽倪墨得斯的故事来源于这样的悲剧。

鹰对希腊宙斯来说是神圣的。每天，雷神都会派老鹰啄食被绑于高加索山上的普罗米修斯的肝脏，而到了夜晚受伤的肝又恢复如初，这样的情形周而复始，直到赫克勒斯一箭射死老鹰。罗马的标志是鹰，因此被罗马征服的地方也会承袭其标志。

众多神话形象最初都受到了鹰的启发。双头鹰最先出现在美索不达米亚的赫梯信仰中，从那里传至拜占庭帝国，并最终成为神圣罗马帝国和俄罗斯的象征。亚述 - 巴比伦（Assyro-Babylonian）史诗《安努》（Anzu）中有一只强大的狮头鹰，其扇动翅膀就能引发旋风。狮头鹰曾窃取天空之神恩利勒（Enlil）的命运书板（the Tablets of Desting），短暂统治世界。亚述国王纳西尔帕二世宫壁上雕刻的神秘"邪恶格里芬"形象人身鹰头鹰翅，手拿松球，或许正在举行生殖崇拜仪式。

狮子和鹰同属阳性，并且二者的形象经常混合。与狮头鹰（或伊姆杜吉德，Imdugud）相关的或许还有长着鹰面狮身（有时至少长有鹰翅）的格里芬，其形象首次出现在美索不达米亚艺术中，然后迅速传至希腊及其他地域。希罗多德认为格里芬是在印度的群山中筑金巢而居的；但丁还把格里芬置于天堂，让它在那里的教堂做"马劝"之畜。

与格里芬密切相连的还有印度教中的揭路荼，它是众鸟之王、毗湿奴的坐骑。揭路荼大如天日，身形似人，拥有鹰翅和鹰喙。其他传奇中类似鹰的巨鸟还有阿拉伯大鹏与波斯神鸟斯摩夫等。

在基督教中，鹰代表了传福音者圣约翰，它在画中常出现在圣约翰左右。据雅各布斯·德·佛拉祯（Jacobus de Voragine）写于 13 世纪末的《神像光轮传奇》（*The Golden Legend*）记载，这是因为约翰曾说："……鹰……直视太阳，比其他鸟飞得都高，可按其天性它仍要归复地面；人之灵魂，在冥想休憩片刻后得以升华，并更殷切地重返天国喜悦。"但在福音书开头，约翰如鹰一般直向那神秘的高处翱翔："太初有道……"

中世纪动物寓言中有讲到，当一只老鹰垂垂老矣时，它会先寻得一处喷泉，然后振翅向太阳高飞，直到翅膀被灼伤落进泉水。如此三次后，其重获新生。这正如耶稣死后三日复活那样，也与传说中的凤凰涅槃相似。

杰弗雷·乔叟写于 14 世纪末的《百鸟会议》是少数将鹰描绘得温和亲切而非盛气凌人的文学作品之一。众鸟在圣瓦伦丁节那天聚集于维纳斯神庙挑选各自的配偶，其中几只向卧在女神手中的可爱雌鹰大献殷勤，它们向天神提出请

脱离纹章学的规范，此图中的秃鹰似乎更加凶猛野性（约翰·詹姆斯·奥杜邦绘，选自《美洲飞禽》，1828）

求后，自然之神规定，雌鹰自己自主选择。既然身为鸟的老鹰都能如此牺牲，那王孙公主们更应如此了。

美洲印第安人和欧洲人在对鹰的很多看法上都惊人相似，尤其是平原印第安人，他们崇尚鹰的力量并将其与太阳相联系。鹰的羽毛象征着太阳光线，他们会将之佩戴于头饰、盾牌和服饰上以显示作战或狩猎技能。印第安人还把鹰的形象融入另一个神秘生物雷鸟中。雷鸟有着闪电般的喙，它扇动翅膀就带来雷声。在阿芝特克人的宗教信仰中，金色的鹰象征着太阳神维齐洛波奇特利。今天，墨西哥盾形纹章中还画有鹰叼巨蛇的形象。

正如一位获得成功并受大家追捧的演员或歌星那样，鹰被自身的公众形象所左右。人们很难理解传说中如此强大的生物在现实中却很脆弱。千百年来，其显赫的象征意味甚至让人们觉得它不是真实存在的。然而，鹰的文化价值却没能给它们带来多少庇护。在一些国家（如美国和德国），尽管其徽像用来代表国家，但鹰还是濒临灭绝。虽然有法律保护，它们还是受栖息地减少和农药的威胁。不过，很大程度上随着环保法案的加强，很多地区又迎来了鹰群。

犀 牛

> 地上的蚂蚁与鸟就着树荫穿梭，但犀牛这
> 肩负善恶决战的生物，不见了踪影……
>
> ——哈罗德·法默《犀牛》

有时，围绕在动物周围过于繁复的传说与象征意义反而会遮蔽其本身，犀牛就是这样的例子。在神话或传说中，犀牛并不处在最中心的位置，它们也极少出现在宗教崇拜与史诗中，但它们的形象很可能引起并助长了人们对独角兽（马、驴、羊与独角鲸的组合）的狂热崇拜。对这一现象的最尖锐讽刺或许来自几件将鲸角当独角兽角保存的欧洲中世纪珍宝。不仅如此，人们还相信犀牛角是格里芬的爪子。如果我们把犀牛算作独角兽，它将是世界上最受追捧的动物之一。

有关犀牛或独角兽的传说从一开始就充满了神奇与含混。描绘它们的最早图画可追溯至史前洞穴壁画。不过，第一位动笔的人却是公元前4世纪初波斯国王的医生——希腊人克特西亚斯。克特西亚斯将犀牛视作大野驴，而自然界中没有哪种动物与克特西亚斯的描述相符。从他提及的"印第安人使用其角当高脚杯和解毒剂"这一说法人们才认识到这种动物可能是犀牛。人们用犀牛角饮水，民间土方仍将其作为效力强大的药物和春药。

老普林尼在公元1世纪对独角兽或"单角牛"的描述更加接近犀牛：

> ……印度最野性难驯的动物是单角牛，它们有着马身、鹿头、象脚、（野）猪尾，会发出低吼声，脑门中心有个突出两腕尺长的黑牛角。据说这种动物不能活捉。

真正的犀牛作为战利品曾出现在罗马，普林尼可能亲眼见过，只是未能将其与他从远游者口中得来的听闻相联系。

从此，有关独角兽的传说在欧洲变得越来越复杂而浪漫。中世纪人相信，独角兽不会被武力征服，但会躺在处女膝间任自己被抓。与此同时，人们对犀

19世纪自然史书中的犀牛插画

牛的了解通常仅来自异域那不甚明晰的传闻,且其中充斥着邪恶蛮力。马可·波罗将他在中国旅途中遇见的苏门答腊犀牛和寓言中的独角兽联系在一起。"总之,"他写道,"它们令人讨厌。它们总将像猪一样的头冲向地面,在泥里翻滚,一点也不像欧洲故事里的独角兽。这样的动物怎能在处女膝间感受欢畅呢?"

不过,独角兽倒是有个公认的特点,即它几乎战无不胜。1517年继罗马帝国后,葡萄牙曼努埃尔一世第一次将一只犀牛带回欧洲的里斯本。实验中,国王将一只犀牛和一只大象置于街市,结果皮糙肉厚的大象为躲藏竟撞断了一扇大窗的铁栏杆。不久后,亚历山德罗·德·美第奇大公在其盔甲上刻上犀牛形象并写道:"我发起战争是为了获胜。"

欧亚大陆各地流传着许多有关独角兽的故事,其中,年代最久远的是公元前3000年先于伏羲氏出黄河的麒麟(Ky-lin)。日本独角兽(kirin)以它炯炯有神的眼神和能净化任何罪犯心灵的能力而为人称赞。即便在那些有犀牛的地方,犀牛通常也与传说中的独角兽有些关联。

进入21世纪,人们仍相信犀牛角有魔力、药用价值与催情作用。今天,随着很多犀牛品种濒临灭绝,各地政府努力制止偷猎者为牛角而杀犀牛,但收效甚微。科学家已证实犀牛角没有任何药用价值与催情作用,但正如其他许多事一样,民间传统比科学研究更能影响我们心中所信。

结语　人之为何？

那么，人之为何呢？答案不一而足，对此，我可以写一整本书。但回想一下，我不是刚刚写完这本书，你们不正在看它吗？本书的每一章都在回答"人之为何？"这一问题。人本是动物，但又不止一种，我们还是蜘蛛、大象、乌鸦、章鱼、蝴蝶等等。在描绘动物时，我们会不由自主地将之与人类特性相联系，将我们的某些品质加注到它们身上，并称其为动物特有。这就是为什么在不到一百年的时间里（无论写作者初衷如何）各类动物故事就已过时。

在大多数情况下，我们不仅能从这类描写中获得有关动物的信息，还能从中了解有关写作者及其时代的情况。关涉动物的文学表征相对自由，因此比起那些只写人类的文学作品它们更能揭示真理。人类无所遁形，我们时常无法掩饰溢于言表的自负与偏执。从各类印章图形到运动队名称，动物是表现人类身份认同的重要象征物。

近五十年以来，人与自然环境相互依存的事实受到越来越多的关注。通过与其他物种交往，我们诗意地建构起人之为人的自我身份。在此过程中，动物为我们提供了至关重要的参照，并展示了那些我们想要守护或规避的特征与品质。在人与动物的关系中，任何个体层面还是集体层面的重大改变都会以超越实际效能的方式深刻影响人类自身。当某一物种灭绝时，某些人类精神也随之消亡。

这充分展现了人类文化、宗教以及哲学思想的多样性。人人爱动物，但各有不同，各有方法；而几乎所有人都能在动物身上"发现自我"，只是仁者见仁智者见智。流行社会学有时将人分为"狗人"和"猫人"，此外，还有"蛇人""狼人""鸟人""瓢虫人"。我们不禁将如此分类称为当代"图腾信仰"或当代"萨满教"，但这些称谓又太过轻飘，不切实际。人类与动物的认同感被融化进我们的语言以及普通的日常生活细节，不经意间就出现了。

这是人类内心必不可缺的一部分吗？或许不是，因为人类的身份也是变化不定，让人很难捉摸。有时，在诸如看家护院或耕田种地等许多活动中，机器代替动物帮助建构人的身份。

　　那时，我们或许竟不知，人之为人我们丧失了什么，但可以肯定一定不少。

参 考 书 目

Abrams, Roger D., editor. *Afro-American Folktales: Stories from Black Traditions in the New World.* New York: Pantheon, 1985.

Aelian. *On Animals* (3 vols.). Translated by A. F. Scholfield. Cambridge: Harvard University Press, 1972.

Aesop. *The Complete Fables of Aesop.* Translated by Olivia Temple and Robert Temple.New York: Penguin, 1998.

Aesop. *The Fables of Aesop.* Edited and retold with notes by Joseph Jacobs. New York: Macmillan, 1910.

Afanas'ev, Alekandr, editor. *Russian Fairy Tales.* Translated by Norbert Guterman. New York: Pantheon, 1973.

Alderton, David. *Crocodiles and Alligators of the World.* New York: Blanford, 1998.

Aldrovandi, Ulisse. *Aldrovandi on Chickens.* Translated by L. R. Lind. Norman, Ok: University of Oklahoma Press, 1600/2012.

Alexander of Neckam. *De Naturis Rerum.* E. Thomas Wright. London: Longman, Green, Longman, Roberts & Green, 1963.

Andersen, Hans Christian. "The Ugly Duckling." *Fairy Tales and Stories.* Translated by H. W. Dulcken. New York: Hurst, ca. 1900, 121–129.

Anderson, Virginia DeJohn. *Creatures of Empire: How Domestic Animals Transformed Early America.* New York: Oxford University Press, 2004.

Andrews, Munya. "Jillinya: Great Mother of the Kimberly." In *Goddesses in World Culture.* Edited by Patricia Monaghan. Santa Barbara, CA: Praeger, 2011, vol.3. 1–12.

Anonymous. "Children in the Wood." In *The Book of British Ballads*. Edited by S. C. Hall. London: George Routledge and Sons, 1879, 13–17.

Anonymous. "The Worm and the Toothache." *The Ancient Near East: An Anthology of Texts and Pictures*. Edited by Pritchard, James B. Translated by W. F. Albright et al. Princeton, NY: Princeton University Press, 1958, 70.

Anonymous. *Sir Gawain and the Green Knight.* Translated by Marie Boroff. New York: W. W. Norton, 2009/ca. 1400.

Apollodorus. *The Library of Greek Mythology.* Translated by Robin Hard. New York: Oxford University Press, 1997.

Apuleius. *The Golden Ass.* Translated by E. J. Kennedy. New York: Penguin, 1999/ca. 175 CE.

Aristophanes. *The Birds*. Translated by Alan H. Sommerstein. New York: Dover, 1999.

Aristotle. *The Generation of Animals* *(3 vols.)* . Translated by A. L. Peck. Cambridge, Mass.: Harvard U P, 1953.

Arnold, Dorothea. *An Egyptian Bestiary.* New York: Metropolitan Museum of Art, 1995.

Atchity, Kenneth J., editor and translator. *The Classical Greek Reader.* New York: Oxford University Press, 1996.

Attar, Farid Ud-Din. *The Conference of Birds.* Translated by Afkham Darbandi and Dick Davis. New York: Penguin, 1984.

Attenborough, David. *The First Eden: The Mediterranean World.* Boston: Little, Brown, 1987.

Auguet, Roland. *Cruelty and Civilization: The Roman Games.* New York: Barnes & Noble, 1972.

Ausubel, Nathan. *A Treasury of Jewish Folklore.* New York: Crown, 1948.

Avianus. *The Fables of Avianus.* Translated by David R. Slavitt. Baltimore: Johns Hopkins University Press, 1993.

Ball, Philip. *The Devil's Doctor: Paracelsus and the World of Renaissance Magic and Science.* New York: Farrar, Straus and Giroux, 2006.

Barber, Lynn. *The Heyday of Natural History: 1820-1870.* Garden City, NY:

Doubleday, 1980.

Baring-Gould, Sabine. *Curious Myths of the Middle Ages*. London: Longman's Green, 1892.

Baring-Gould, William S. and Ceil. *The Annotated Mother Goose*. New York: Bramhall House, 1962.

Barrie, James M. *Peter Pan*. New York: Barnes & Noble Books, 1995/1904.

Beck, Horace. *Folklore of the Sea*. Mystic, CT: 1973.

Bede (Beda Vererabilis). *Ecclesiastical History of the English Nation*. Translated by Stevens, et al. New York: Dutton, 1975.

Beer, Rüdiger Robert. *Unicorn: Myth and Reality*. Translated by Charles M. Stern. New York: Van Nostrand Reinhold, 1972.

Bergman, Charles. *Orion's Legacy: A Cultural History of Man as Hunter*. New York: Dutton, 1996.

Berlin, Isaiah. *The Hedgehog and the Fox: An Essay on Tolstoy's View of History*. New York: Simon & Schuster, 1993.

Bewick, Thomas. *A General History of Quadrupeds*. Leiscester: Winward, 1980/1790.

Bierhorst, John. *Mythology of the Lenape*. Tucson: U. of Arizona Press, 1995.

Black, Jeremy and Anthony Green. *Gods, Demons and Symbols of Ancient Mesopotamia: An Illustrated Dictionary*. Austin: U. of Texas Press, 1992.

Blake, William. "The Sick Rose." *The Norton Anthology of English Literature* (2 vols.). Edited by H. Abrams. Fifth Edition. New York: W. W. Norton, 1986, vol. 2, 40.

Blake, William. "The Tyger." *The Oxford Book of Animal Poems*. Edited by Michael Harrison and Christopher Stuart-Clark. New York: Oxford University Press, 1992.

Boia, Lucian. *Entre l'ange et la bête: Le mythe de l'homme différent de l'Antiquité à nos jours*. Paris: Plon, 1995.

Botkin, B. A., editor. *A Treasury of American Folklore: Stories, Ballads, and Traditions of the American People*. New York: Crown Publishers, 1944.

Briggs, Katharine. *Nine Lives: The Folklore of Cats*. New York: Dorset Press, 1980.

Brinton, Daniel G. *Myths of the New World*. 3rd edition. New York: Leypoldt &

Holt, 1896.

Brown, Joseph Epes. *Animals of the Soul: Sacred Animals of the Oglala Sioux*. Rockport, Mass.: Element, 1992.

Bruchac, Joseph. *Native Plant Stories*. Golden, CO.: Fulcrum, 1995.

Buhs, Joshua Blu. *Bigfoot*. Chicago: University of Chicago Press, 2009.

Burnett, Frances Hodgson. *The Secret Garden*. New York: Barnes and Noble Books, 1990.

Burt, Jonathan. *Rat*. London: Reaktion Books, 2006.

Bushnaq, Inea, editor and translator. *Arab Folktales*. New York: Pantheon, 1986.

Calvino, Italo. *Fiabe Italiano: Raccolte e transcitte da Italo Calivino* (2 vols.) . Milan: Oscar Mondadori, 1986.

Campbell, Joseph. *The Hero with a Thousand Faces*. Princeton, NJ: Princeton University Press, 1990.

Campbell, Joseph. Vol. Part 2, *Mythologies of the Great Hunt, Historical Atlas of World Mythology*. New York: Harper & Row, 1988.

Cao Xueqin, and Gao E. *The Story of the Stone, Also Known as the Dream of the Red Chamber*. Translated by John Minford. 5 vols. New York: Penguin, 1986/1792.

Caras, Roger A. *A Perfect Harmony: The Intertwining Lives of Animals and Humans throughout History*. New York: Simon and Schuster, 1996.

Carlson, Rev. Gregory I. "Horace's and Today's Town and Country Mouse." *Bestia*, vol. 4 (May 1992) , 87–112.

Carpenter, Francis. *Tales of a Korean Grandmother*. Rutland, VT: Charles E. Tuttle, 1973.

Catullus. *Lugete, o Veneres. Catullus, Tibullus, Pervigilim Veneris*. Edited and translated by C. P. Goold. Cambridge, Mass.: Harvard University Press, 1962, 4–5.

Cavalieri, Paola, and Peter Singer, editors. *The Great Ape Project: Equality beyond Humanity*. New York: Saint Martin's Press, 1995.

Charbonneau-Lassay, Louis. *The Bestiary of Christ*, Edited and translated by D. M. Dooling. New York: Parabola Books, 1991.

Chaucer, Geoffrey. "The Parliament of Fowls." *The Works of Geoffrey Chaucer*. Second edition. Edited by F. N. Robinson. Boston: Houghton Mifflin, 1961, 309–318.

Chaucer, Geoffrey. *The Canterbury Tales*. New York: Penguin, 2005.

Christie, Anthony. *Chinese Mythology*. New York: Barnes & Noble Books, 1996.

Cicero. *The Nature of the Gods*. Translated by Horace C. P. McGregor. New York: Penguin, 1972.

Clutton-Brock, Juliet. *Horse Power: A History of the Horse and the Donkey in Human Societies*. Cambridge, Mass.: Harvard University Press, 1992.

Cogger, Hardold G. et al, editors. *Encyclopedia of Animals*. San Francisco: Fog City Press, 1993.

Cohen, Daniel. *The Encyclopedia of Monsters*. New York: Dorset Press, 1982.

Collodi, Carlo. *Pinocchio*. Translated by E. Harden. New York: Puffin Books, 2009/1882.

Comfort, David. *The First Pet History of the World*. New York: Fireside, 1994.

Coomaraswamy, Ananda K., and Sister Nivedita. *Myths of the Hindus and Buddhists*. New York: Dover, 1967.

Cooper, J. C. *Symbolic and Mythological Animals*. London: Harper-Collins/ The Aquarian Press, 1992.

Corbey, Raymond, and Bert Theunissen, editors. *Ape, Man, and Apeman: Changing Views since 1900*. Leiden: Leiden University Press, 1995.

Courlander, Harold. *A Treasury of African Folklore: The Oral Literature, Traditions, Myths, Legends, Epics, Tales, Recollections, Wisdom, Sayings, and Humor of Africa*. New York: Marlowe and Co., 1996.

Courtney, Nicholas. *The Tiger: Symbol of Freedom*. New York: Quartet Books, 1980.

Courtright, Paul B. *Ganeśa: Lord of Obstacles, Lord of Beginnings*. New York: Oxford University Press, 1985.

Crane, Hart. "Voyages." In *The Oxford Book of American Poetry*, edited by David Lehman. New York: Oxford University Press, 1779/1926, 434–435.

Cummins, John. *The Hound and the Hawk: The Art of Medieval Hunting*. London: Phoenix Press, 1988.

D'Aulnoy, Marie Catherine. "The White Cat." Translated by Minnie Wright. In *The Blue Fairy Book*. Edited by Andrew Lang. New York: Dover, 1965, 157–173.

Dähnhardt, Oskar. *Naturgeschichtliche Volksmärchen*, vol. 1. Leipzig: B. G. Teubner, 1909.

Dale, Rodney. *Cats in Boots: A Celebration of Cat Illustration through the Ages.* New York: Harry N. Abrams, 1997.

Dalley, Stephanie, editor. *Myths from Mesopotamia: Creation, The Flood, Gilgamesh and Others.* New York: Oxford University Press, 1993.

Dasent, George. "East of the Sun and West of the Moon." In *Scandinavian Folk and Fairy Tales.* Edited by Claire Booss. New York: Avenel Books, 1984, 63–70.

Davies, Malcolm and Jeyaraney Kathirithamby. *Greek Insects.* New York: Oxford University Press, 1986.

Davis, Courtney and Dennis O'Neil. *Celtic Beasts: Animal Motifs and Zoomorphic Design in Celtic Art.* London: Blandford, 1999.

Degraaff, Robert M. *The Book of the Toad: A Natural and Magical History of Toad-Human Relations.* Rochester, Vt.: Park Street Press, 1991.

Dekkers, Midas. *Dearest Pet: On Bestiality.* Translated by Paul Vincent. New York: Verso, 2000.

Delort, Robert. *Les animaux ont une histoire.* Paris: Éditions du Seuil, 1984.

Delort, Robert. *The Life and Lore of the Elephant.* Translated by I. Mark Paris. New York: Harry N. Abrams, 1992.

Dent, Anthony. *Donkey: The Story of the Ass from East to West.* Washington, D.C.: George G. Harrap, 1972.

Dent, Anthony. *The Horse: Through Fifty Centuries of Civilization.* New York: Holt, Rinehart and Winston, 1974.

Derrida, Jacques. *Che cos' è la poesia? Points: Interviews, 1974-1994.* Translated by Peggy Kampuf et al. Edited by Elizabeth Weber. Stanford: Stanford University Press, 1992, 288–300.

Derrida, Jacques. *The Animal That Therefore I Am.* Translated by David Willis. New York: Fordham UP, 2008.

Digard, Jean-Pierre. *L'homme et les animaux domestiques.* Paris: Fayard, 1990.

Dobie, J. Frank. *The Voice of Coyote.* Lincoln, Nebraska: U. of Nebraska Press, 1961.

Donne, John. "The Flea." *Animal Poems*. Edited by John Hollander. New York: Knopf, 1994, 127–128.

Dostoyevski, Fyodor. *Crime and Punishment*. Translated by David Magarshak. New York: Greenwich House, 1982/1865.

Douglas, Mary. *Purity and Danger: An Analysis of the Concepts of Pollution and Taboo*. New York: Routledge, 2002/1946.

Douglas, Norman. *Birds and Beasts of the Greek Anthology*. New York: Jonathan Cape and Harrison Smith, 1929.

Eckholm, Eric. "China's Little Gladiators, Fearsome in the Ring." *The New York Times*, Oct. 4, 2000, 4.

Eco, Umberto, editor. *History of Beauty*. Translated by Alastair McEwen. New York: Rizzoli, 2004.

Edwards, Jonathan. "Sinners in the Hands of an Angry God." In *The Sermons of Jonathan Edwards: A Reader*. Edited by Wilson H. Kimnach, Kenneth P. Minkena, and Douglas A. Sweeney. New Haven: Yale University Press, 1999/1734, 49–65.

Eisler, Colin. *Dürer's Animals*. Washington, DC: Smithsonian Institution Press, 1991.

Eliade, Mircea. *History of Religious Ideas*. Translator Willard R. Trask, 3 vols. Chicago: University of Chicago Press, 1998.

Eliade, Mircea. *Shamanism: Archaic Techniques of Ecstasy*. Princeton: Princeton University Press, 1974.

Elston, Catherine Feher. *Ravensong: A Natural and Fabulous History of Ravens and Crows*. Flagstaff, AZ: Northland, 1991.

Erdoes, Richard and Alfonzo Ortiz. *American Indian Trickster Tales*. New York: Penguin, 1988.

Eschenbach, Wolfram von. *Parzifal*. Translated by A. T. Hatto. New York: Penguin, 1980.

Estés, Clarissa Pinkola. *Women Who Run with the Wolves: Myths and Stories of the Wild Woman Archetype*. New York: Ballantine Books, 1992.

Evans, E. P. *The Criminal Prosecution and Capital Punishment of Animals: The Lost History of Europe's Animal Trials*. Boston: Faber and Faber, 1988.

Fabre, Henri. *Fabre's Book of Insects*. Translated by Mrs. Rodolph Stawell. New York: Tudor, 1935.

Fabre-Vassas, Claudine. *The Singular Beast: Jews, Christians, and the Pig*. Translated by Carol Volk. New York: Columbia University Press, 1997.

Faulkner, William. "The Bear." In *Go Down Moses*. New York: Vintage Books, 1970, 181–316.

Flores, Nona C. "Effigies Amicitiae . . . Veritatas Inimicitiae" : Antifeminism in the Iconograhy of the Woman-headed Serpent in Medieval and Renaissance Art and Literature." *Animals in the Middle Ages: A Book of Essays*. Edited by Nona C. Flores. New York: Garland, 1996, 167–196.

Fontenay, Elizabeth de. *Le silence des bêtes: La philosophie à l'épreuve de l'animalité*. Paris: Fayard, 1998.

Gantz, Jeffrey, editor and translator. *Early Irish Myths and Sagas*. New York: Penguin Books, 1982.

Gibson, Claire. *Signs and Symbols: An Illustrated Guide to their Meaning*. New York: Barnes & Noble, 1996.

Giles, Herbert A. Translated by *Strange Stories from a Chinese Studio*. New York: Boni and Liveright, 1926.

Gill, Sam D. and Irene F. Sullivan. *Native American Mythology*. New York: Oxford University Press, 1992.

Gimbutas, Marija. *The Goddesses and Gods of Old Europe: Myths and Cult Images*. New York: U. of California Press, 1992.

Giorgetti, Anna. *Ducks: Art, Legend, History*. Translated by Helena Ramsay. Boston: Little, Brown and Company/Bullfinch Press, 1992.

Girourd, Mark. *The Return to Camelot: Chivalry and the English Gentleman*. New Haven, CT: Yale University Press, 1985.

Glassie, Henry, editor. *Irish Folk Tales*. New York: Pantheon, 1985.

Glickman, Stephen. "The Spotted Hyena from Aristotle to the Lion King: Reputation is Everything." *Social Research*, vol. 62, # 3 (fall 1995) : p. 501–539.

Goethe, Johann Wolfgang von. "Blissful Longing." Translated by Albert Bloch. *Anthology of German Poetry through the Nineteenth Century*. Edited by Alexander

Gode and Frederick Ungar. New York: Frederick Ungar, 1964, p102–103.

Goldsmith, Oliver. *History of Animated Nature* (4 vols.). Edinburgh: Smith, Elder/T. Tegg, 1838.

Gordon, Edmund I. "Sumerian Animal Proverbs: 'Collection Five.'" *Journal of Cuneiform Studies* 12 (1958): 1–6.

Gotfredsen, Lise. *The Unicorn*. New York: Abbeville Press, 1999.

Graham, Alistair. *Eyelids of Morning: The Mingled Destinies of Crocodiles and Men*. New York: A & W Visual Library, 1973.

Graham, Lanier. "Goddess Androgyne: Coatlicue of the Aztecs." In *Goddesses in World Culture*, edited by Patricia Monaghan. Santa Barbara, CA: Praeger, 2011, vol. 3, 73–84.

Grahame, Kenneth. *The Wind and the Willows*. Hollywood, FL: Simon & Brown, 1012/1907.

Grantz, Jeffrey, translator. *The Mabinogion*. New York: Dorset Press, 1976.

Grass, Günter. *The Call of the Toad*. Translated by Ralph Manheim. New York: Harcourt, Brace & Janovich, 1993.

Grimm, Jacob and Wilhelm. *The Complete Fairy Tales of the Brothers Grimm*. Translated by Jack Zipes. New York: Bantam Books, 1987.

Grimm, Jacob and Wilhelm. *The German Legends of the Brothers Grimm* (2 vols.). Edited and translated by Donald Ward. Philadelphia: Institute for the Study of Human Issues, 1981.

Gubernatis, Angelo De. *Zoological Mythology or The Legends of Animals* (2 vols.). Chicago: Singing Tree Press, 1968.

Hall, James. *Illustrated Dictionary of Symbols in Eastern and Western Art*. New York: HarperCollins, 1996.

Hall, S. C., editor. *The Book of British Ballads*. London: George Routledge and Sons, 1879, 373–374.

Ha-Nakdan, Berechiah. *Fables of a Jewish Aesop*. Translated by Moses Hadas. New York: Comumbia University Press, 1967.

Haraway, Donna. *Primate Visions: Gender, Race, and Nature in the World of Modern Science*. New York: Routledge, 1990.

Haraway, Donna J. *When Species Meet*. Minneapolis: University of Minnesota Press, 2008.

Hardy, Thomas. "The Darkling Thrush." *The Norton Anthology of English Literature*. vol. 2. 5th Edition. Edited by M. H. Abrams. New York: W. W. Norton, 1986, 1743–1744.

Harris, Joel Chandler. *Uncle Remus: His Stories and His Sayings*. New York: A. Appleton, 1928.

Hausman, Gerald. *Meditations with Animals: A Native American Bestiary*. Santa Fe: Bear, 1986.

Hawley, Fred. "The Moral and Conceptual Universe of Cockfighters: Symbolism and Rationalization." *Society and Animals. Vol.* 1, # 2 (1993), 159–168.

Hearn, Lafcadio. *Kwaidan: Stories and Studies of Strange Things*. Rutland, VT: Charles E. Tuttle, 1971.

Hearn, Lofcadio. *Japanese Fairy Tales*. Mount Vernon, NY: Peter Pauper Press, 1936.

Hell, Betrand. "Enraged Hunters: The Domain of the Wild in Northwestern Europe." In *Nature and Society:Anthropological Perspectives*, edited by Philippe Descola and Gísli Pálsson, 214–255. New York: Routledge, 1996.

Hendrickson, Robert. *More Cunning than Man: A Social History of Rats and Men*. New York: Dorset Press, 1983.

Henish, Bridget Ann. *Fast and Feast: Food in Medieval Society*. University Park, Penn.: Pennsylvania University Press, 1994.

Herodotus. *Herodotus* (4 vols.). Translated by A. D. Godley. New York: G. P. Putnam's Sons, 1926.

Hesiod. *Theogony/Works and Days*. Translated by M. L. West. New York: Oxford University Press, 1988.

Hillyard, Paul. *The Book of the Spider: From Arachnophobia to the Love of Spiders*. New York: Random House, 1994.

Hine, Daryl, translator. *The Homeric Hymns and The Battle of the Frogs and the Mice*. New York: Anthenium, 1972.

Hoffmann, E. T. A. *The Life and Opinions of Kater Murr. In Selected Writings of E.*

T. A. Hoffmann (2 vols.) . Edited and translated by Leonard J. Kent and Elizabeth C. Knight. Chicago: University of Chicago Press, 1969/1820.

Hole, Christina, E. Radford and M. A. Radford. *The Encyclopedia of Superstitions*. New York: Barnes & Noble Books, 1996.

Houlihan, Patrick F. *The Animal World of the Pharaohs*. New York: Thames and Hudson, 1996.

Howell, Signe. "Nature in Culture or Culture in Nature?Chewong Ideas of 'Humans' and Other Species'." In *Nature and Society: Anthropological Perspectives*. Edited by Philippe Descola and Gísli Pálsson, 152–168. New York: Routledge, 1996.

Hughes, D. Wyn. Edited by *Hares*. New York: Congdon & Lattès, 1981.

Hugo, Victor. *The Hunchback of Notre Dame*. Translated by Catherine Liu. New York: Modern Library Classics, 2002/1831.

Hurston, Zora Neale. *Mules and Men*. New York: HarperTrade, 1990.

Hutton, Ronald. *The Stations of the Sun: A History of the Ritual Year in Britain*. New York: Oxford University Press, 1997.

Hyland, Ann. *Equus: The Horse in the Roman World*. New Haven: Yale University Press, 1990.

Hyland, Ann. *The Medieval Warhorse from Byzantium to the Crusades*. Conshohocken, PA: Combined Books, 1994.

Ions, Veronica. *Egyptian Mythology*. New York: Peter Bedrick Books, 1982.

Jacobs, Joseph, editor. "Dick Whittington and His Cat." In *English Fairy Tales*. New York: Dover, 1967/1890, 167–178.

Jameson, R. D. "Cinderella in China." *Cinderella: A Casebook*. Edited by Alan Dundes. Madison: U. of Wisconsin Press, 1988, 71–97.

Jiménez, Juan Ramón. *Platero and I*. Translated by Eloise Roach. Austin: U. of Texas Press, 1983.

Johnson, Allison. *Islands in the Sound: Wildlife in the Hebrides*. London: Victor Gollancz, 1989.

Johnson, Buffie. *Lady of the Beasts: Ancient Images of the Goddess and Her Sacred Animals*. San Francisco: Harper & Row, 1981.

Johnson-Davies, Denys, translator. *The Island of Animals*. Austin: U. of Texas

Press, 1994.

Johnston, Johanna. *The Fabulous Fox: An Anthology of Fact and Fiction*. New York: Dodd, Mead & co., 1979.

Jones, Alison. *Larousse Dictionary of World Folklore*. New York: Larousse, 1996.

Jones, Gwyn, translator. "King Hrolf and His Champions." In *Erik the Red and Other Icelandic Sagas*. New York: Oxford University Press, 1991, 221–318.

Joyce, James. *Portrait of the Artist as a Young Man*. New York: Barnes & Noble Books, 1999/1916.

Joyce, P. W., editor. *Old Celtic Romances: Tales from Irish Mythology*. New York: Devin-Adair, 1962.

Kafka, Franz. "Metamorphosis." *The Complete Stories*. Translated by Willa and Edwin Muir et al. New York: Schocken, 1971/1915, 89–139.

Kipling, Rudyard. *The Two Jungle Books*. Garden City, NJ: Sun Dial Press, 1895.

Klingender, Francis. *Animals in art and thought till the end of the Middle Ages*. Translated by Evelyn Antal and John Harthan. Cambridge, Mass.: MIT University Press, 1971.

Knappert, Jan. *African Mythology: An Encyclopedia of Myth and Legend*. London: Diamond Books, 1995.

La Fontaine, Jean. "The Pigeon and the Ant." *Selected Fables*. Translated by James Michie. New York: Viking, 1979, 49.

Laduke, Winona. *All Our Relations: Native Struggles for Land and Life*. Cambridge, MA: South End Press, 1999.

Lady Wilde (Speranza). *Ancient Legends, Mystic Charms, and Superstitions of Ireland: With Sketches of the Irish Past*. Galway: O'Gorman, 1888/1971.

Lambert, W. G. *Babylonian Wisdom Literature*. Oxford: Clarendon Press, 1960.

Larrington, Caroline. Translated by *The Poetic Edda*. New York: Oxford University Press, 1996.

Lawrence, Elizabeth Atwood. *Hunting the Wren: Transformation of Bird to Symbol*. Knoxville: University of Tennessee Press, 1997.

Leach, Maria. *God had a Dog: Folklore of the Dog*. New Brunswick, NJ: Rutgers University Press, 1961.

Leopold, Aldo. "Thinking like a Mountain." *A Sand County Almanac: and selected sketches from here and there.* New York: Oxford University Press, 1949, 129–133.

LeRoy, Marcel. "Lettres sur les Animaux." *Variétés Litteréraires Recueil des Pieces tant originales que trauites, concernant las Philosophie, la Littḟrature et les Arts.* Paris: Lacombe, 1768, vol. 3, 1–173.

Lewinsohn, Richard. *Animals, Men and Myths: An Informative and Entertaining History of Man and the Animals Around Him.* New York: Harper & Brothers, 1954.

Lewis, C. S. *The Lion, the Witch, and the Wardrobe.* New York: HarperCollins, 1994/1950.

London, H. Stanford et al. *The Queen's Beasts: An Account with New Drawings of the Heraldic Animals which Stood at the Entrance to Westminster Abbey on the Occasion of the Coronation of Her Majesty Queen Elizabeth II.* London: Newman Neame, 1953.

Lopez, Barry Holstun. *Of Wolves and Men.* New York: Charles Scribner's Sons, 1978.

Maeterlink, Maurice. *Life of the Bee.* Translated by Alfred Sutro. London: George Allen, 1908.

Mandeville, Bernard. *The Fable of the Bees: or Private Vices, Publick Benefits* (2 vols.). Oxford: Clarendon Press, 1924.

Marigny, Jean. *Vampires: Restless Creatures of the Night.* Translated by Lory Frankel. New York: Harry N. Abrams, 1994.

Matamonasa-Bennett, Arieahn. "White Buffalo Calf Woman (Pte-San Win-Yan): The First and Second Coming." In *Goddesses in World Culture.* Edited by Patricia Monaghan. Santa Barbara, CA: Praeger, 2011, vol. 3, 161–175.

Matarasso, Pualine Maud, editor. *The Quest of the Holy Grail.* New York: Penguin, 1969.

McCullough, Helen Craig, translator. *The Tale of the Heike.* Stanford: Stanford University Press, 1988.

Medlin, Faith. *Centuries of Owls in Art and the Written Word.* Norwalk, CT: Silvermine Publishers, 1968.

Melegros. "The Mosquito." *Poems from the Greek Anthology.* Edited and translated by Dudley Fitts. New York: New Directions, 1956, 26.

Melville, Herman. *Moby-Dick, Or The Whale*. New York: Penguin, 1992/1851.

Menache, Sophia. "Dogs: God's Worst Enemies?" *Society and Animals*. Vol. 5, #1 (1997): 23–44.

Milton, John. *Paradise Lost and Paradise Regained*. New York: Penguin, 1976.

Mohammad (attributed to). *The Koran, with a Parallel Arabic Text*. Translated by N. J. Dawood. New York: Penguin, 2000.

Montaigne, Michel de. "Apology for Raymond Sebond." In *The Complete Essays of Montaigne* (2 vols.). Translated by Donald M. Frame. Stanford: Stanford University Press, 1959, vol. 1, 428–561.

Mourning Dove (Humishuma). *Coyote Stories*. Lincoln, Nebraska: U. of Nebraska Press, 1990.

Mowat, Farley. *Never Cry Wolf*. Boston: Little, Brown, 1963.

Mullett, G. M. *Spider Woman Stories*. Tucson: University of Arizona Press, 1979.

Mundkur, Balaji. *The Cult of the Serpent: An Interdisciplinary Survey of its Manifestations and Origins*. Albany: SUNY Press, 1983.

Nagel, Thomas. "What is it like to be a bat?" *Moral Questions*. New York: Cambridge University Press, 1985, p. 169–180.

Netboy, Anthony. *The Salmon: Their Fight for Survival*. Boston: Houghton Mifflin, 1973.

Nigg, Joe. *The Book of Gryphons*. Cambridge, Mass.: Applewood Books, 1982.

Nigg, Joseph. *The Book of Fabulous Beasts: A Treasury of Writings from Ancient Times to the Present*. New York: Oxford University Press, 1999.

Nissenson, Marilyn, and Susan Jones. *The Ubiquitous Pig*. New York: Harry N. Abrams, 1996.

Nott, Charles Stanley. *The Flowery Kingdom*. New York: Chinese Study Group of America, 1947.

O. Meara, John J., translator. *The Voyage of Saint Brenden: Journey to the Promised Land*. Atlantic Highlands, NJ: Humanities Press, 1976.

O. Neill, J. P. *The Great New England Sea Serpent: An Account of Unknown Creatures Sighted by Many Respectable Persons between 1638 and the Present Day.*

Camden, ME: Down East Books, 1999.

O'Flaherty, Wendy Doniger. *Women, Androgynes, and Other Mythical Beasts*. Chicago: U. of Chicago Press, 1980.

O'Sullivan, Patrick. *Irish Superstitions and Legends of Animals and Birds*. Dublin: Mercier Press, 1991.

Odo of Cheriton. *The Fables of Odo of Cheriton*. Translated by John C. Jacobs. New York: Syracuse University Press, 1985.

Olalquiaga, Celeste. *The Artificial Kingdom: A Treasury of Kitsch Experience*. New York: Pantheon, 1998.

Oppian. "The Loves of the Tortoise, from Halieutica." Translated by William Diaper. *Animal Poems*. Edited by John Hollander. New York: Knopf, 1994, 158.

Orwell, George. *Animal Farm*. New York: Harcourt, Brace and Janovich/Signet Classics, 1946.

Osborne, Harold. *South American Mythology*. New York: Hamlyn, 1975.

Ovid. *Metamorphoses*. Translated by Rolfe Humphries. Bloomington: Indiana University Press, 1955.

Parrinder, Geoffrey. *African Mythology*. London: Paul Hamlyn, 1973.

Pastoreau, Michel. *Le Cochon: Histoire D'un Cousin Mal Aimé*. Paris: Gallimard, 2009.

Pastoureau, Michael. *Les Animaux Célèbres*. Paris: Arléa, 2008.

Pastoureau, Michael. *The Bear: History of a Fallen King*. Translated by George Holoch. Cambridge, MA: Bellknap Press, 2007.

Perrault, Charles. *Perrault's Fairy Tales, with Thirty-Four Full-Page Illustrations by Gustave Doré*. Translated by A. E. Johnson. New York: Dover, 1969/1697.

Perrault, Charles. *Perrault's Fairy Tales*. Translated by A. E. Johnson. New York: Dover, 1969/1697.

Perry, Ben Edwin, translator and editor. *Babrius and Phaedrus*. Cambridge, Mass.: 1965.

Petronius Arbiter. *Petronius/ Sececa, Apocolocyntosis*. Translated by Michael Heseltine,W. H. D. Rouse, E. H. Warmington. Cambridge: Harvard University Press, 1997.

Plato. "Phaedrus." *The Collected Dialogues of Plato*. Translated by R. Hackforth. Edited by Edith Hamilton and Huntington Cairns. New York: Pantheon (Bollingen Series), 1961, 475–525.

Plato. *The Last Days of Socrates*. Translated by Hugh Tredennick and Harold Tarrant. New York: Penguin, 1993.

Pliny. *Natural History* (10 vols.). Translated by H. Rackham, W. H. S. Jones et al. Cambridge, Mass.: Harvard University Press, 1953.

Pliny the Elder. *Natural History: A Selection*. Edited and translated by John F. Healey. New York: Penguin, 1991.

Plutarch. "Isis and Osiris." *Plutarch's Moralia* (15 vols.). Translated by Frank Cole Babbitt et al. Cambridge, Mass.: Harvard University Press, 1962, vol. 5, 3–384.

Plutarch. *Greek Lives: A Selection of Nine Greek Lives*. Translated by Robin A. Waterfield. New York: Oxford University Press, 1999.

Plutarch. *Moralia*. Translated by Frank Cole Babbitt. 15 vols. Cambridge, MA: Harvard Up (Loeb Classic Library), 1936.

Plutarch. *Plutarch's Morals* (4 vols.). Translated by Robert Midgley et al. London: Thomas Bradyll, 1704.

Poe, Edgar Allan. "The Raven." *Last Flowers: The Romance Poems of Edgar Allan Poe*. The Poet's Press, 2000.

Poe, Edgar Allan. *Complete Stories and Poems of Edgar Allan Poe*. New York: Doubleday,1966.

Pollack, Andrew. "Seeking Cures, Patients Enlist Mice Stand-Ins." *New York Times*, 2012, A1, A3.

Pollard, John. *Birds in Greek Life and Myth*. New York: Thames and Hudson, 1977.

Potter, Beatrix. *Mrs. Twiggy-Winkle*. London: Frederick Warne, 1905.

Potter, Beatrix. *The Tale of Squirrel Nutkin*. New York: Frederick Warne, 1012/1903.

Preston, Claire. *Bee*. London: Reaktion Books, 2006.

Price, A. Lindsay. *Swans of the World: In Nature, History, Myth and Art*. Tulsa,

OK: Council Oak Books, 1994.

Pritchard, James B., editor.*The Ancient Near East: An Anthology of Texts and Pictures.* Princeton: Princeton University Press, 1958.

Rappoport, Angelo S. *The Sea: Myths and Legends.* London: Senate, 1995.

Raspe, Rudolph Erich. *The Surprising Adventures of Baron Munchausen.* No translator given. New York: Everyman's Library, 2012/1785.

Rilke, Rainer Maria. "The Panther." Translated by Stephen Mitchell. *Animal Poems.* Edited by John Hollander. New York: Everyman's Library, 1994, 103.

Robbins, Mary E. "The Truculent Toad in the Middle Ages." *Animals in the Middle Ages: A Book of Essays.* Edited by Nona C. Flores. New York: Garland, 1996.

Roob, Alexander. *Alchemy and Mysticism.* New York: Taschen, 1997.

Root, Nina J. "Victorian England's Hippomania: From the Nile to the Thames they loved Obaysch." *Natural History.* February 1993, 34–38.

Rothenberg, David. *Why Birds Sing: A Journey into the Mystery of Bird Song.* New York: Basic Books, 2005.

Rowland, Beryl. *Animals with Human Faces: A Guide to Animal Symbolism.* Knoxville: U. of Tenn. Press, 1973.

Rowling, J. K. *Harry Potter and the Sorcerer's Stone.* New York: Scholastic/Arthur A.Levine Books, 1998.

Ryan, W. F. *The Bathhouse at Midnight: Magic in Russia.* University Park, Penn.: Pennsylvania State University Press, 1999.

Rybot, Doris. *It Began Before Noah.* London: Michael Jospeh, 1972.

Ryder, Arthur W., editor.*The Panchatantra.* Chicago: University of Chicago Press, 1964.

Sachs, Hans. "Ursprung der Affen." In *Hans Sachsens Ausgewählte Werke* (2 vols.). Leipzig: Insel Verlag, 1945, vol. 1, 166–169.

Salten, Felix. *Bambi: A Life in the Woods.* New York: Simon and Schuster, 1928.

Santino, Jack. *All around the Year: Holidays and Celebrations in American Life.* Chicago: University of Illinois Press, 1995.

Sax, Boria. "What Is This Quintessence of Dust? The Concept of the 'Human' and Its Origins." In *The End of Anthropocentrism*, edited by Rob Boddice, pp. 21–37.

London: Berg, 2011.

Sax, Boria. *Animals in the Third Reich: Pets, Scapegoats, and the Holocaust*. New York: Continuum, 2000.

Sax, Boria. "Bestial Wisdom and Human Tragedy: The Genesis of the Animal Epic." *Anthrozoös*. Vol. 11, #4 (1998), 134–141.

Sax, Boria. *City of Ravens: London, Its Tower, and Its Famous Birds*. London: Duckworth- Overlook, 2011–2012.

Sax, Boria. *The Frog King: On Legends, Fables, Fairy Tales and Anecdotes of Animals*. New York: Pace University Press, 1990.

Sax, Boria. *The Parliament of Animals: Legends and Anecdotes, 1775-1900*. New York: Pace University Press, 1990.

Sax, Boria. *The Serpent and the Swan: Animal Brides in Folklore and Literature*. Blacksburg, VA: McDonald & Woodward, 1998.

Schochet, Elijah Judah. *Animals in Jewish Tradition: Attitudes and Relationships*. New York: Ktav Publishing House, 1984.

Schrader, J. L. *A Medieval Bestiary*. New York: Metropolitan Museum of Art, 1986.

Schwarz, Marion. *A History of Dogs in the Early Americas*. New Haven: Yale University Press, 1997.

Scott, Sir Walter. *Letters on Demonology and Witchcraft*. New York: J. & J. Harper, 1832.

Seton-Thompson, Ernest. *Wild Animals I have Known*. New York: Charles Scribner's, 1990.

Sewell, Anna. *Black Beauty*. New York: Dover, 1999/1877.

Shakespeare, William. *A Midsummer Night's Dream*. New York: Bantam Classics, 1988.

Shakespeare, William. *Love's Labor Lost*. New York: Viking Penguin, 2000.

Shakespeare, William. *Romeo and Juliet*. New York: Dover, 1993.

Shakespeare, William. *Twelfth Night or, What You Will*. New York: Dover, 1966.

Sheasley, Bob. *Home to Roost: A Backyard Farmer Chases Chickens through the Ages*. New York: Thomas Dunne Books, 2008.

Shepard, Paul. *The Others: How Animals Made Us Human*. Washington, D. C.:

Shearwater Books, 1996.

Shephard, Odell. *The Lore of the Unicorn*. New York: The Metropolitan Museum of Art, 1982.

Shepherd, Paul, and Barry Sanders. *The Sacred Paw: The Bear in Nature, Myth, and Literature*. New York: Viking Penguin, 1992.

Shoeki, Ando. *The Animal Court: A Political Fable from Old Japan*. Translated by Jeffrey Hunter. New York: Weatherhill, 1992.

Sillar, F. C. and R. M. Meyler, editors. *Elephants, ancient and modern*. New York: Viking Press, 1968.

Sleigh, Charlotte. *Ant*. London: Reaktion Books, 2003.

Smart, Christopher. "My Cat Jeoffry." In *Animal Poems*, edited by John Hollander. New York: Knopf, 1994/1762, 27–31.

Smith, Lacey Baldwin. *Fools, Martyrs, Traitors: The Story of Martyrdom in the Western World*. New York: Knopf, 1997.

Spiekermann, Uwe. "Das Andere Verdauen: Begegnungen Von Ernährungskulturen." In *Ernährung in Grenzsituationen*, edited by Uwe Spiekermann and Gesa U. Schönberger, Heidelberg: Springer Verlag, 2002, 89–106.

Sprenger, James, and Heinrich Kramer. *The Malleus Malificarum*. New York: Dover, 1971/1484.

Staal, Julius D. W. *The New Patterns in the Sky: Myths and Legends of the Stars*. Blacksburg, VA: McDonald & Woodward, 1988.

Steedman, Amy. *Legends and Stories from Italy*. New York: G. P. Putnam's Sons, ca.1910.

Stevens, Wallace. "Sunday Morning." *Stevens/Poems*. New York: Knopf/Everyman's Library, 1993, 40–41.

Stone, Brian, translator. *The Owl and the Nightingale/ Cleanness/ St Erkenwald*. Second Edition. New York: Penguin, 1988.

Suetonius. *Suetonius* (2 vols.). Translated by J. C. Rolfe. Cambridge: Harvard University Press, 1998.

Sun, Ruth Q. *The Asian Animal Zodiac*. Boston: Castle Books, 1974.

Swift, Jonathan. "The Battle of the Books." In *The Writings of Jonathan Swift*.

Edited by Robert A. Greenberg and William B. Piper. New York: Norton, 1973/1704, 373–396.

Swift, Jonathan. *Gulliver's Travels.* New York: Penguin, 1987/1726.

Taleb, Nassim Nicholas. *The Black Swan: The Impact of the Highly Improbable.* New York: Random House, 2007.

Tatar, Maria. *The Annotated Brothers Grimm.* New York: W. W. Norton, 2004.

Terry, Patricia, editor and translator. *Renard the Fox.* Boston: Northeastern University Press, 1983.

Thompson, Flora. *Lark Rise to Candleford: A Trilogy.* New York: Penguin, 1973.

Thomson, David. *The People of the Sea: A Journey in Search of the Seal Legend.* Washington, DC: Counterpoint, 2000.

Thoreau, Henry David. *Walden, and Other Writings of Henry David Thoreau.* New York: Modern Library, 1965.

Thurber, James. *Fables for Our Time and Famous Poems.* New York: Harper Colophon, 1990/1940.

Thurston, Mary Elizabeth. *The Lost History of the Canine Race: Our 15,000-Year Love Affair with Dogs.* New York: Avon Books, 1996.

Tompkins, Ptolemy. *The Monkey in Art.* Wappinger's Falls, NY: M. T. Train/Scala Books, 1994.

Toperoff, Sholmo Pesach. *The Animal World in Jewish Thought.* Northdale, NJ: Jason Aronson, 1995.

Topsell, Edward and Thomas Muffet. *The History of Four-Footed Beasts and Serpents and Insects* (3 vols.). New York: Da Capo, 1967 (facsimile of 1658 edition).

Torga, Miguel. "Vincente the Raven." *Farrusco the Blackbird and Other Stories from the Portuguese.* Translated by Denis Brass. London: George Allen & Unwin, 1950/1941, 83–88.

Tyler, Royall, editor and translator. *Japanese Tales.* New York: Pantheon, 1987.

Veckenstedt, Edmund, editor. *Mythen, Sagen und Legenden der Zamiaten* (2 vols.). Heidelberg: Carl Winter's Universitätsbuchhandlung, 1883.

Vest, Jay Hansford C. "From Bobtail to Brer Rabbit: Native American Influences on Uncle Remus." *American Indian Quarterly* 24, no. 1 (2000) : 19–43.

Virgil. *The Aeneid*. Translated by Robert Fitzgerald. New York: Random House, 1983.

Virgil. *The Singing Farmer: A Translation of Virgil's "Georgics"*. Translated by L. A. S. Jermyn. Oxford: Basil Blackwell, 1947.

Voragine, Jacobus de. *The Golden Legend: Readings on the Saints* (2 vols.) . Translated by William Granger Ryan. Princeton, NJ: Princeton University Press, 1995.

Waddell, Helen, editor and translator.*Beasts and Saints*. Grand Rapids, MI: William B. Eerdmans, 1995.

Wade, Nicholas. "The Fly People Make History on the Frontiers of Genetics." *The New York Times*. April 11, 2000, F1–4.

Wang, Chi-Chen. *Traditional Chinese Tales*. New York: Columbia University Press, 1944.

Warner, Marina. *From the Beast to the Blonde: On Fairy Tales and Their Tellers*. New York: Farrar, Straus & Giroux, 1994.

Watson, Henry, translator. *Valentine and Orson*. Edited by Arthur Dickson. New York: Kraus Reprint, 1971.

Webb, Mary. *Precious Bane*. New York: The Modern Library, ca. 1960.

Weinberger, Eliot. "Paper Tiger." Works on Paper 1980–1986. New York: New Directions, 1986, 44–57.

Weinstein, Krystyna, *The Owl in Art, Myth, and Legend*. New York: Crescent Books, 1985.

Wentz, W. Y. Evans. *The Fairy Faith in Celtic Countries*. London: Colin Smythe, 1977.

Werber, Bernard. *Empire of the Ants*. Translated by Margaret Rocques. New York: Bantam, 1999.

Werner, Edward T. C.*Ancient Tales and Folklore of China*. London: Bracken Books, 1986.

White, David Gordon. *Myths of the Dog Man*. Chicago: U. of Chicago Press, 1991.

White, E. B. *Charlotte's Web*. London: Hamish Hamilton Children's Books, 1952.

White, Gilbert. *The Natural History of Selborne*. New York: Frederick Warne, ca.1895.

White, T. H., translator. *The Book of Beasts: Being a Translation from a Latin Bestiary of the Twelfth Century.* New York: Dover, 1984.

Williams, Ronald J. "The Literary History of a Mesopotamian Fable." *The Phoenix,* vol. 10, #2 (1956), 70–77.

Williams, Terry Tempest. "Undressing the Bear." In *On Nature's Terms.* Edited by Thomas J. Lyon and Peter Stine. Austin: Texas A & M University Press, 1992,104–107.

Wolkstein, Diane and Samuel Noah Kramer. *Inanna: Queen of Heaven and Earth.* New York: Harper & Row, 1982.

Wood, Rev. J. G. *Man and Beast: Here and Hereafter.* New York: Harper & Brothers, 1875.

Woodbridge, Frederick, James Eugene. *The Son of Apollo: Themes of Plato.* New York: Houghton Mifflin, 1929.

Woolf, Virginia. "The Death of a Moth." *The Death of a Moth and other Essays.* New York: Harcourt, Brace, 1942, 3–6.

Worsted, Donald. *The Wealth of Nature: Environmental History and the Ecological Imagination.* Second edition. New York: Cambridge University Press, 1995.

Wu Ch'eng-en. *Journey to the West* (4 vols.). Translated by Anthony C. Yu. Chicago:University of Chicago Press, 1982.

Yeats, W. B. "Tom O'Roughley." *The Poems of W. B. Yeats.* New York: Macmillan, 1983, 141.

Yoon, Carol Kaesuk. *Naming Nature: The Clash between Instinct and Science.* New York: W. W. Norton, 2009.

Zaehner, R. C. *The Teachings of the Magi: A Compendium of Zoroastrian Beliefs.* New York: Oxford University Press, 1976.

Zimmer, Carl. "Pigeons Get a New Look: In the Bird's Genome, Clues to How Evolution Works." *The New York Times,* February 5, 2013, D1, D6.

Zinsser, Hans. *Rats, Lice and History.* New York: Macmillan, 1963.

Ziolkowski, Jan M. *Talking Animals: Medieval Latin Beast Poetry, 750-1150.* Philadelphia: U. of Pennsylvania Press, 1993.

译 后 记

博里亚·萨克斯，生于1949年，是纽约州立大学布法罗分校思想文化史与德语博士，美国著名的"人与动物关系"作家。他还是非盈利组织"传说与故事中的自然"（Nature in Legend and Story）的创建者，该组织致力于"增进人与自然间传统纽带的理解"。

萨克斯的作品多聚焦于人与动物的关系，其写作风格兼具学术性和叙事抒情性。他把文化中的动物表征视为人类探索自我身份的手段与神话、传说的延续，其出版作品包括学术著作、诗歌集、译作、回忆录等。其中，《第三帝国的动物》和《神话动物园》分别获得美国《选择》（Choice）期刊2000年度和2002年度"最佳学术著作"奖。此次译出的《神话动物园：神话、传说与文学中的动物》是2002年版《神话动物园》的升级改进本。与旧版按英文字母顺序排列章节不同，新版依据象征意义的相互关联将近百种动物划分为"类人的动物""狡猾的动物"等十八章，每章前还有引文加以介绍说明。《神话动物园》自2002年问世以来便广受赞誉，被称为"必备之书"（must-have），读者不仅能从中获得从东方到西方、从古代至现代的神话、传说等方面的知识，还可了解大众文化里有关动物表征的必要信息，以及人类"动物观"的建构与变迁。因此，对各类文艺工作者和文化工作者而言，本书都是一本必不可少的案头参考书。书后所附外文参考书目还能让那些对中外神话传说感兴趣、有条件阅读的读者做进一步探索式阅读，以激发创作或科研灵感。更值得一提的是，抛却了枯燥艰深的学术写作文风，整本书以饱含诗意的形象语言让其中的故事活灵活现、妙趣横生，从而拓展了神话学研究的影响边界，让更多普通读者有机会感受神话之美。

在《神话动物园》中，读者朋友们可短暂地把自己的一切感觉置于其中，尝试打破惯常的时空观，用一种在场的心态审视书中的故事。如此，那些看似褪去生命色彩的形象便会在眼前栩栩如生起来。而越过这座感性与理性交错的高山，我们或许会意识到"动物与我们同在"这样一个充满自然关怀同时也极具人性关怀的至理，因为从本质上，人类与本书里的生灵同为宇宙间此在的客体。他山之石，可以攻玉；他者之境亦可烛照自我。倘若当今自然界的动物所面临的悲惨境遇得不到人类足够的重视与关注，那么，发生在它们身上的人祸或许将变成对我们未来命运的最生动警示。在文学人类学的学术研究中，人与万物生灵和谐共在的现实图景早已蕴藏在其神话思维与神话的世界观中。然而，现代人却对此异常陌生疏离。我想，阅读《神话动物园》对于改变这一切会是个很好的开始。

  本书 2002 年版的译稿由小组完成，之后，鉴于出版新版的愿望、译文质量与各方要求，我对全书进行了一年多的整体重译。今年 6 月，西安电子科技大学的刘建树教授又对译稿进行了校对，他专业细致的工作使中译本避免了许多疏漏与不足，也使译文增色不少。本书得以顺利译出，首先感谢叶舒宪教授给予的指导与信任；其次，感谢西安外国语大学中文学院的培养，感谢中文学院苏永前副教授的鼓励；再次，感谢我的导师聂军教授的悉心教导。本人能力有限，译文不足之处，敬请各位专家学者批评指正。

多雅楠
2017 年 8 月于西安